中华人民共和国法律释义丛书

中华人民共和国
法律援助法释义

主　编　张　勇　熊选国

法律出版社
·北　京·

图书在版编目（CIP）数据

中华人民共和国法律援助法释义 / 张勇，熊选国主编. -- 北京：法律出版社，2021
（中华人民共和国法律释义丛书）
ISBN 978-7-5197-6046-5

Ⅰ.①中… Ⅱ.①张… ②熊… Ⅲ.①法律援助-法律解释-中国 Ⅳ.①D926.05

中国版本图书馆 CIP 数据核字(2021)第 205773 号

中华人民共和国法律援助法释义
ZHONGHUA RENMIN GONGHEGUO FALÜ YUANZHUFA SHIYI

张　勇
熊选国　主编

责任编辑　陶玉霞　翁潇潇
装帧设计　李　瞻

出版发行 法律出版社
编辑统筹 法规出版分社
责任校对 杨锦华　王沁陶
责任印制 张建伟
经　　销 新华书店

开本 A5
印张 10　　**字数** 232 千
版本 2021 年 11 月第 1 版
印次 2021 年 11 月第 1 次印刷
印刷 固安华明印业有限公司

地址：北京市丰台区莲花池西里 7 号（100073）
网址：www.lawpress.com.cn
投稿邮箱：info@lawpress.com.cn
举报盗版邮箱：jbwq@lawpress.com.cn
销售电话：010-83938349
客服电话：010-83938350
咨询电话：010-63939796

书号：ISBN 978-7-5197-6046-5
定价：49.00 元
凡购买本社图书，如有印装错误，我社负责退换。电话：010-83938349

编写说明

2021年8月20日,第十三届全国人大常委会第三十次会议通过了新制定的《法律援助法》,将于2022年1月1日起施行。制定《法律援助法》,是贯彻落实党中央决策部署、推进全面依法治国的必然要求,是尊重和保障人权、加强人权司法保护的现实需要,是维护人民群众合法权益、促进社会公平正义的重要举措。《法律援助法》分为7章,共71条。《法律援助法》坚持以习近平新时代中国特色社会主义思想为指导,贯彻落实党中央决策部署,在总结我国法律援助实践经验的基础上,坚持问题导向,对法律援助的概念、基本原则、运作机制以及法律援助的形式和范围、程序和实施、保障和监督等法律援助工作的重要方面、重点环节作出全面系统规定。《法律援助法》的实施将为规范和促进法律援助工作、维护人民群众合法权益提供有力的法治保障。

为了更好地宣传贯彻《法律援助法》,使社会各界能够准确理解和把握立法原意,了解和掌握本法确定的各项制度,保障法律正确有效实施,全国人大常委会法制工作委员会、司法部直接参与研究起草工作的同志编写了这本《中华人民共和国法律援助法释义》。全国人大常委会法制工作委员会副主任张勇、司法部副部长熊选国担任本书主编,法制工作委员会社会法室主任郭林茂、司法部公共法律服务局副局长孙春英担任副主编。全国人大常委会法制工作委员会社会法室吴晓华、郑全红、刘斌、王涛、赵光、吕翔、顾冰以及司法部公共法律服务局李雪莲、田林等同志参与编写。本书力求准确、详尽、通俗地阐述《法律援助法》的立法原意和相关内容。由于时间和水平有限,不妥和疏漏之处在所难免,敬请广大读者批评指正。

编　者

2021 年 11 月

目　　录

第一部分　导　　读

第二部分　释　　义

第三部分　附　　录

第一部分　导　　读

《法律援助法》制定情况介绍

2021 年 8 月 20 日，第十三届全国人大常委会第三十次会议通过了新制定的《法律援助法》，将于 2022 年 1 月 1 日起施行。

一、制定《法律援助法》的重要意义

（一）制定《法律援助法》，是实现全面依法治国的必然要求

全面依法治国是党领导人民治理国家的基本方略，其基本要求就是将国家和社会事务全部纳入法治的轨道。党的十八届四中全会通过《中共中央关于全面推进依法治国若干重大问题的决定》，明确提出“完善法律援助制度，扩大援助范围，健全司法救助体系，保证人民群众在遇到法律问题或者权利受到侵害时获得及时有效法律帮助”。法律援助制度作为一项维护当事人合法权益、保障法律正确实施和维护社会公平正义的重要法律制度，在实现全面依法治国进程中具有重要地位和作用。制定《法律援助法》，是贯彻落实党中央关于推进全面依法治国战略部署和完善中国特色社会主义法律援助制度的必然要求，能够彰显我国社会主义法治理念和中国特色社会主义制度的优越性，提升国家治理法治化和现代化水平，促进在全社会形成良好的法治氛围。

（二）制定《法律援助法》，是尊重和保障人权的现实需要

尊重和保障人权是我国宪法的基本原则。诉讼权是当事人

和其他诉讼参与人享有的重要权利，一定程度上反映了国家的法治水平和人权保障标准。法律援助是国家建立的无偿提供法律咨询、代理、刑事辩护等法律服务的制度，其目的在于为经济困难的公民和其他符合条件的当事人通过司法程序维护自身权利提供帮助，它既是国家公共法律服务体系的组成部分，也是我国人权事业发展的重要内容。制定《法律援助法》，进一步彰显我国人权保护的法治进步，必将在我国人权司法保障进程中发挥重要作用。

（三）制定《法律援助法》，是维护社会公平正义的重要举措

公平正义是社会主义法治理念的价值追求，是中国特色社会主义的内在要求，没有社会公平正义，就没有社会和谐稳定。法律援助工作是充分体现“以人民为中心”，切实维护人民群众合法权益的一项重要民生工程。通过提供法律援助，人民群众尤其是经济困难群众可以获得平等享有法律服务的机会，切实感受社会公平正义。制定《法律援助法》，使广大人民群众无论经济条件好坏、社会地位高低，在遇到法律问题或者权利受到侵害时，都可以获得及时有效的法律帮助，真正实现“公民在法律面前一律平等”，为有效化解社会矛盾、维护社会稳定提供了更加有力的法治保障。

二、《法律援助法》的立法思路

《法律援助法》的立法工作坚持以习近平新时代中国特色社会主义思想为指导，贯彻落实党中央决策部署，总结我国法律援助实践经验，坚持问题导向，有针对性地解决法律援助工作在实际中遇到的问题。其立法思路具体体现为以下三个方面：

一是贯彻党中央的决策部署。2015 年，中共中央办公厅、国务院办公厅根据党的十八届四中全会关于全面推进依法治国的

重大战略部署，出台了《关于完善法律援助制度的意见》，提出了新时代法律援助的指导思想和基本原则，明确了扩大法律援助范围、提高法律援助质量、提高法律援助保障能力等具体措施，为法律援助立法指明了方向。《法律援助法》制定过程中，始终注重将党中央决策部署通过法定程序成为国家意志。

二是系统总结法律援助实践经验。自 1979 年全国人大通过《刑事诉讼法》规定指定辩护以来，经过 40 多年的发展历程，我国法律援助制度在实践中不断探索、不断完善。目前，除 2003 年国务院《法律援助条例》这一行政法规外，29 个省、自治区、直辖市人大常委会还先后制定了相关的地方性法规。党的十八大以后，根据中央有关文件精神，国务院有关部门、最高人民法院、最高人民检察院也出台了一些关于法律援助的规范性文件。总体看，法律援助制度在我国已经是一项比较成熟的制度，实践中也积累了大量宝贵经验，为《法律援助法》的制定奠定了良好基础。制定《法律援助法》，就是将法律援助工作中成熟的做法和实践检验行之有效的规定，及时上升为法律规定。

三是坚持问题导向，解决实际问题。面对新时代的新任务、新要求，法律援助工作也存在服务供给不足、资源分配不均、覆盖范围偏窄、保障不充分、质量不高和便民措施不健全等问题。为了适应新时代的需要，必须针对现实存在的突出问题，通过制定《法律援助法》，作出有针对性的规定，进一步增加法律援助方式、扩大法律援助范围、提高保障水平、加强质量管理、采取便捷化措施等，以更好地满足人民群众日益增长的需求，在更大范围内通过更多形式，为人民群众获得更加及时便利、优质高效的法律援助服务提供制度支撑。

三、《法律援助法》的主要内容

《法律援助法》共7章、71条，具体分为：总则、机构和人员、形式和范围、程序和实施、保障和监督、法律责任以及附则。主要内容包括：

（一）关于法律援助的概念和定位。本法第2条规定："本法所称法律援助，是国家建立的为经济困难公民和符合法定条件的其他当事人无偿提供法律咨询、代理、刑事辩护等法律服务的制度，是公共法律服务体系的组成部分。"这条规定明确了我国法律援助的定义，也明确了法律援助制度的定位。理解上包括以下内容：一是法律援助由国家承担主体责任，具体由各级政府落实。二是法律援助的对象是经济困难的公民和符合法定条件的其他当事人，经济困难的标准由各省、自治区、直辖市人民政府根据本地实际情况确定。三是法律援助是无偿的，也就是接受法律援助的人员不需要支付费用。四是法律援助的方式主要是提供法律咨询、代理和刑事辩护等法律服务，形式是多样的。五是法律援助的定位是公共法律服务，不是行政管理，这也决定了《法律援助法》是社会法而不是行政管理法。

（二）关于法律援助应该坚持的原则。本法规定了法律援助应该坚持的五项原则：一是坚持中国共产党的领导，法律援助工作要坚持正确的政治方向。二是坚持以人民为中心，法律援助本身就是为民服务的事业，要有服务意识，不能因为无偿就居高临下。三是尊重和保障人权，法律援助本身就是保障人权的体现，工作开展更要体现对人权的尊重。四是公开公平公正，法律追求的目标就是公开公平公正，法律援助工作也必须维护公开公平公正。五是国家保障与社会参与相结合，为了保证更多的力量参加法律援助工作，使更多的人得到法律援助，要充分调动和发挥社会各方面的力量。

（三）关于法律援助的体制机制。按照本法规定，法律援助采取政府司法行政部门主导，有关部门和单位配合，社会力量参与的体制机制，这也是法律援助公共服务的性质所决定的。这一体制机制主要包括：一是司法部和地方司法厅局分别指导、监督全国和本地方的法律援助工作。所谓指导，就是业务推进，保证法律援助工作全面展开；所谓监督，就是保证法律援助的合法开展，提高法律援助的质量。二是有关部门和单位配合。这主要是指政府其他有关部门为法律援助工作提供保障，如财政部门要有经费保障；法院、检察院、公安机关要为法律援助工作提供便利，如便利律师阅卷和会见当事人；律师协会为律师、律师事务所开展法律援助工作给予支持，如采取措施推动律师和律师事务所积极参加法律援助工作。三是社会力量参与，包括群团组织、事业单位、社会组织提供法律援助。如工会为职工解决劳动争议提供法律援助；企业事业单位、社会组织和个人通过捐赠和志愿服务的方式支持法律援助事业。需要明确的是，社会力量参与法律援助工作要在司法行政部门的指导下进行，这是对社会力量的要求，也是司法行政部门的责任。

（四）关于法律援助的机构。本法对法律援助机构的设立、职责和工作方法作出了规定：一是设立。县级以上人民政府司法行政部门应当设立法律援助机构，就是说从司法部到省、市、县各级司法行政部门都应设立法律援助机构。二是职责。法律援助机构负责组织实施法律援助工作，具体包括：（1）受理和审查法律援助申请，决定是否提供法律援助；（2）符合法律援助条件的，指派律师、基层法律服务工作者、法律援助志愿者、本机构具有律师资格或者法律职业资格的工作人员等法律援助人员，提供法律援助；（3）法律援助工作完成以后，依照有关规定及时向法律援助人员支付法律援助补贴。需要说明的是,法律援助补贴的标准由省、自治区、直辖市司法行政部门会同同级财政部门,根据当地经济发展水平和法律援助的服务类型、承办成本、基本劳务费用等确定。三是方法。具体包括:(1)根据工作需要,可以设置法律援助工作站或者联络点,就近受理法律援助;(2)可以在法院、检察院和看守所等场所派驻值班律师,为没有辩护人的犯罪嫌疑人、被告人提供法律援助;(3)可以通过政府采购等方式择优选择律师事务所等服务机构提供法律援助。

(五)关于法律援助人员的范围和职责。法律援助人员包括律师、基层法律服务工作者、法律援助志愿者和符合一定条件的法律援助机构工作人员。根据本法规定,法律援助人员大致有三支队伍。第一支队伍是法律援助机构指派的法律援助人员,他们是开展法律援助工作的主力军;第二支队伍是群团组织、事业单位、社会组织结合自身职责参与法律援助工作时安排的人员;第三支队伍是法律援助志愿者。法律援助人员的职责包括:(1)应当依法履行职责,及时为受援人提供符合标准的法律服务,维护受援人的合法权益,不能敷衍了事、出工不出力;(2)应当恪守职业道德和执业纪律,不得向受援人收取任何财物;(3)对提供法律援助过程中知悉的国家秘密、商业秘密和个人隐私应当保密;(4)按照国家法律服务资源依法跨区域流动机制安排,积极参与支持法律服务资源相对短缺地区的法律援助工作,这也是法律所倡导的。

(六)关于法律援助的形式。本法采取列举的方式对法律援助的形式作了规定,规定有两个特点:一是法律援助的形式是多种多样的,有简单的法律服务,如法律咨询、代拟法律文书、值班律师法律帮助;也有相对复杂一些的辩护和代理,如刑事辩护和代理,民事案件、行政案件、国家赔偿案件的诉讼代理及非诉讼代理，劳动争议调解与仲裁代理。二是为法律援助形式的丰富完善留下空间，也就是说，以后法律、行政法规可以规定其他方式，司法部和地方政府也可以通过制定规章、地方人大制定地方性法规拓展新的方式。

（七）关于法律援助的范围。本法规定的法律援助的范围比较广泛，这是尊重和保障人权的体现，也是我国民主政治发展的体现。这些规定有三个特点：一是为刑事案件律师辩护全覆盖打下基础；二是因经济困难申请法律援助实现“应援尽援”；三是特殊情形特殊安排，申请法律援助不受经济困难的限制。

具体而言，获得法律援助事项的范围可以分为三类：一是考虑经济困难状况，当事人因经济困难可以申请获得的法律援助。具体包括：(1)刑事案件的犯罪嫌疑人、被告人没有委托辩护人，本人及其近亲属可以申请法律援助。(2)刑事公诉案件的被害人及其法定代理人或者近亲属，刑事自诉案件的自诉人及其法定代理人，刑事附带民事诉讼案件的原告人及其法定代理人，可以申请法律援助。(3)请求有关赔偿、给付和支付劳动报酬等的当事人没有委托代理人，可以申请法律援助。包括：请求国家赔偿，请求给予社会保险待遇或者社会救助，请求发给抚恤金，请求给付赡养费、抚养费、扶养费，请求认定无行为能力或者限制行为能力，确认劳动关系或者支付劳动报酬，请求工伤事故、交通事故、食品药品安全事故、医疗事故人身损害赔偿，请求环境污染、生态破坏损害赔偿等。(4)当事人不服司法机关生效裁判或者决定提出申诉或者申请再审，法院决定或者裁定再审或者检察院提出抗诉，当事人可以申请法律援助。二是不考虑经济困难状况，根据办案机关通知就能依法获得的法律援助，主要体现为刑事法律援助中应当或者可以指定辩护的情形。具体包括：(1)刑事案件的犯罪嫌疑人、被告人属于未成年人，视力、听力、言语残疾人，不能完全辨认自己行为的成年人，可能被判处无期徒刑、死刑的人，申请法律援助的死刑复核案件被告人，缺席审判案件的被告人及法律法规规定的其他人员，没有委托辩护人的，法院、检察院、公安机关应当通知法律援助机构指派律师担任辩护人。其他适用普通程序审理的刑事案件，被告人没有委托辩护人的，法院可以通知法律援助机构指派律师担任辩护人。(2)强制医疗案件的被申请人或者被告人没有委托诉讼代理人的，法院应当通知法律援助机构指派律师为其提供法律援助。(3)值班律师应当依法为没有辩护人的犯罪嫌疑人、被告人提供法律咨询、程序选择建议、申请变更强制措施、对案件处理提出意见等法律帮助。三是符合法定情形、申请不受经济困难条件限制获得的法律援助。具体包括：(1)英雄烈士近亲属为维护英雄烈士的人格权益；(2)因见义勇为行为主张相关民事权益；(3)再审改判无罪请求国家赔偿；(4)遭受虐待、遗弃或者家庭暴力的受害人主张相关权益；(5)法律、法规、规章规定的其他情形，为以后和地方扩展新情形预留空间。

(八)关于法律援助的程序。法律从告知通知、申请提出、审查决定、服务救济等方面规定了法律援助的程序，有关程序规定体现出的特点是：相关责任单位尽职尽责，受援人申请便利化，法律援助服务高效化，服务保障更加有力。具体内容包括：

一是有关部门和机构应当履行告知当事人权利的义务。具体包括：(1)法院、检察院、公安机关和有关部门在办理案件和相关事务中，应当告知当事人有权依法申请法律援助；(2)法院、检察院、公安机关应当保障值班律师依法提供法律帮助，告知没有辩护人的犯罪嫌疑人、被告人有权约见值班律师，并依法为值班律师开展法律帮助提供便利；(3)法律援助机构提供法律咨询服务时，应当提示当事人享有依法申请法律援助的权利，并告知申请法律援助的条件和程序。

二是有关单位和律师通知法律援助的责任。具体包括:(1)法院、检察院、公安机关办理刑事案件,发现属于法律规定应当提供法律援助的情形,应当在3日内通知法律援助机构指派律师,法律援助机构收到通知后,应当在3日内指派律师并通知法院、检察院、公安机关。(2)被羁押的犯罪嫌疑人、被告人、服刑人员,以及强制隔离戒毒人员等提出法律援助申请的,办案机关、监管场所应当在24小时内将申请转交法律援助机构;犯罪嫌疑人、被告人通过值班律师提出代理、刑事辩护等法律援助申请的,值班律师应当在24小时内将申请转交法律援助机构。

三是申请法律援助的要求。具体包括:(1)对诉讼事项的法律援助申请,由申请人向办案机关所在地的法律援助机构提出;对非诉讼事项的法律援助,由申请人向争议处理机关所在地或者事由发生地的法律援助机构提出。(2)无民事行为能力人或者限制民事行为能力人需要法律援助的,可以由其法定代理人代为提出申请;法定代理人侵犯无民事行为能力人、限制民事行为能力人合法权益的,其他法定代理人或者近亲属可以代为提出法律援助申请;被羁押的犯罪嫌疑人、被告人、服刑人员以及强制隔离戒毒人员,可以由其法定代理人或者近亲属代为提出法律援助申请。(3)因经济困难申请法律援助的,申请人应当如实说明经济困难状况。

四是经济困难状况的核查。具体包括两个方面:(1)核查便利化,即法律援助机构核查申请人的经济困难状况,可以通过信息共享查询,或者由申请人进行个人诚信承诺,不需要申请人出具个人经济困难的证明。(2)特定对象免予核查,即无固定生活来源的未成年人、老年人、残疾人等特定群体,社会救助、司法救助或者优抚对象,申请支付劳动报酬或者请求工伤事故人身损害赔偿的进城务工人员及法律、法规、规章规定的其他人员,作为法律援助申请人的,免予核查经济状况。

五是给予法律援助的决定。具体包括:(1)及时作出法律援助决定,即法律援助机构应当自收到法律援助申请之日起7日内进行审查,作出是否给予法律援助的决定。决定给予法律援助的,应当自作出决定之日起3日内指派法律援助人员为受援人提供法律援助;决定不给予法律援助的,应当书面告知当事人,并说明理由。申请人提交的申请材料不齐全的,法律援助机构应当一次性告知申请人需要补充的材料或者要求申请人说明情况。(2)可以决定先行提供法律援助,即遇到距法定时效或者期限届满不足7日、需要及时提起诉讼或者申请仲裁、行政复议,需要立即申请财产保全、证据保全或者先予执行,法律、法规、规章规定的其他情形的,法律援助机构收到法律援助申请后,可以决定先行提供法律援助,但受援人应当及时补办有关手续,补充有关材料。(3)特定情形下作出终止法律援助决定,即法律援助机构发现受援人以欺骗或者其他不正当手段获得法律援助,故意隐瞒与案件有关的重要事实或者提供虚假证据,利用法律援助从事违法活动,经济状况不再符合法律援助条件,自行委托律师或者代理人,有正当理由要求终止法律援助,案件终止审理或者已经被撤销,以及法律、法规规定的其他情形,应当作出终止法律援助的决定。

六是法律援助的服务。具体包括:(1)规范服务,即法律援助人员接受指派后,无正当理由不得拒绝、拖延或者终止提供法律援助服务;法律援助人员应当按照规定向受援人通报法律援助事项办理情况,不得损害受援人合法权益。(2)异议救济,即申请人、受援人对法律援助机构不予法律援助、终止法律援助决定有异议的,可以向设立该法律援助机构的司法行政部门提出;司法行政部门应当自收到异议之日起5日内进行审查,作出维持法律援助机构决定或者责令法律援助机构改正的决定;申请人、受援人对司法行政部门维持法律援助机构决定不服的,可以依法申请行政复议或者提起行政诉讼。

(九)关于法律援助的保障。本法对法律援助保障的规定,主要体现在经费保障、人员保障和质量保障三个方面。具体包括:一是经费保障,即县级以上人民政府应当将法律援助相关经费列入本级政府预算,并建立动态调整机制;法律援助补贴标准由省、自治区、直辖市政府根据本地经济发展水平确定,并实行动态调整;法律援助补贴免征增值税和个人所得税;法院应当根据情况对受援人缓收、减收或者免收诉讼费用,对法律援助人员复制相关材料等费用予以免收或者减收,公证机构、司法鉴定机构应当对受援人减收或者免收公证费、鉴定费。二是人员保障,即县级以上人民政府司法行政部门应当有计划地对法律援助人员进行培训,提高法律援助人员的专业素质和服务能力;建立健全法律服务资源跨区域流动机制,鼓励和支持律师事务所、律师、法律援助志愿者在法律服务资源相对短缺地区提供法律援助;对在法律援助工作中作出突出贡献的组织和个人,按照有关规定给予表彰和奖励。三是质量保障,即司法行政部门应当制定法律援助服务质量标准,通过第三方评估等方式对法律援助服务定期进行质量考核;法律援助机构应当综合运用庭审旁听、案卷检查、征询司法机关意见和回访受援人等措施,提升法律援助人员的服务质量。

(十)关于法律援助的监督。为进一步保证法律援助的质量,本法从投诉、查处、信息公开和行业惩戒等几个方面,规定了法律援助的监督措施:一是受援人的投诉权。受援人有权向法律援助机构、法律援助人员了解法律援助事项办理情况;法律援助机构、法律援助人员未依法履行职责的,受援人可以向司法行政部门投诉,并可以请求法律援助机构更换法律援助人员。二是司法行政部门的查处。司法行政部门应当建立法律援助工作投诉查处制度;接到投诉后,应当依照有关规定受理和调查处理,并及时向投诉人告知处理结果。三是监督机构的信息公开。司法行政部门、法律援助机构应当建立法律援助信息公开制度,定期向社会公布法律援助资金使用、案件办理、质量考核结果等情况,接受社会监督。四是律师协会的惩戒。律师协会应当将律师事务所、律师履行法律援助义务的情况纳入年度考核内容,对不履行或者怠于履行法律援助义务的律师事务所、律师,依照有关规定进行惩戒。

(十一)关于法律援助的法律责任。法律对于不同的主体和不同的情形,规定了不同的法律责任。

四、《法律援助法》的主要亮点

《法律援助法(草案)》提请初次审议时有 61 条,经过修改完善增至 71 条,增加了 10 条。之所以作大量修改完善,特别是增加相关内容,主要是为了充分体现《法律援助法》是社会法的特征,法律援助制度是国家公共法律服务体系的组成部分。通过完善法律制度,努力实现两个目的:一是让更多符合条件的力量有更多的渠道和形式参与法律援助,更有积极性地开展法律援助工作;二是让更多需要法律援助的人更便利地享受更有质量的法律援助服务。这就是《法律援助法》的亮点。具体来说:

第一,动员更多力量参与法律援助。以往法律援助大多是司法行政部门设立的法律援助机构根据当事人的申请,指派律师或者安排本机构人员,为符合条件的公民提供法律援助,渠道相对单一,力量较为有限。《法律援助法》进一步拓宽了提供法律援助的渠道,动员更多力量参与。比如,在草案修改完善过程中增加规定,工会、共青团、妇联、残联等群团组织参照本法规定开展的法律援助工作,支持符合条件的个人作为法律援助志愿者依法提供法律援助等,扩充了法律援助人员的力量。

第二,采取更多形式开展法律援助工作。当事人维护合法权益的法律服务需求是多方面的,有的关于诉讼事项,也有关于非诉讼事项。法律援助人员可以根据实际情况,采取多种形式为当事人提供法律援助。法律对这些形式规定得很具体和明确,需要说明的是,草案最初只规定了“法律法规规定的其他形式”,后来增加了“规章”。主要是为以后司法部和有关地方政府探索拓展新的形式提供空间。

第三,激发更高的积极性提供法律援助。法律援助经费少、补贴标准低、社会支持力度不足等,都是影响法律援助机构、法律援助人员以及社会各方面开展法律援助积极性的痛点、难点问题。为此,《法律援助法》在草案修改完善过程中增加规定:一是明确政府财政保障,县级以上人民政府将法律援助相关经费纳入本级政府预算,建立动态调整机制。二是明确补贴标准,法律援助补贴标准根据当地经济发展水平实行动态调整,法律援助补贴免征增值税和个人所得税等。

第四,保障更多公民享受法律援助。主要是落实中央有关文件精神,扩大法律援助范围。一是努力实现刑事案件律师辩护全覆盖,在草案修改完善过程中增加规定,除法律规定的刑事案件的犯罪嫌疑人、被告人因经济困难或者其他原因没有委托辩护人的,可以申请法律援助或者法院、检察院、公安机关应当通知法律援助机构指派律师担任辩护人外,其他适用普通程序审理的刑事案件,人民法院可以通知法律援助机构指派律师担任辩护人。二是扩大请求有关赔偿、给付和支付劳动报酬等申请法律援助的条件,在草案修改完善过程中增加“确认劳动关系”“生态破坏损害赔偿”等事项,并增加“规章”规定的其他事项,为以后进一步扩展法律援助范围预留空间。

第五,保障当事人更便利地获得法律援助。主要是从多方面规定有关便利措施。一是明确相关单位提供便利的责任,在草案修改完善过程中增加规定:法律援助机构通过服务窗口、电话、网络等方式提供法律咨询服务时,应当提示当事人享有依法申请法律援助的权利,并告知申请法律援助的条件和程序。二是法律援助服务便捷化、便利化,删除了草案最初关于申请法律援助需要提供经济困难证明的规定,并增加规定:法律援助机构为老年人、残疾人提供法律援助服务的,应当提供无障碍设施设备和服务等。

第六,保障法律援助高质量水平发展。通过强化保障和监督措施,让当事人享受到更高质量的法律援助服务,更有获得感。一是明确有关法律援助人员的资质要求,在草案修改完善过程中增加规定,对于可能被判处无期徒刑、死刑的人,以及死刑复核案件的被告人需要法律援助的,要求法律援助机构指派具有 3 年以上相关执业经历的律师担任辩护人。二是加强对法律援助工作的监督,在草案修改完善过程中增加多条关于质量监督的规定等。

五、《法律援助法》的几个争议问题

《法律援助法》从一审到草案最后通过,内容上增加了不少规定,在修改完善过程中也有一些存在争议的问题。通过广泛征求意见、反复沟通协调、深入研究论证,最后形成目前的法律规定,这个立法过程就是民主立法、科学立法、依法立法的体现。就出现争议的几个主要问题,这里作一介绍,帮助大家进一步学习了解《法律援助法》。

(一)关于司法行政部门职责问题。国务院《法律援助条例》和提交全国人大常委会初次审议的《法律援助法(草案)》都规定,司法行政部门监督管理法律援助工作,司法部门也曾坚持在法律中作这样的表述。《法律援助法》最后规定:“国务院司法行政部门指导、监督全国的法律援助工作。县级以上地方人民政府司法行政部门指导、监督本行政区域的法律援助工作。”之所以作出这样的变动,主要考虑包括:一是根据中央深化党和国家机构改革精神,确定的司法部机构职能和主要职责明确规定,司法部“指导、监督”法律援助工作;全国绝大多数省级司法行政部门的机构职能和主要职责也明确规定,“指导、监督”法律援助工作。中央有关部门提出,草案应与机构职能和主要职责的规定保持一致,应将“监督管理”改变为“指导、监督”。二是使用“指导、监督”更符合法律援助工作的公共法律服务的定位,也更有利于司法行政部门通过指导、监督工作提高法律援助服务的质量。

(二)关于法律援助机构律师问题。草案一审稿曾规定,法律援助机构的一些工作人员可以“法律援助机构律师”的身份开展法律援助工作,《法律援助法》最后删除了“法律援助机构律师”这一概念。这主要是出于以下考虑:一是在常委会审议以及向社会公开征求意见过程中,有的常委委员、单位、地方和社会公众提出,法律援助机构负责审查法律援助申请,又直接提供法律援助不合适;同时,在《律师法》之外创设新的律师种类,缺乏法律依据。二是法律援助专业性较强,特别是刑事法律援助,通常需要经过一定时间专业训练的执业律师才能担任辩护人,法律援助机构的工作人员不一定能够胜任。三是法律援助机构负责组织实施法律援助,受理并审查法律援助申请,指派法律援助人员,发放法律援助补贴,但法律援助机构工作人员有限,承担的工作任务已经非常繁重,实际上也难以直接提供法律援助服务。尽管本法最终没有规定“法律援助机构律师”,但考虑到少数偏远地区缺乏甚至没有律师,从实际出发增加规定,法律援助机构根据工作需要，可以安排本机构具有律师资格或者法律执业资格的工作人员提供法律援助。

（三）关于群团组织开展法律援助的问题。草案一审稿没有明确规定群团组织可以开展法律援助，但最后增加规定，工会、共青团、妇联、残联等群团组织可以参照本法相关规定，组织开展法律援助工作。这主要是出于以下考虑：一是工会等群团组织结合自身实践和工作需要，能够在这方面提出较多意见和建议；二是《中共中央办公厅、国务院办公厅关于完善法律援助制度的意见》明确提出，鼓励和支持人民团体开展法律援助工作；三是法律援助是一项公共法律服务，也是一项民生事业，应当动员更多力量参加，让更多的人享受到法律援助；四是工会等群团组织根据自身职责，为群众提供法律援助，已经有多年实践和成熟经验。需要注意的是，工会等群团组织参照本法规定开展法律援助工作也有一定要求：一是要依法进行，参照《法律援助法》的相关规定，不能超出法律规定；二是要接受司法行政部门的指导和监督，不能不受约束监督；三是要结合自己的职责和工作特点，不能漫无边界。

（四）关于提供经济困难证明的问题。《法律援助条例》有提供经济困难证明的规定，司法行政部门也曾提出，希望保留这样的规定。《法律援助法》没有作出这样的规定，主要出于以下考虑：一是法律援助工作存在的问题之一，就是随着社会发展及人员流动的加快，经济困难证明已经成为阻碍困难群众及时获得法律援助的一个障碍，法律不能再延续这种不合理的做法。二是《中共中央办公厅、国务院办公厅关于完善法律援助制度的意见》明确提出，法律援助工作要坚持以人为本，完善便民利民措施，实现法律援助申请快捷化、审查简便化；国务院也多次提出“减证便民”的要求，《法律援助法》要落实有关中央文件精神。

（五）关于法律援助补贴免税的问题。《法律援助法》在草案一审稿的基础上增加规定，法律援助补贴免征个人所得税、增值税。对于这一规定，有的部门持反对意见。之所以这样规定，主要出于以下的考虑：一是在草案修改完善过程中，一些常委会委员、地方、单位和公众强烈要求在法律中予以明确，各方面多数都表示同意；二是《个人所得税法》以及国务院有关增值税的文件明确规定，对国家补贴免征个人所得税、增值税，只是实际操作中有的将法律援助补贴视为个人劳务收入和单位营业收入；三是作出这个规定，有利于调动法律援助人员的积极性，促进我国法律援助事业的发展。

六、切实保障《法律援助法》的实施

法律的生命在于实施。制定《法律援助法》是尊重和保障人权的体现，通过建立健全公共法律服务制度体系，为改善民生提供重要保障。要切实推进法律有效实施，真正让人民群众在法律援助服务中产生获得感和幸福感。

（一）做好法律的宣传工作。法律援助工作虽然已经开展40多年，但全社会对于法律援助制度特别是建立在《法律援助法》基础上的新制度还缺乏了解，因此法律宣传工作必须抓紧到位。一是宣传《法律援助法》的重要意义，让全社会认识制定《法律援助法》、健全新时代法律援助制度的时代意义；二是宣传《法律援助法》的具体内容，让广大人民群众了解其获得法律援助的权利，让从事法律援助工作的单位和个人知道自己的职责。按照"谁执法，谁普法"的要求，司法行政部门责任重大、义不容辞。

（二）有关单位和个人尽职尽责。法律援助是一项为民服务的事业，《法律援助法》规定了有关单位和个人的职责：其一是司法行政部门要尽到指导和监督法律援助的责任；二是法律援助机构要尽到组织实施法律援助的责任；三是法律援助人员要尽到认真办理法律援助业务的责任；四是有关部门和单位要尽到支持和配合的责任。尽责一方面依靠责任意识和服务理念，要有内在动力；另一方面也需要监督检查到位，要有外在压力。这也需要司法行政部门加强监督工作。

（三）完善法律援助具体制度。《法律援助法》只规定了法律援助的基本制度和主要程序等，有些事项法律授权有关部门和单位制定具体办法。国务院有关部门、有关地方应当根据法律的规定，结合实际需要和本地实际情况，制定一些具体措施，保障法律有效实施，更好地保障法律援助工作的开展。

第二部分　释　　义

第一章　总　　则

第一条　为了规范和促进法律援助工作，保障公民和有关当事人的合法权益，保障法律正确实施，维护社会公平正义，制定本法。

【释义】 本条是关于立法目的的规定。

一、规范和促进法律援助工作

法律援助工作是体现以人民为中心的发展思想，切实维护人民群众合法权益的一项重要民生工程，有利于贯彻公民在法律面前一律平等的宪法原则，使公民无论经济条件好坏、社会地位高低都能获得必要的法律服务；有利于保障社会公平正义，保证人民群众在遇到法律问题或者权利受到侵害时获得及时有效的法律帮助。1979 年 7 月《刑事诉讼法》[①]颁布，明确了可以指定辩护和应当指定辩护的范围，我国开始探索开展法律援助工作。随着国家法治建设不断深入，法律援助工作不断发展，逐渐成为国家法律公共服务的重要组成部分，在服务经济社会发展、推进法治国家建设、维护人民合法权益中发挥了重要作用。但长期以来，法律援助工作领域法律法规制度体系较为薄弱，主要依托是国务

① 为便于读者阅读，书中的法律名称使用简称。

院 2003 年制定的《法律援助条例》,一些根本性、深层次的问题没有得到解决。现有制度规定不能很好地适应法律援助工作需要,还存在制度不够完善、保障不够充分、援助范围亟待扩大等问题。

随着我国经济社会不断发展,社会主要矛盾转化为人民日益增长的美好生活需要和不平衡不充分的发展之间的矛盾,人民群众在民主、法治、公平、正义等方面的要求日益增长。与人民群众特别是困难群众日益增长的法律援助需求相比,法律援助工作还存在较大差距。为此,党的十八届四中全会明确提出,完善法律援助制度,扩大援助范围。2015 年中共中央办公厅、国务院办公厅《关于完善法律援助制度的意见》提出,推进法律援助立法工作,提高法治化水平。近年来,许多全国人大代表也提出议案和建议,希望加快法律援助立法。在这种背景下,为了贯彻落实中央关于推进全面依法治国的重大战略部署,有效解决制约法律援助事业发展的难点问题,推动法律援助工作规范化,并在规范的基础上促进其更高质量发展,制定法律援助法成为必然要求,对于更好地维护公民合法权益、维护法律正确实施、维护社会公平正义具有十分重要的意义。

二、保障公民和有关当事人的合法权益

从法律援助制度的产生和发展看,法律援助以维护困难群体的合法利益为宗旨,其主要作用是对经济困难公民提供无偿法律服务,从根本上解决困难群众没有钱请律师、打不起官司的问题,畅通弱势群体反映合理诉求的渠道,有效维护困难群众的合法权益。在民事、行政领域,法律援助保障公民不受经济困难等因素的影响,有权获得同等的法律帮助,与其他公民平等地行使诉讼权利,有效维护其合法权益。在刑事领域,法律援助帮助犯罪嫌疑人、被告人获得有效辩护,平衡控辩双方的力量,保障审判程序

的正当性。可以说，法律援助制度是国家保护公民权利的法律保障制度，维护人民群众合法权益是法律援助工作的出发点和落脚点。维护人民群众合法权益不是宽泛、空洞的，具体到法律援助，主要是维护公民和有关当事人合法权益。通过保护经济困难公民和符合法定条件的其他当事人，发挥法律援助制度的兜底和保障作用，从而实现对广大人民群众的保障。因此，本法将维护公民和有关当事人合法权益作为立法目的之一。

维护公民和有关当事人合法权益，要求紧紧围绕困难群众的民生诉求，用法律积极回应民生诉求，切实扩大援助范围，提高服务质量，完善便民利民措施。要聚焦人民群众反映强烈、需求较多的领域，通过运用法律手段帮助困难群众解决涉法问题，解决好困难群众最关心最直接最现实的利益问题。为了实现这一目的，《法律援助法》采取多种措施，从多个方面，动员更多力量以更多形式、更高积极性开展法律援助工作，让更多需要法律援助的人民群众更加便利获得更有质量的法律援助。

三、保障法律正确实施

法律的生命在于实施，法律的权威也在于实施。保障法律正确实施，与维护人民群众合法权益、促进社会公平正义密切联系，只有保障法律正确实施，才有可能有效维护人民群众合法权益、促进社会公平正义。只有全面、及时、统一、正确实施宪法法律，才能使各项法律规定从纸面走入生活，使各项权利从拟制走向现实，只有确保宪法法律有效实施，才能在全社会弘扬社会主义法治精神，践行社会主义法治理念，维护社会主义法制的统一、尊严和权威，形成和谐有序的社会主义法治秩序。法律实施涉及守法、执法、司法以及法律监督等多方面，法律正确实施需要具备相应条件。当公民由于经济收入、个人能力等因素，理解法律、运用法律的能力不足以维护自身合法权益时,通过法律援助制度引入专业力量提供帮助,不仅有效维护了公民合法权益,还确保了法律得到统一正确实施,实现公民在法律面前一律平等。

本法在具体制度设计上,采取多种措施确保这一目的能够实现。例如,进一步丰富法律援助的形式,扩大刑事、民事、行政法律援助的范围,让更多的人得到更多的法律援助,在更大范围保障法律正确实施;进一步明确法律援助机构和人员的义务,推动其依法履行职责;对于可能被判处无期徒刑、死刑的人,以及死刑复核案件的被告人需要法律援助的,要求法律援助机构指派具有3年以上相关执业经历的律师担任辩护人;加强对法律援助工作的监督,要求司法行政部门建立投诉查处制度,受理受援人的投诉并及时调查处理,制定法律援助服务质量标准,定期进行质量考核;等等。

四、维护社会公平正义

公平正义是社会主义法治的价值追求,是中国特色社会主义的内在要求。维护社会公平正义,就是使社会各方面的利益关系得到妥善协调,人民内部矛盾和其他社会矛盾得到正确处理,社会公平正义得到拥护和实现。习近平总书记指出:“不论处在什么发展水平上,制度都是社会公平正义的重要保证。”要通过创新制度安排,建立健全以权利公平、机会公平、规则公平为主要内容的社会公平保障体系,积极营造公平的社会环境,保证人民平等参与、平等发展权利。法律援助制度就是维护社会公平正义的一项重要制度安排。制定《法律援助法》,就是进一步完善法律援助制度,使人民群众无论经济条件好坏、社会地位高低,在遇到法律问题或者权利受到侵害时都能及时有效获得法律帮助,真正实现“公民在法律面前一律平等”。

维护社会公平正义是法律援助制度的价值追求，也是法律援助工作的努力方向。习近平总书记指出，要依法公正对待人民群众的诉求，努力让人民群众在每一个司法案件中都能感受到公平正义。要重点解决好损害群众权益的突出问题，决不允许对群众的报警求助置之不理，决不允许让普通群众打不起官司，决不允许滥用权力侵犯群众合法权益，决不允许执法犯法造成冤假错案。制定《法律援助法》，就是要明确法律援助职责，扩大法律援助范围，使符合条件的公民都能获得法律援助，平等享受法律保护，努力让人民群众在每一个案件中都感受到公平正义，为有效化解社会矛盾、维护社会和谐稳定，提供有力的法治保障。

第二条　本法所称法律援助，是国家建立的为经济困难公民和符合法定条件的其他当事人无偿提供法律咨询、代理、刑事辩护等法律服务的制度，是公共法律服务体系的组成部分。

【释义】　本条是关于法律援助概念的规定。

一、国家建立的一项法律制度，体现国家责任

关于法律援助的概念，世界各国法律中表述各不相同。法国称为“法律救助”，包括司法救助、获得法律保障救助、拘留期间律师介入救助，以及刑事调解与刑事和解方面的救助。《韩国法律援助法》将“法律援助”定义为：为达到该法第1条规定之目的，由律师或公益法务官（公设律师）提供的法律咨询、诉讼代理以及所有与法律事务相关的法务支持。联合国在《关于在刑事司法系统中获得法律援助机会的原则和准则》将“法律援助”定义为：向被拘留者、被逮捕者或被监禁者、涉嫌或被控告或被指控刑事犯罪者以及向刑事司法程序中的受害人和证人提供法律咨询、援助和诉讼代理,对于没有足够的经济手段者或在司法利益有此需要时将被免费提供。

在我国,1979 年 7 月《刑事诉讼法》的颁布,明确了可以指定辩护和应当指定辩护的范围,法律援助制度走上探索建立的道路。1993 年,广州市司法局率先在正式文件中使用“法律援助”,并明确提出“建立法律援助制度”。1996 年修正后的《刑事诉讼法》第 34 条,对人民法院指定承担法律援助义务的律师提供辩护作出规定,在国家立法中首次出现“法律援助”的概念。随着实践的发展,2003 年国务院制定《法律援助条例》,明确规定法律援助是政府的责任,并对法律援助的对象、内容等作出规定。理论上通常将法律援助定义为,由政府设立的法律援助机构组织法律援助人员,为经济困难的公民或者特殊案件的当事人免费提供法律帮助。其后,法律援助的理论研究和实践探索不断深入,对于法律援助制度的性质定位、功能作用、价值导向的认识日益深刻。2015 年中共中央办公厅、国务院办公厅《关于完善法律援助制度的意见》明确提出:法律援助是国家建立的保障经济困难公民和特殊案件当事人获得必要的法律咨询、代理、刑事辩护等无偿法律服务,维护当事人合法权益、维护法律正确实施、维护社会公平正义的一项重要法律制度。结合实践和理论发展,贯彻中央文件精神,本条对“法律援助”的概念作出界定。与国务院《法律援助条例》相比,《法律援助法》提出的概念,一个重大进步是将法律援助由“政府责任”转变为“国家责任”。

过去较长一段时间里,我国在“政府责任”的定位下,建立起政府主导的法律援助模式。在这种模式下,法律援助的运作大致表现为:一是经费来源上,主要依靠国家财政拨款。二是机构设置上,由政府成立专门的法律援助机构,受理、审查、批准法律援助申请；指派法律援助人员承办法律援助案件；核发案件补贴，并对法律援助活动实施进行监督和管理。三是法律援助人员上，由法律援助机构的工作人员与律师、基层法律工作者相结合承办法律援助案件，以社会团体、民间组织为补充。在法律援助从无到有的发展初期，政府主导的模式通过行政职权，有效解决资源稀缺、投入不足的问题，推动法律援助工作快速发展，在维护司法公正和社会稳定等方面发挥了积极作用。但随着经济社会发展和法治建设的深入，政府主导的行政化模式带来一定问题：社会参与相对不足，单纯依靠财政经费投入无法满足不断增长的法律援助需求等。

2014 年《中共中央关于全面推进依法治国若干重大问题的决定》明确提出，要“完善法律援助制度，扩大援助范围，健全司法救助体系，保证人民群众在遇到法律问题或者权利受到侵害时获得及时有效法律帮助”，对法律援助提出了更高的要求。为了完成新时代赋予法律援助促进社会公平正义、提升司法人权保障、维护社会稳定的重要使命，《法律援助法》依据中央文件精神，将法律援助确立为国家建立的一项法律制度。这符合国家法治精神，体现履行国际社会条约的义务，也符合新时代法律援助事业发展的现实需要。

我国宪法明确规定“法律面前人人平等”，宪法法律赋予公民广泛的权利。国家有责任保障每个公民平等享有宪法法律赋予的权利，保障每个公民的权利得以实现。国家有责任提供法律援助，公民有权利获得法律援助。1998 年我国签署了联合国《公民权利和政治权利国际公约》，法律援助作为该公约的一项具体规定，国家也负有履行的义务。国家通过法律援助制度，帮助弱势群体运用法律手段维护自身权益，确保宪法法律所赋予的各项权利得以实现，维护公民在法律面前一律平等的权利。

积极适应新时代新要求，本法明确法律援助是国家建立的一项法律制度，国家责任包括负责制定法律援助法律法规以及政策、投入经费、设立机构、组织实施以及监督管理等，不仅政府有责任，立法机关、司法机关以及社会各方面都有责任。全国人大常委会制定《法律援助法》，司法机关告知当事人获得法律援助权利、转交法律援助申请、通知法律援助机构指派律师辩护，等等，都是履行国家责任的表现形式。在以往狭义理解下，法律援助是政府责任，只有政府设立的法律援助机构才能提供法律援助，社会其他方面参与法律援助的积极性不高、力度不足。明确国家责任，有利于动员更多力量参与法律援助，建立涵盖更广的法律援助制度。依据本法规定，法律援助除了司法行政部门设立的法律援助机构提供的外，还包括工会、妇联、残联等群团组织提供的法律援助。

二、法律援助的对象是经济困难公民和符合法定条件的其他当事人

第一，应当明确的是，法律援助的对象是自然人，不包括法人等组织。本法制定过程中，有的意见提出，应当将中小企业、集体经济组织、村(居)民委员会等也纳入对象范围。研究认为，将法人等作为法律援助的对象，不符合我国的现实国情和大多数国家的立法例。我国目前还是处于社会主义初级阶段的发展中国家，法律援助的资源有限，不可能将过多资金投入法律援助，而且法人等组织的纠纷多为经济纠纷，败诉风险和责任承担难以确定，对其提供法律援助也可能有违市场规律。世界大多数国家均未将法人等组织纳入法律援助的对象。

第二，法律援助的对象包括经济困难公民。法律援助最初制度设计的目的，就是为经济困难的当事人免费提供法律帮助，使其不受经济困难因素影响，平等享有法律保护，真正实现“法律面前一律平等”的原则。“经济困难公民”在理解上，应当把握以下方面：一是属于我国公民，即具有中华人民共和国国籍。二是因经济困难无力支付正常的法律服务费用。本法第34条规定，经济困难的标准由省、自治区、直辖市人民政府根据本行政区域经济发展状况和法律援助工作需要确定，并实行动态调整。实践中，有关部门和地方也进一步明确法律援助受援人经济困难标准的参照原则，通常以地方人民政府民政部门所确定的居民“最低生活保障标准”和劳动部门制定的“失业救济标准”作为主要参照依据，并以此为基准确定各地的经济困难标准。三是对经济困难公民提供的法律援助，不限于民事、行政法律援助，也包括刑事法律援助。

第三，法律援助的对象还包括符合法定条件的其他当事人。随着法律援助范围的不断扩大，除了经济困难公民外，法律援助的对象范围也在不断扩大。一是没有委托辩护人的刑事案件的犯罪嫌疑人、被告人。根据本法第25条的规定，犯罪嫌疑人、被告人属于下列人员之一的，人民法院、人民检察院、公安机关应当通知法律援助机构指派律师担任辩护人：未成年人；视力、听力、言语残疾人；不能完全辨认自己行为的成年人；可能被判处无期徒刑、死刑的人；申请法律援助的死刑复核案件被告人；缺席审判案件的被告人；法律法规规定的其他人员。这些人由于年龄、生理等原因，行使诉讼权利的能力弱，或者涉及剥夺生命权等重大权益，需要在法律上予以特别对待，不管其经济状况如何，都应为其提供法律援助。落实刑事辩护全覆盖的精神，本法还规定其他适用普通程序审理的刑事案件，被告人没有委托辩护人的，人民法院也可以通知法律援助机构指派律师担任辩护人。二是不受经济困难条件限制的当事人。本法第32条规定，有下列情形之一，当事人申请法律援助的，不受经济困难条件的限制：英雄烈士近亲属为维护英雄烈士的人格权益；因见义勇为行为主张相关民事权益；再审改判无罪申请国家赔偿；遭受虐待、遗弃或者家庭暴力的受害人主张相关权益；法律、法规、规章规定的其他情形。三是有关法律规定的当事人。《社区矫正法》《退役军人保障法》《反家庭暴力法》《未成年人保护法》《妇女权益保障法》《残疾人保障法》《老年人权益保障法》《农业法》等法律，对于一些特殊群体提供法律援助作出规定。在其他有法律特别规定的，依照相关法律处理。四是符合条件的外国人、无国籍人。根据本法第 69 条的规定，按照我国法律规定，或者根据我国缔结或者参加的国际条约，或者按照互惠原则，外国人和无国籍人也可以成为法律援助的对象。

三、无偿提供的法律服务

法律援助是一项扶助贫弱、保障社会弱势群体合法权益的社会公益事业，也是一项基础性的法律救济制度。法律援助工作的实质，通俗讲就是让无钱的人打得起官司、打得赢官司。在新形势下，加强法律援助工作、完善法律援助制度是保障和改善民生的重要途径。国家有责任有义务向符合条件的援助对象无偿提供法律援助，受援人无须支付任何费用。如果提供法律援助，又要求受援人支付费用，显然违背法律援助制度的宗旨。需要注意的是，法律援助的无偿性主要体现在提供者与受援人之间的关系上，对于承担法律援助工作的法律援助人员，应当依法依规支付法律援助补贴。同时，无偿并不意味着低质量，不能因为法律援助是国家无偿提供的，就降低对法律援助质量的要求。国家应当采取措施，要求法律援助机构、法律援助人员为受援人群提供合理的、满足质量要求的法律援助服务。

与其他物质或者金钱的社会救助、司法救助不同，法律援助提供的是无偿法律服务，是一种服务性的保障制度。根据本法第22条的规定，法律援助的形式包括法律咨询，代拟法律文书，刑事辩护与代理，民事案件、行政案件、国家赔偿案件的诉讼代理及非诉讼代理，值班律师法律帮助，劳动争议调解与仲裁代理，以及法律、法规、规章规定的其他形式。法律援助是由国家无偿提供的法律服务，是符合基本标准和要求的法律服务。

四、公共法律服务体系的组成部分

从政府治理的角度看，法律援助是一项基本公共法律服务。公共法律服务是政府公共职能的重要组成部分，是保障和改善民生的重要举措，是全面依法治国的基础性、服务性和保障性工作。公民享有基本的公共法律服务，既是人民群众基本权益的重要内容，也是经济社会发展到一定阶段的客观要求。推进公共法律服务体系建设，对于更好满足广大人民群众日益增长的美好生活需要，提高国家治理体系和治理能力现代化水平具有重要意义。2014年《中共中央关于全面推进依法治国若干重大问题的决定》明确提出，要“建设完备的法律服务体系。推进覆盖城乡居民的公共法律服务体系建设，加强民生领域法律服务”。2019年中共中央办公厅、国务院办公厅《关于加快推进公共法律服务体系建设的意见》提出，要基本形成覆盖城乡、便捷高效、均等普惠的现代公共法律服务体系，其中包括健全法律援助工作机制。

在全面推进依法治国的时代背景下，作为公共法律服务体系的组成部分，法律援助应当适应党和国家提出的要求，体现公共法律服务的基本特征，实现公共法律服务的功能，满足人民群众对公共法律服务的期待。要围绕更好满足人民群众对美好生活的向往和日益增长的法律服务需求，坚持政府主导、社会参与，落实政府主体责任,加快建设覆盖城乡、便捷高效、均等普惠的服务体系,不断降低法律援助门槛,扩大法律援助范围,切实增强人民群众的获得感、幸福感、安全感。

第三条　法律援助工作坚持中国共产党领导,坚持以人民为中心,尊重和保障人权,遵循公开、公平、公正的原则,实行国家保障与社会参与相结合。

【释义】 本条是关于法律援助工作应当遵循的基本原则的规定。

一、坚持中国共产党的领导

中国共产党的领导是中国特色社会主义最本质的特征,是中国特色社会主义制度的最大优势。坚持中国特色社会主义法治道路,最根本的是坚持中国共产党的领导。社会主义法治是人民在中国共产党的领导下,按照宪法法律治理国家、管理社会,其本质就是党的领导、人民当家作主、依法治国的有机统一。中国共产党代表最广大人民的根本利益,社会主义法治的人民性从根本上要求坚持党的领导,这样才能更好地反映和体现人民的意志,更好地确认和保护人民的利益。只有在党的领导下厉行法治,人民当家作主才能真正实现,国家和社会生活法治化才能有序推进,人民的根本利益才能得到充分保障。我国宪法以根本法的形式确立了中国共产党的领导地位,坚持依宪治国、依宪执政,首先就是坚持宪法确定的中国共产党领导地位不动摇。完善法律援助制度是全面推进依法治国的一项重要举措,坚持推进全面依法治国,就必须着眼加强和改善党的领导,把党的领导贯彻到法律援助工作的全过程和各方面、各环节。

党和国家历来高度重视法律援助工作，尤其是党的十八大以来，以习近平同志为核心的党中央从更好满足广大人民群众日益增长的美好生活需要，提高国家治理体系和治理能力现代化水平的新高度，对完善法律援助制度、加强法律援助工作作出部署安排。2014 年《中共中央关于全面推进依法治国若干重大问题的决定》提出，建设完备的法律服务体系，推进覆盖城乡居民的公共法律服务体系建设……完善法律援助制度……健全司法救助体系。2015 年，中共中央办公厅、国务院办公厅印发《关于完善法律援助制度的意见》，进一步提出了法律援助工作持续发展的指导思想、基本原则、政策措施和核心要求，成为建立健全法律援助制度的顶层设计和总体规划，是当前和今后一个时期指导法律援助工作开展的重要纲领性文件。2019 年，中共中央办公厅、国务院办公厅印发《关于加快推进公共法律服务体系建设的意见》，从构建完善公共法律服务体系的角度，对推进法律援助工作提出明确要求。法律援助工作坚持党的领导，首先就是将党中央有关决策部署贯彻落实到具体法律规定当中，确保党的意志转化为国家立法。同时在实施《法律援助法》、推动法律援助工作过程中，健全党保证执法、支持司法、带头守法的制度机制，确保法律援助工作始终保持正确方向。

二、坚持以人民为中心

全面依法治国最广泛、最深厚的基础是人民，坚持以人民为中心是全面依法治国的力量源泉。人民是国家的主人、依法治国的主体。社会主义法治建设必须为了人民、依靠人民、造福人民、保护人民。要把体现人民利益、反映人民愿望、维护人民权益、增进人民福祉落实到全面依法治国各领域全过程。推进全面依法治国,根本目的是依法保障人民权益。要积极回应人民群众新要求新期待,系统研究谋划和解决法治领域人民群众反映强烈的突出问题,不断增强人民群众获得感、幸福感、安全感,用法治保障人民安居乐业。“以人民为中心”的发展思想体现了党的理想信念、性质宗旨、初心使命。法律援助制度是中国特色社会主义法治体系的重要内容,在我国法律援助的立法和实践中,最根本的理念也是“以人民为中心”的法治理念。

坚持“以人民为中心”的法治理念,不仅充分贯彻到法律援助制定过程中,更是法律援助工作的根本指南与基本遵循。在实施和完善我国法律援助制度上,必须着眼于保护人民的合法权益,服务于人民的法律援助需求,才能真正发挥法律援助制度的功能与意义。在实施《法律援助法》、推进法律援助工作中,要充分体现以人为本,以公民的法律援助需求为出发点,以有效保护受援人的利益作为工作目标,通过规范高效便捷的法律援助体系为困难群众提供优质高效的法律援助服务。

三、尊重和保障人权

所谓人权就是社会对人的价值的一种承认,是指“人,因其为人而应享有的权利”。1948 年 12 月 10 日联合国通过的《世界人权宣言》首次规定了基本人权应得到普遍保护,并把该宣言作为所有人民和所有国家努力实现的共同标准。人权被认为是当代国际社会获得普遍承认的价值和政治道德观念,是否尊重和保障人权已经成为评判一个国家文明法治的标杆。我国宪法规定,国家尊重和保障人权。公民依据宪法法律享有广泛的权利,其中公民的生存权是首要人权。随着尊重和保障人权的理念深入人心,全社会的权利意识、维权意识不断提高。但由于法律的复杂性、专业性,将法律文本中的权利转化为现实中的权利,仅靠公民个人能力及知识水平并不现实。因此,尊重和保障人权,需要建立实现公民权利的保障机制,依法公正对待人民群众的诉求,切实保障公民的经济、文化、社会等各方面权利得到落实,切实维护最广大人民的根本利益。建立法律援助制度的目的,就是平等保护公民权利,确保权利得以实现,尊重和保障人权是其基本功能和价值追求。

法律援助是国家保护公民权利的基本法律制度。依法获得法律援助也是公民享有的权利内容。法律援助工作贯彻尊重和保障人权的理念体现在诸多方面:一是充分保障公民依法获得法律援助的权利,为公民了解法律援助和获得法律援助提供必要的财力、人力以及实现机制。例如,法律援助机构应当提示当事人享有依法申请法律援助的权利,并告知申请法律援助的条件和程序。二是扩大法律援助范围、提高法律援助质量,通过法律援助工作保障公民各方面权利。其中,保障犯罪嫌疑人、被告人的辩护权是保障人权的重心。辩护制度是刑事诉讼程序中保障犯罪嫌疑人、被告人权利的核心制度。《法律援助法》在《刑事诉讼法》及相关配套法规的基础上,在应当通知辩护范围中新增“申请法律援助的死刑复核案件被告人”,将“盲聋哑人”扩大为“视力、听力、言语残疾人”;落实刑事辩护全覆盖的精神,新增可以通知辩护的援助类型。通过扩大刑事援助范围,充分保障和实现公正的司法审判。

四、遵循公开、公平、公正的原则

公开原则是指司法行政部门、法律援助机构等主体在法律援助工作中依法对可能影响受援人权利的重要信息对外进行披露。公开原则要求法律援助工作的法律法规以及有关规则公开,还要审查申请、作出决定的过程公开,以及法律援助经费使用情况等重要信息的公开。公开的信息内容要求真实、准确、完整、及时。公平原则指的是在法律援助工作中,依法平等对待每一位受援人,平等保护经济困难公民和有关当事人的合法权益。公正原则指的是在法律援助工作中,司法行政部门、法律援助机构一视同仁地对受援人适用法律法规以及工作规则,一视同仁地开展执法监督活动,努力实现公平正义。公开、公平、公正三原则紧密联系,"公平、公正"是目标,"公开"是保障。

法律援助工作要实现"让人民群众在每一个司法案件中都感受到公平正义"的目标,"阳光是最好的防腐剂,电灯是最有效的警察"。法律援助机构要认真履行告知义务,提示当事人享有依法申请法律援助的权利,并告知申请法律援助的条件和程序。司法行政部门、法律援助机构应当建立法律援助信息公开制度,定期向社会公布法律援助资金使用、案件办理、质量考核结果等情况,接受社会监督。随着人民群众的公平意识不断增强,对社会不公问题反映越来越强烈,只有充分体现权利公平、机会公平、规则公平,才能得到人民群众认可和拥护。法律援助机构以及人民法院、人民检察院、公安机关应当依法给予每一位受援人平等尊重和保护,在各自职责范围内保障当事人依法获得法律援助,确保应援尽援。公正是法治的生命线,要努力让人民群众在每一项法律制度、每一个执法决定、每一宗司法案件中都感受到公正。

五、实行国家保障与社会参与相结合

法律援助是国家建立的为经济困难公民和符合法定条件的其他当事人无偿提供法律咨询、代理、刑事辩护等法律服务的制度,是公共法律服务体系的组成部分。《法律援助法》明确了国家责任理念,国家和政府必须给予法律援助充分的保障。同时,法律援助事业的发展也离不开社会各方面的广泛参与,实行国家保

障与社会参与相结合是法律援助工作发展的需要,也是积极发挥社会力量作用、实现国家治理体系和治理能力现代化的必然要求。为此,2015 年,中共中央办公厅、国务院办公厅印发的《关于完善法律援助制度的意见》提出,发挥政府主导作用,鼓励和支持社会力量通过多种方式依法有序参与法律援助工作。2019 年中共中央办公厅、国务院办公厅《关于加快推进公共法律服务体系建设的意见》提出,坚持政府主导、社会参与,落实政府推进公共法律服务体系建设的主体责任,激发各类社会主体参与公共法律服务的积极性。

法律援助工作实行国家保障与社会参与相结合。在国家保障方面体现为财政资金、人员配置等方面为法律援助实施提供保障,如县级以上人民政府应当将法律援助工作纳入国民经济和社会发展规划、基本公共服务体系,保障法律援助事业与经济社会协调发展。县级以上人民政府应当健全法律援助保障体系,将法律援助相关经费列入本级政府预算,建立动态调整机制,保障法律援助工作需要,促进法律援助均衡发展。在社会参与方面,鼓励社会力量参与法律援助工作,为法律援助工作提供资金、人力等方面的支持。例如,国家鼓励和支持群团组织、事业单位、社会组织在司法行政部门指导下,依法提供法律援助。鼓励和支持企业事业单位、社会组织和个人等社会力量,依法通过捐赠等方式为法律援助事业提供支持;对符合条件的,给予税收优惠。国家鼓励和规范法律援助志愿服务;支持符合条件的个人作为法律援助志愿者,依法提供法律援助。鼓励和支持律师事务所、律师、法律援助志愿者等在法律服务资源相对短缺地区提供法律援助等。

第四条　县级以上人民政府应当将法律援助工作纳入国民经济和社会发展规划、基本公共服务体系，保障法律援助事业与经济社会协调发展。

县级以上人民政府应当健全法律援助保障体系，将法律援助相关经费列入本级政府预算，建立动态调整机制，保障法律援助工作需要，促进法律援助均衡发展。

【释义】　本条是关于人民政府保障职责的规定。

一、纳入国民经济和社会发展规划

国民经济和社会发展规划是全国或者某一地区经济、社会发展的总体纲要，是具有战略意义的指导性文件，统筹安排和指导全国或某一地区的社会、经济、文化建设工作。国民经济和社会发展规划是国家加强和改善宏观调控的重要手段，也是政府履行经济调节、市场监管、社会管理和公共服务职责的重要依据。编制、实施国民经济和社会发展规划，是政府履行经济调节、市场监管、社会管理和公共服务职能的重要手段，对实现政府制定的战略目标、弥补市场缺陷、有效配置资源，促进共同富裕和经济社会协调发展具有十分重要的意义。

按照本条规定，县级以上人民政府应当将法律援助工作纳入国民经济和社会发展规划。本条规定的责任主体是县级以上人民政府，不包括乡镇一级政府。将法律援助工作纳入国民经济和社会发展规划，有利于县级以上人民政府及其有关部门树立全局意识、大局意识，从总体上和宏观上进行统筹考虑、安排部署，从而提高各级政府和有关部门法律援助工作的责任意识。

二、纳入基本公共服务体系

基本公共服务,指建立在一定社会共识基础上,由政府主导提供的,与经济社会发展水平和阶段相适应,旨在保障全体公民生存和发展基本需求的公共服务。享有基本公共服务属于公民的权利,提供基本公共服务是政府的职责。基本公共服务体系,指由基本公共服务范围和标准、资源配置、管理运行、供给方式以及绩效评价等所构成的系统性、整体性的制度安排。均等化是基本公共服务的显著特点和要求,即全体公民都能公平可及地获得大致均等的基本公共服务,其核心是机会均等,而不是简单的平均化和无差异化。

按照本条规定,县级以上人民政府还应将法律援助工作纳入基本公共服务体系。纳入基本公共服务体系,有利于合理界定各级政府基本公共服务事权。具体而言,中央政府主要负责制定有关基本公共服务标准和政策法规,提供涉及中央事权的基本公共服务,协调跨省(自治区、直辖市)的基本公共服务问题,以及对各省级政府进行监督、考核与问责。省级政府主要负责制定本地区基本公共服务标准和地方政策法规,提供涉及地方事权的基本公共服务,以及对市、县政府进行监督、考核与问责。市级和县级政府具体负责本地基本公共服务的提供以及对基本公共服务机构的监管。纳入基本公共服务体系,还有利于建立与经济发展和政府财力增长相适应的财政支出增长机制,切实增强各级财政保障法律援助事业与经济社会协调发展的能力。

三、将法律援助相关经费列入本级政府预算,建立动态调整机制

经费保障是做好法律援助工作的一个关键问题,对于促进法

律援助工作发展,保护和调动法律援助人员的积极性,提供法律援助质量和水平,都具有重要意义。在一定程度上,法律援助经费保障水平也是衡量政府是否切实履行提供法律援助责任的重要指标。改革开放以来,我国经济社会快速发展,综合国力、经济实力不断增强。与之相适应,全国法律援助财政拨款总额呈阶梯状逐年增加,法律援助机构拥有了更多援助经费,参与法律援助工作的人员数量稳步增长,办理法律援助案件数量、提供法律咨询等服务数量都有较大幅度增长。据了解,2019 年法律援助经费投入总额近 30 亿元,同比增长 16. 8%。其中财政拨款额 29. 7 亿元,同比增长 12. 8%,占经费总额的 99. 3%,社会捐助、行业奉献等占经费总额的 0. 7%。全国法律援助机构共批准办理法律援助案件总数为 191 万余件,同比增长 31. 6%,其中主要是刑事法律援助案件增加。从受援人情况看,截至 2019 年年末,各类案件受援人总数为 198. 9 万人次,同比增长 31%。国家财政资金的投入有力支持法律援助工作开展,让法律援助制度惠及更多的人。

近年来,法律援助范围不断扩大,人民群众对法律援助工作在质和量各方面都有更高需求。与日益增长的法律援助需求相比,法律援助经费保障水平偏低。在立法调研过程中,经费不足是法律援助机构、法律援助人员等各方面意见较为集中、反映较为强烈的一个问题。基层法律援助机构较多依靠中央、省级转移支付资金和彩票公益金项目资金,同级财政资金较少,甚至没有同级财政拨款;有的地方以财力有限为由,长期不增加法律援助工作资金投入;有的地方按照经费预算开展工作,给多少经费就办多少法律援助案件,法律援助工作长远发展提升乏力。

针对经费保障不足的突出问题,中共中央办公厅、国务院办公厅《关于完善法律援助制度的意见》明确提出,完善经费保障体制。按照明确责任、分类负担、收支脱钩、全额保障的原则,完善法律援助经费保障体制,明确经费使用范围和保障标准,确保经费保障水平适应办案工作需要。中央财政要引导地方特别是中西部地区加大对法律援助经费的投入力度。省级财政要为法律援助提供经费支持,加大对经济欠发达地区的转移支付力度,提高经济欠发达地区的财政保障能力。市、县级财政要将法律援助经费全部纳入同级财政预算,根据地方财力和办案量合理安排经费。落实中央文件精神,本条结合实际专门规定,县级以上人民政府应当健全法律援助保障体系,将法律援助相关经费列入本级政府预算。同时,还明确要求建立动态调整机制,经费保障水平应当根据经济社会发展和财力增长状况,结合法律援助工作实际需要合理确定,既不能脱离实际搞"大水漫灌",也不能经济逐年增长、经费却长期不增加,及时增加法律援助经费投入。

需要注意的是,法律援助经费规模应当根据法律援助工作实际需要,促进法律援助均衡发展,并不是盲目的"多多益善"或者"只增不减",只有这样法律援助工作才能实现长期、可持续、均衡发展。除了加大财政支持力度外,还应当鼓励社会对法律援助活动提供捐助,充分发挥法律援助基金会的资金募集作用。财政、审计等部门也要加强对法律援助经费的绩效考核和监督,确保专款专用,提高经费使用效益。

第五条　国务院司法行政部门指导、监督全国的法律援助工作。县级以上地方人民政府司法行政部门指导、监督本行政区域的法律援助工作。

县级以上人民政府其他有关部门依照各自职责,为法律援助工作提供支持和保障。

【释义】 本条是关于政府相关部门职责的规定。

一、司法行政部门指导、监督法律援助工作

法律援助作为公共法律服务体系的组成部分，实行党委领导、政府主导、部门协同、社会参与的管理体制和工作机制。《中共中央办公厅、国务院办公厅关于完善法律援助制度的意见》提出，坚持和完善党委政府领导、司法行政机关具体负责、有关部门协作配合、社会力量广泛参与的中国特色社会主义法律援助制度。在各级政府相关部门中，司法行政部门担负重要职责，是落实法律援助工作政府责任的重要主体。本条第 1 款按照政府机构改革精神和职责分工，对司法行政部门的职责作出规定，具体体现在两个方面：一是从层级上看，国务院司法行政部门作为中央政府组成部门，指导、监督全国的法律援助工作；县级以上地方人民政府司法行政部门指导、监督本行政区域的法律援助工作。二是从职责内容上看，主要包括指导和监督两个方面。

所谓指导和监督，是从法律援助工作整体角度而言的。指导主要是通过配套规章制度建设、发布典型案例、加强法律援助普法宣传等方式，在法律援助操作规范、质量标准、档案管理、信息化建设等方面提供业务指导。监督主要是对法律援助机构以及各类法律援助人员执行法律法规和政策情况进行监督，完善责任追究制度，确保法律援助机构和人员依法履行职责。本法规定的法律援助是广义的法律援助，不仅包括政府主导下的法律援助工作，还包括群团组织利用自身资源开展的法律援助工作。司法行政部门对于其设立的法律援助机构开展的法律援助工作，除了指导、监督职责外，在机构设置、人员配备、工作安排等方面，当然还负有管理职责。但对群团组织参照本法规定开展的法律援助工作，其经费和人员主要不是政府保障和管理，司法行政部门承担

的主要是指导、监督职责。

二、其他有关部门提供支持和保障

根据本条第2款的规定,其他相关部门为法律援助工作提供支持和保障。法律援助工作顺利开展,切实发挥作用,需要政府其他相关部门支持与协作,提供相应保障。例如,依托社会救助对象以及老年人、残疾人等数据系统,建立法律援助对象动态数据库,简化审查程序,需要财政、民政等部门支持;完善法律援助经费保障体制,合理确定和及时调整法律援助办案补贴标准,广泛吸纳社会资金支持法律援助工作,需要政府财政、民政、审计等部门予以支持和保障。《关于完善法律援助制度的意见》明确提出,发展改革、民政、财政、人力资源社会保障、国土资源、住房城乡建设、卫生计生、工商、档案等部门要按照职能分工,支持法律援助基层基础设施建设,落实经费保障,提供办案便利。因此,县级以上人民政府其他有关部门应当落实中央文件精神,依据法律规定积极履行各自职责,有效形成工作合力,共同推动法律援助工作,更好地保障和改善民生。

第六条 人民法院、人民检察院、公安机关应当在各自职责范围内保障当事人依法获得法律援助,为法律援助人员开展工作提供便利。

【释义】 本条是关于公检法机关保障的规定。

一、保障当事人依法获得法律援助

在总结司法实践的基础上,本法对公检法机关应当保障当事人依法获得法律援助作了明确规定。根据本法第 3 章、第 4 章的规定,主要有以下几方面。

(1)规定了公检法机关应当通知指派律师辩护或者提供法律援助的情形,如刑事案件的犯罪嫌疑人、被告人属于未成年人、残疾人、不能完全辨认自己行为的成年人,可能被判处无期徒刑、死刑的人等人员,没有委托辩护人的,人民法院、人民检察院、公安机关应当通知法律援助机构指派律师担任辩护人。强制医疗案件的被申请人或者被告人没有委托诉讼代理人的,人民法院应当通知法律援助机构指派律师为其提供法律援助。人民法院、人民检察院、公安机关办理刑事案件,发现有上述应当通知规定情形的,应当在 3 日内通知法律援助机构指派律师。

(2)规定了人民法院可以通知指派律师辩护的情形。如规定其他适用普通程序审理的刑事案件,被告人没有委托辩护人的,人民法院可以通知法律援助机构指派律师担任辩护人。

(3)规定了公检法机关的告知义务。如人民法院、人民检察院、公安机关和有关部门在办理案件或者相关事务中,应当及时告知有关当事人有权依法申请法律援助。人民法院、人民检察院、公安机关应当保障值班律师依法提供法律帮助,告知没有辩护人的犯罪嫌疑人、被告人有权约见值班律师,并依法为值班律师了解案件有关情况、阅卷、会见等提供便利。

(4)规定了公检法机关不得限制当事人委托辩护权。如人民法院、人民检察院、公安机关通知法律援助机构指派律师担任辩护人时,不得限制或者损害犯罪嫌疑人、被告人委托辩护人的权利。

(5)规定了办案机关、监管场所应当将有关当事人法律援助申请及时转交法律援助机构。如被羁押的犯罪嫌疑人、被告人、服刑人员,以及强制隔离戒毒人员等提出法律援助申请的,办案机关、监管场所应当在24小时内将申请转交法律援助机构。

关于公检法机关要保障当事人依法获得法律援助问题，我国刑事诉讼法也有明确的规定。《刑事诉讼法》第35条第2、3款规定，犯罪嫌疑人、被告人是盲、聋、哑人，或者是尚未完全丧失辨认或者控制自己行为能力的精神病人，没有委托辩护人的，人民法院、人民检察院和公安机关应当通知法律援助机构指派律师为其提供辩护。犯罪嫌疑人、被告人可能被判处无期徒刑、死刑，没有委托辩护人的，人民法院、人民检察院和公安机关应当通知法律援助机构指派律师为其提供辩护。第36条第2款规定，人民法院、人民检察院、看守所应当告知犯罪嫌疑人、被告人有权约见值班律师，并为犯罪嫌疑人、被告人约见值班律师提供便利。第278条规定，未成年犯罪嫌疑人、被告人没有委托辩护人的，人民法院、人民检察院、公安机关应当通知法律援助机构指派律师为其提供辩护。第293条规定，人民法院缺席审判案件，被告人有权委托辩护人，被告人的近亲属可以代为委托辩护人。被告人及其近亲属没有委托辩护人的，人民法院应当通知法律援助机构指派律师为其提供辩护。第304条第2款规定，人民法院审理强制医疗案件，应当通知被申请人或者被告人的法定代理人到场。被申请人或者被告人没有委托诉讼代理人的，人民法院应当通知法律援助机构指派律师为其提供法律帮助。《法律援助法》的相关规定是对司法实践的总结和提升，对是相关法律规定的完善。

本条所说的“当事人”主要是指《刑事诉讼法》等法律规定的犯罪嫌疑人、被告人、被害人、自诉人、附带民事诉讼的原告人和被告人等。

需要注意的是，本条规定的主体是人民法院、人民检察院、公安机关。没有规定监察委员会，监察法没有规定律师介入。

二、公检法机关为法律援助人员开展工作提供便利

根据法律及有关文件规定和现行做法,公检法机关为法律援助工作人员开展工作主要提供以下便利措施。

(1)人民法院应当根据情况对法律援助人员复制相关材料等费用予以免收或者减收。

(2)人民法院、人民检察院、公安机关应当保障值班律师依法提供法律帮助,依法为值班律师了解案件有关情况、阅卷、会见等提供便利。

(3)《刑事诉讼法》第39条第2款规定,辩护律师持律师执业证书、律师事务所证明和委托书或者法律援助公函要求会见在押的犯罪嫌疑人、被告人的,看守所应当及时安排会见,至迟不得超过48小时。

(4)2015年中共中央办公厅、国务院办公厅印发的《关于完善法律援助制度的意见》明确提出,法院、检察院、公安机关要为法律援助办案工作提供必要支持,进一步完善民事诉讼和行政诉讼法律援助与诉讼费用减免缓制度的衔接机制。

(5)2017年《最高人民法院、司法部关于开展刑事案件律师辩护全覆盖试点工作的办法》第13条规定,人民法院应当依法保障辩护律师的知情权、申请权、申诉权,以及会见、阅卷、收集证据和发问、质证、辩论等方面的执业权利,为辩护律师履行职责,包括查阅、摘抄、复制案卷材料等提供便利。

第七条　律师协会应当指导和支持律师事务所、律师参与法律援助工作。

【释义】 本条是关于律师协会职责的规定。

一、律师协会的职责

根据《律师法》的规定,律师协会是由律师、律师事务所组成的社会团体法人,是律师的自律性组织。全国设立中华全国律师协会,省、自治区、直辖市设立地方律师协会,设区的市根据需要可以设立地方律师协会。律师、律师事务所应当加入所在地的地方律师协会。加入地方律师协会的律师、律师事务所,同时是全国律师协会的会员。律师协会会员享有律师协会章程规定的权利,履行律师协会章程规定的义务。律师协会履行下列职责:“(一)保障律师依法执业,维护律师的合法权益;(二)总结、交流律师工作经验;(三)制定行业规范和惩戒规则;(四)组织律师业务培训和职业道德、执业纪律教育,对律师的执业活动进行考核;(五)组织管理申请律师执业人员的实习活动,对实习人员进行考核;(六)对律师、律师事务所实施奖励和惩戒;(七)受理对律师的投诉或者举报,调解律师执业活动中发生的纠纷,受理律师的申诉;(八)法律、行政法规、规章以及律师协会章程规定的其他职责。”

1985 年 7 月,经中央书记处决定,同意成立中华全国律师协会,在司法部指导下进行工作,1986 年 7 月在北京召开了第一次全国律师代表大会。根据《中华全国律师协会章程》,中华全国律师协会是由律师、律师事务所组成的社会团体法人,是全国性的律师自律性组织,依法对律师行业实施管理,接受司法部的监督和指导。依照《律师法》取得律师执业证书的律师,为中华全国律师协会个人会员;依法批准设立的律师事务所为中华全国律师协会团体会员。个人会员的义务主要包括:遵守协会章程,执行协会决议;遵守律师执业行为规范,遵守协会行业规范和准则;接受协会的指导、监督和管理;承担协会委托的工作;承担协会委托的工作,履行规定的法律援助义务;自觉维护律师职业声誉,维护会员间的团结;按规定交纳会费等。团体会员的义务主要包括:遵守协会章程;遵守协会的行业规范,执行协会决议;教育律师遵守律师执业行为规范;组织律师参加协会的各项活动;制定、完善内部规章制度;为律师行使权利、履行义务提供必要条件;组织和参加律师执业责任保险;对实习律师加强管理;对律师的执业活动进行考核;按规定交纳会费;承担协会委托的工作等。中华全国律师协会的最高权力机构为全国律师代表大会。中华全国律师协会每 4 年举行一次全国律师代表大会,选举产生理事会,理事会选举产生会长、副会长和常务理事。在全国律师代表大会和理事会闭会期间,常务理事会行使理事会的职权,执行全国律师代表大会的决议。中华全国律师协会对地方律师协会进行指导。中华全国律师协会还成立了法律援助工作委员会。

省级设立地方律师协会,也将制定行业规范和惩戒规则、对律师的执业活动进行考核等作为律师协会的重要职责,并要求作为个人会员的律师履行规定的法律援助义务。

二、律师协会的指导和支持

本条规定律师协会应当指导和支持律师事务所、律师参与法律援助工作是非常必要的。这是律师协会指导和支持律师事务所、律师履行义务的需要。本法第 16 条规定,律师事务所、基层法律服务所、律师、基层法律服务工作者负有依法提供法律援助的义务。《律师法》对律师事务所、律师参与法律援助工作也作了规定,如第 42 条规定,律师、律师事务所应当按照国家规定履行法律援助义务,为受援人提供符合标准的法律服务,维护受援人的合法权益。第 28 条规定,律师可以依法接受法律援助机构的指派,担任辩护人,接受自诉案件自诉人、公诉案件被害人或者其近亲属的委托，担任代理人，参加诉讼。第 33 条规定，律师担任辩护人的，有权持律师执业证书、律师事务所证明和委托书或者法律援助公函，依照刑事诉讼法的规定会见在押或者被监视居住的犯罪嫌疑人、被告人。辩护律师会见犯罪嫌疑人、被告人时不被监听。律师和律师事务所都是律师协会的会员。律师和律师事务所加入律师协会的方式以及律师协会会员的组成是由律师协会的性质决定的。根据《律师法》的规定，我国的律师协会虽然是社会团体，但在律师管理组织体系中负有重要职责。因此，律师和律师事务所是否加入律师协会，不取决于其主观意愿，而是根据法律规定必须加入。律师和律师事务所只要依法取得我国律师执业证书和律师事务所执业证书，就必须加入所在地的省、自治区、直辖市的律师协会，成为其所在地的省、自治区、直辖市律师协会的会员，同时也就当然地成为中华全国律师协会的会员。律师必须履行章程规定的义务。律师在执业活动中是否履行了法律援助工作的义务，维护了当事人的合法权益，关系着法律的正确实施，社会的公平和正义，对律师、律师事务所的指导和支持，不仅要依靠律师和律师事务所自身，也要发挥律师协会的作用。律师协会对律师、律师事务所法律援助工作等进行指导、支持是职责所在，是完全有必要的。《法律援助条例》也规定，中华全国律师协会和地方律师协会应当按照律师协会章程对依据本条例实施的法律援助工作予以协助。赋予了律师协会协助实施法律援助工作的职责。

法律、行政法规以及一些规范性文件对律师协会的指导和支持作用作了明确的具体要求。如本法第 60 条规定，律师协会应当将律师事务所、律师履行法律援助义务的情况纳入年度考核内容，对拒不履行或者怠于履行法律援助义务的律师事务所、律师，依照有关规定进行惩戒。提供法律援助服务是律师事务所、律师依法应当履行的义务之一。拒绝履行法律援助义务，是《律师法》规定的律师事务所、律师一项违法情形。《法律援助条例》第 6 条也对律师依法履行法律援助义务作出了明确规定。律师拒绝履行有关国家机关、律师协会指派承担的法律援助义务，应受到相应的行政处罚。

《最高人民法院、司法部关于开展刑事案件律师辩护全覆盖试点工作的办法》中提出，司法行政机关和律师协会统筹调配律师资源，为法律援助工作开展提供保障。司法行政机关、律师协会应当鼓励和支持律师开展刑事辩护业务，组织资深骨干律师办理刑事法律援助案件，发挥优秀律师在刑事辩护领域的示范作用，组织刑事辩护专项业务培训，开展优秀刑事辩护律师评选表彰活动，推荐优秀刑事辩护律师公开选拔为立法工作者、法官、检察官，建立律师开展刑事辩护业务激励机制，充分调动律师参与刑事辩护工作积极性。人民法院、司法行政机关和律师协会应当建立健全维护律师执业权利快速处置机制，畅通律师维护执业权利救济渠道。司法行政机关和律师协会应当对律师事务所、律师开展刑事辩护业务进行指导监督，并根据律师事务所、律师履行法律援助义务情况实施奖励和惩戒。

司法部、财政部印发的《关于律师开展法律援助工作的意见》提出，司法行政机关、律师协会应当在律师事务所检查考核及律师执业年度考核中将律师履行法律援助义务情况作为重要考核依据。鼓励有行业影响力的优秀律师参与法律援助工作。加强律师协会对律师事务所开展法律援助工作的指导。律师协会应当按照律师协会章程的规定对法律援助组织实施工作予以协助，指导律师和律师事务所提高办案质量。健全沟通协作机制。司法行政机关、法律援助机构和律师协会要建立协作机制，定期沟通工作情况，共同研究解决律师服务质量、工作保障等方面存在的问题。司法行政机关、法律援助机构和律师协会要认真落实刑事、民事、行政诉讼法和律师法等有关法律关于律师执业权利的规定,积极协调法院、检察院、公安机关落实律师会见通信权、阅卷权、收集证据权、辩论辩护权等执业权利,保障律师办理法律援助案件充分履行辩护代理职责。完善律师开展法律援助工作执业权益维护机制,建立侵犯律师执业权利事件快速处置和联动机制,建立完善救济机制。鼓励律师协会和律师事务所利用自身资源开展法律援助工作。律师协会要在律师业务培训课程中增设法律援助有关内容。加强对新执业律师开展法律援助工作的培训。对于积极办理法律援助案件、广泛开展法律援助工作的律师事务所和律师,司法行政机关、律师协会在人才培养、项目分配、扶持发展、综合评价等方面给予支持,在律师行业和法律援助行业先进评选中加大表彰力度,并通过多种形式对其先进事迹进行广泛深入宣传,树立并提升行业形象。

落实法律、行政法规和有关文件的要求,中华全国律师协会制定《律师参与未成年人法律援助工作指引》《关于律师为“三农”提供优质法律服务、促进农村经济、社会和谐发展的指导意见》等律师业务操作指引等,就律师参与有关法律援助工作给予指导和支持。同时,中华全国律师协会制定《律师执业行为规范》《律师协会会员违规行为处分规则(试行)》等,规定律师和律师事务所应当按照国家规定履行法律援助义务,为受援人提供法律服务,维护受援人的合法权益。律师执业行为违反规范中强制性规范的,将依据相关规范性文件给予处分或惩戒。提供法律服务不尽责,无正当理由拒绝接受律师事务所或者法律援助机构指派的法律援助案件的,或者接受指派后,拖延、懈怠履行或者擅自停止履行法律援助职责的,或者接受指派后,未经律师事务所或者法律援助机构同意,擅自将法律援助案件转交其他人员办理的,给予训诫、警告或者通报批评的纪律处分;情节严重的,给予公开谴责、中止会员权利3个月以上1年以下或者取消会员资格的纪律处分。影响司法机关依法办理案件,未经当事人委托或者法律援助机构指派,以律师名义为当事人提供法律服务、介入案件,干扰依法办理案件的,给予中止会员权利6个月以上1年以下的纪律处分;情节严重的给予取消会员资格的纪律处分。律师事务所无正当理由拒绝接受法律援助机构指派的法律援助案件;或者接受指派后,不按规定及时安排本所律师承办法律援助案件或者拒绝为法律援助案件的办理提供条件和便利的,给予警告、通报批评或者公开谴责的纪律处分;情节严重的,给予中止会员权利1个月以上6个月以下的纪律处分;情节特别严重的,给予取消会员资格的纪律处分。

第八条　国家鼓励和支持群团组织、事业单位、社会组织在司法行政部门指导下,依法提供法律援助。

【释义】　本条是关于国家鼓励和支持群团组织、事业单位、社会组织在司法行政部门指导下依法提供法律援助的规定。

一、我国的群团组织、事业单位、社会组织

1. 群团组织。群团组织是群众性团体组织的简称。随着我国社会主义建设事业不断发展,除八大人民团体(全国总工会、共青团、全国妇联、全国工商联、全国青联、中国科协、全国台联、全国侨联)外,其他群团组织也不断成立和发展。我国的群众性团体组织一般是在党的领导下获得政府认可和支持后成立的,是党密切联系群众的重要渠道。党中央高度重视群团组织,2015年

《中共中央关于加强和改进党的群团工作的意见》以及2018年中共中央印发的《深化党和国家机构改革方案》等中央文件对群团组织作出了规定,提出了要求。截至2019年,我国群众性团体组织共有22个,包括全国总工会、共青团、全国妇联、中国文联、中国作协、中国科协、全国侨联、法学会、对外友协、中国记协、全国台联、贸促会、中国残联、红十字总会、外交学会、宋庆龄基金会、黄埔军校同学会、欧美同学会、思想政治工作研究会、中华职业教育社、全国工商联、计划生育协会等。全国青联由于不设实体组织机构,不在"定机构、定职责、定编制"的22个群团组织内,但从性质上看,也属于群团组织的范畴。

近年来,群团组织正在深化改革。党的十九届三中全会通过的《深化党和国家机构改革方案》提出,要健全党委统一领导群团工作的制度,紧紧围绕保持和增强政治性、先进性、群众性这条主线……着力解决"机关化、行政化、贵族化、娱乐化"等问题……促进党政机构同群团组织功能有机衔接,支持和鼓励群团组织承接适合由群团组织承担的公共服务职能,增强群团组织团结教育、维护权益、服务群众功能,充分发挥党和政府联系人民群众的桥梁纽带作用。

2. 事业单位。根据国务院制定的《事业单位登记管理暂行条例》,事业单位是指国家为了社会公益目的,由国家机关举办或者其他组织利用国有资产举办的,从事教育、科技、文化、卫生等活动的社会服务组织。根据该条例的规定,事业单位经县级以上各级人民政府及其有关主管部门批准成立后,应当依照条例的规定登记或者备案,事业单位应当具备法人条件,事业单位实行分级登记管理。另外,事业单位依法举办的营利性经营组织,必须实行独立核算,依照国家有关公司、企业等经营组织的法律、法规登记管理。

3. 社会组织。社会组织在不同国家和地区有多种不同的称谓，如非政府组织、非营利组织、公民组织、第三部门、独立部门、志愿者组织、慈善组织、免税组织等，他们在内涵上区别不大。与政府、企业相区别，社会组织具有非营利性、非政府性、独立性、志愿性、公益性等基本特征。经过多年的发展，国外社会组织涵盖的领域越来越广，公信力也逐渐提高，已经成了西方国家一种主要的社会力量。我国的社会组织最初被称为“民间组织”。改革开放后，社会主义市场经济和民主政治快速发展，群众参与社会管理的积极性日益高涨，各种行业协会、商会、学会、基金会和志愿组织等社会组织纷纷成立。为加强对这些社会组织的管理，国务院陆续颁布了《社会团体登记管理条例》《民办非企业单位登记管理暂行条例》《基金会管理条例》等行政法规。2004 年，在十届全国人大二次会议上政府工作报告中，首次提出了“社会组织”这一表述。2006 年，党的十六届六中全会通过的《中共中央关于构建社会主义和谐社会若干重大问题的决定》，明确提出支持社会组织参与社会管理和公共服务等。社会组织正式成为国家治理体系的重要部分。党的十八届三中全会提出，正确处理政府和社会关系，加快实施政社分开，推进社会组织明确权责、依法自治、发挥作用。目前，我国通常将社会组织分为社会团体、基金会和社会服务机构三类。

二、群团组织、事业单位、社会组织依法提供法律援助的必要性

根据本法规定，县级以上人民政府司法行政部门应当设立法律援助机构，法律援助机构负责组织实施法律援助工作。同时规定，国家鼓励和支持群团组织、事业单位、社会组织依法提供法律援助。本条规定是贯彻落实党中央精神的需要，《关于完善法律

援助制度的意见》明确提出,鼓励和支持人民团体、社会组织开展法律援助工作。同时作出这一规定还基于以下考虑。一是,法律援助法是社会法,法律援助制度是国家公共法律服务体系的组成部分,国家鼓励和支持群团组织、事业单位、社会组织等社会多方面依法提供法律援助,这是由社会法的性质所决定的。社会法的特征之一是合理调整各种社会关系、利益关系,保护特殊群体的合法权益,使人民群众共享发展改革成果;加强兜底性制度建设,发挥社会政策的托底功能,保障人民群众基本生活需求。同时,在法制的框架内解决各种问题和矛盾,使社会成员既充分享有权利、行使权利,又切实履行义务、承担责任,确保社会既充满活力又和谐稳定。二是,应当充分利用群团组织、事业单位、社会组织的自身资源为经济困难的公民提供法律援助。政府司法行政系统主导设立的法律援助机构负责组织实施法律援助工作,是法律援助的主力,但随着我国全面依法治国实践的重大进展、人民法治意识的提升,法律援助仅依靠司法行政部门设立的法律援助机构提供法律援助,渠道相对单一、力量较为有限,还应当鼓励社会力量开展法律援助工作的积极性,积极支持和协助各级工会、共产主义青年团、妇女联合会、残疾人联合会等群团组织,开展力所能及的法律援助工作。随着法律援助工作的开展,法律、行政法规以及有关文件对群团组织提供法律援助都作了一些原则规定,如《工会法》规定,县级以上各级总工会可以为所属工会和职工提供法律服务。国务院《法律援助条例》规定,国家支持和鼓励社会团体、事业单位等社会组织利用自身资源为经济困难的公民提供法律援助。中华全国总工会 2008 年颁布的《工会法律援助办法》规定,工会建立法律援助制度。工会法律援助是政府法律援助的必要补充。在法律援助工作实践中,工会、共产主义青年团、妇女联合会、残疾人联合会等群团组织都利用自身资源提供法律援助。

所以,本法对国家鼓励和支持群团组织等社会力量依法提供法律援助作出规定是非常必要的。这里所规定的“依法”是指依照法律,包括本法和有关的行政法规。同时本法还明确规定,工会、共产主义青年团、妇女联合会、残疾人联合会等群团组织开展法律援助工作,参照适用本法的相关规定。

三、群团组织、事业单位、社会组织提供法律援助

群团组织、事业单位、社会组织提供法律援助,应当在司法行政部门指导下进行。

第一,司法行政部门是法律援助工作的指导、监督部门。本法明确规定,国务院司法行政部门指导、监督全国的法律援助工作。县级以上地方人民政府司法行政部门指导、监督本行政区域的法律援助工作。根据这一规定,群团组织、事业单位、社会组织提供法律援助,应当在司法行政部门指导下进行。

第二,司法行政部门是对律师、律师事务所和律师协会进行监督和指导的部门。《律师法》规定,司法行政部门依照《律师法》对律师、律师事务所和律师协会进行监督、指导。本法规定,律师事务所、基层法律服务所、律师、基层法律服务工作者负有依法提供法律援助的义务。律师、基层法律服务工作者、法律援助志愿者等法律援助人员提供法律援助。根据这一规定,群团组织、事业单位、社会组织提供法律援助,也同样需要通过律师、基层法律服务工作者、法律援助志愿者等法律援助人员提供法律援助。对律师、律师事务所依法提供法律援助进行监督和指导,自然是司法行政部门的职责。

群团组织、事业单位、社会组织提供法律援助,应当自觉接受司法行政部门的指导。

第九条　国家鼓励和支持企业事业单位、社会组织和个人等社会力量，依法通过捐赠等方式为法律援助事业提供支持；对符合条件的，给予税收优惠。

【释义】　本条是关于国家鼓励和支持社会力量为法律援助事业提供支持的规定。

一、国家鼓励和支持社会力量为法律援助事业提供支持

从世界各国通行的做法看，法律援助制度的实施，无一例外地都由政府拨款予以保障。当然，各国政府拨款占整个法律援助费用的比例不尽相同。多数发达国家财政拨款占法律援助费用的比重较大，而发展中国家法律援助制度的实施，多数采取政府财政保障与社会捐赠相结合的办法。本法明确规定法律援助是国家建立的为经济困难公民和符合法定条件的其他当事人无偿提供法律咨询、代理、刑事辩护等法律服务的制度，是公共法律服务体系的组成部分。县级以上人民政府应当将法律援助工作纳入国民经济和社会发展规划、基本公共服务体系，保障法律援助事业与经济社会协调发展。县级以上人民政府应当健全法律援助保障体系，将法律援助相关经费列入本级政府预算，建立动态调整机制，保障法律援助工作需要，促进法律援助均衡发展。司法行政部门可以通过政府采购等方式，择优选择律师事务所等法律服务机构为受援人提供法律援助。这些规定，体现了国家对法律援助事业承担的应尽责任。

我国是世界上最大的发展中国家，发展不平衡不充分的一些突出问题尚未解决,仍面临人民日益增长的美好生活需要和不平衡不充分的发展之间的矛盾。解决发展不平衡不充分问题、缩小城乡区域发展差距、实现人的全面发展和全体人民共同富裕,仍然任重道远。完全由国家和各级政府财政承担法律援助的全部费用,既不实际,又没有可能。《关于完善法律援助制度的意见》也明确提出,鼓励和支持社会力量通过多种方式依法有序参与法律援助工作。鼓励社会对法律援助活动提供捐助。贯彻中央精神,从我国的实际出发,本条规定国家鼓励和支持企业事业单位、社会组织和个人等社会力量,依法通过捐赠等方式为法律援助事业提供支持是非常必要的。这里规定的"依法"是指公益事业捐赠法等法律、行政法规。根据《公益事业捐赠法》的规定,捐赠是指自然人、法人或者其他组织自愿无偿向依法成立的公益性社会团体和公益性非营利的事业单位捐赠财产,用于公益事业。国家鼓励自然人、法人或者其他组织对公益事业进行捐赠。根据这一规定,一般情况下,公益事业捐赠的受赠人只限于两种,即依法成立的公益性社会团体以及公益性非营利的事业单位。直接向个人捐赠、向非公益性的社会团体捐赠、向非公益性的或营利的事业单位捐赠不属于《公益事业捐赠法》规定的捐赠。

《关于完善法律援助制度的意见》明确提出,充分发挥法律援助基金会的资金募集作用。1997 年经国务院批准,中国法律援助基金会在民政部依法登记成立。这是目前我国唯一一家致力于发展法律援助事业的全国性公募基金会。中国法律援助基金会的主要任务是募集法律援助资金,为实施法律援助提供物质支持,促进司法公正,维护社会公平与正义。根据中国法律援助基金会的章程规定,基金会按照《慈善法》《慈善组织公开募捐管理办法》等相关规定,开展公开募捐。本基金会的原始基金源于社会捐赠。基金会的收入来源有:一是政府资助或拨款;二是组织募捐的收入;三是自然人、法人或其他组织自愿捐赠;四是投资收益;五是其他合法收入。一些地方也先后登记注册成立了地方的法律援助基金会,属于具有公开募捐资格的公益慈善组织。如1996年7月,北京市法律援助基金会经市民政局登记注册成立,也是国内成立的第一家法律援助类基金会。2007年6月,重庆市法律援助基金会经市民政局依法登记成立,是我国西部第一家法律援助公募基金会。2007年4月,江苏省法律援助基金会经省民政厅登记成立。2016年3月,青海省法律援助基金会经省民政厅依法登记成立。2018年11月,浙江省法律援助基金会经省民政厅登记成立。法律援助基金会的宗旨是保障公民享受平等的司法保护,维护法律赋予公民的基本权利。主要任务是募集、管理和使用法律援助基金,开展各种法律援助项目,支持办理各种法律援助案件,维护弱势群体的合法权益,保障公民平等地享受法律保护,宣传国家的法律援助制度,促进司法公正,维护社会公平与正义等。企业事业单位、社会组织和个人等社会力量,可以通过向法律援助基金会捐赠等方式,为法律援助事业提供支持。

二、社会力量可以通过捐赠等方式为法律援助事业提供支持并享受税收优惠

给予税收优惠是体现国家鼓励和支持的重要具体措施。根据本条规定,国家对依法通过捐赠等方式为法律援助事业提供支持的企业事业单位、社会组织和个人,只要符合条件的,给予税收优惠。《公益事业捐赠法》也规定,公司和其他企业依照本法的规定捐赠财产用于公益事业,依照法律、行政法规的规定享受企业所得税方面的优惠。自然人和个体工商户依照本法的规定捐赠财产用于公益事业,依照法律、行政法规的规定享受个人所得税方面的优惠。本条所说“符合条件的”是指符合法律、行政法规规定的条件。如《慈善法》规定,自然人、法人和其他组织捐赠财产用于慈善活动的,依法享受税收优惠。企业慈善捐赠支出超过法律规定的准予在计算企业所得税应纳税所得额时当年扣除的部分,允许结转以后 3 年内在计算应纳税所得额时扣除。《企业所得税法》规定,企业发生的公益性捐赠支出,在年度利润总额 12%以内的部分,准予在计算应纳税所得额时扣除;超过年度利润总额 12%的部分,准予结转以后 3 年内在计算应纳税所得额时扣除。《个人所得税法》规定,个人将其所得对教育、扶贫、济困等公益慈善事业进行捐赠,捐赠额未超过纳税人申报的应纳税所得额 30%的部分,可以从其应纳税所得额中扣除;国务院规定对公益慈善事业捐赠实行全额税前扣除的,从其规定。企业事业单位、社会组织和个人通过捐赠等方式为法律援助事业提供支持,符合这些规定条件的,国家就给予税收优惠。

第十条　司法行政部门应当开展经常性的法律援助宣传教育,普及法律援助知识。

新闻媒体应当积极开展法律援助公益宣传,并加强舆论监督。

【释义】　本条是关于法律援助宣传教育、普及法律援助知识、加强舆论监督的规定。

一、对法律援助开展宣传教育的必要性

法律援助制度作为一项法律制度,在社会主义民主法制建设中占有重要的位置,在全面建设社会主义现代化国家新征程上,已经成为维护社会公平正义的不可或缺的法律制度,有独特的功能和重要的作用。法律援助工作是体现以人民为中心的发展思想,切实维护人民群众合法权益的一项重要民生工程,随着我国经济社会不断发展,社会主要矛盾转化为人民日益增长的美好生活需要和不平衡不充分的发展之间的矛盾,人民群众在民主、法治、公平、正义、安全、环境等方面的要求日益增长。广泛开展法律援助的宣传教育工作,有利于贯彻公民在法律面前一律平等的宪法原则,使公民不论经济条件好坏、社会地位高低都能获得必要的法律服务;有利于保障社会公平正义,保证人民群众在遇到法律问题或者权利受到侵害时获得及时有效法律帮助。

开展法律援助宣传教育是广大人民群众了解法律援助制度的重要途径。做好法律援助宣传工作,加大宣传普及法律援助知识力度,推动法律援助工作健康发展,是贯彻落实中央关于推进全面依法治国的重大战略部署的需要,是体现以人为本、坚持司法为民、保障困难群众合法权益、实现"公民在法律面前一律平等"的宪法原则、维护社会公平正义的需要,是健全社会主义民主法治的需要。要深刻认识加强法律援助宣传教育工作的重要意义,大力开展法律援助宣传,树立扶贫济困风气,形成法律援助事业得发展、人民群众得实惠的良好局面。

法律援助宣传教育工作在我国法律援助制度建立和发展过程中发挥了积极的舆论导向作用。各地法律援助宣传教育工作的成功经验表明,只有广泛、深入地开展法律援助宣传,使更多的困难群众了解并实际地运用法律援助维护自己的合法权益,法律援助制度才能更好地发挥社会效用,才能促使法律援助工作进入良性循环的发展轨道。

二、司法行政部门的法律援助宣传教育职责

本条规定，司法行政部门应当开展经常性的法律援助宣传教育，普及法律援助知识。根据这一规定，司法行政部门是法律援助宣传教育工作的主体。各级司法行政机关要高度重视，把法律援助宣传工作纳入议事日程，纳入目标管理责任制，把法律援助宣传教育工作作为重要任务抓紧抓实。要为做好法律援助宣传教育工作提供必要的保障和支持，确保法律援助宣传教育所需的人员和经费的落实，明确工作职责，做到有人办事，有条件办事。

法律援助宣传教育工作要创新宣传形式，经常性、全方位、多层次、制度化地宣传法律援助制度。一是要向公众广泛宣传法律援助制度。通过各种途径和方式，普及法律援助知识，让广大群众了解法律援助的申请程序、条件、便民措施和投诉监督途径，不断提高法律援助的知晓率。二是向社会各界宣传法律援助工作。加大向社会各界宣传法律援助工作的力度，加深社会各界对法律援助工作的认识。

三、新闻媒体的法律援助公益宣传和舆论监督职责

本条规定，新闻媒体应当积极开展法律援助公益宣传，并加强舆论监督。根据这一规定，新闻媒体在开展法律援助公益宣传，并加强舆论监督方面应当履行职责，充分发挥公益宣传和舆论监督的积极作用。《关于完善法律援助制度的意见》也明确提出，要积极利用传统媒体和新兴媒体，扩大法律援助宣传的覆盖面，增强宣传效果。

报刊、广播、电视、网络等新闻媒体应当通过法律援助咨询活动、论坛讲演、志愿服务、文艺演出、巡回宣传、公益广告、影视剧、文学创作等形式，积极开展公益宣传，广泛传播法律援助知识，把

法律援助宣传活动延伸到社会各个地方。要努力强化宣传效果，让更多的群众了解法律援助制度，学会运用法律手段维护自身的合法权益，为法律援助事业发展创造良好的社会氛围。要突出法律援助先进集体、先进个人事迹的宣传。法律援助先进集体和先进个人是法律援助工作的先进典型，新闻媒体要大力宣传他们的先进事迹和无私奉献的精神，鼓励和引导广大法律援助工作人员兢兢业业地工作，全心全意服务困难群体，争创一流业绩，使法律援助的服务效率和服务质量明显提高。同时也要向社会充分展示法律援助工作人员和广大法律服务人员的精神风貌，树立法律援助工作的良好形象。

本条在规定新闻媒体有积极开展法律援助公益宣传义务的同时，又赋予了新闻媒体有加强舆论监督的权利。报刊、广播、电视、网络等新闻媒体应当利用各自优势，加强对法律援助机构、法律援助人员等执行法律法规和政策，以及履行职责情况的舆论监督。对违反《法律援助法》有关规定的行为给予曝光，予以揭露、批评，发挥舆论监督的作用，使法律援助中的违法行为受到社会监督，能得到及时纠正，确保法律正确实施，维护社会公平正义。

第十一条　国家对在法律援助工作中做出突出贡献的组织和个人，按照有关规定给予表彰、奖励。

【释义】　本条是关于国家对在法律援助工作中做出突出贡献的组织和个人按照有关规定给予表彰、奖励的规定。

一、表彰、奖励的作用

通过表彰、奖励引导组织和个人按照法律规范实施行为是发挥法律引领、引导作用的一个重要方面。它与处罚手段的运用正好相反。表彰、奖励是对模范遵守法律规范、积极履行法律义务行为的鼓励,处罚则是对违反法律规范的一种制裁。两者在法律实施中都是引导和规范组织和个人社会行为的重要手段。表彰、奖励手段的正确运用,对于提高法律实施的效果、减少制裁的负面作用具有重要意义。

为了鼓励有关组织和个人积极开展法律援助,并在法律援助工作中做出贡献,本条规定了表彰、奖励措施。这是一个激励性的规定,通过表彰等手段,可以引导有关组织和个人积极依法提供或参与法律援助工作,充分调动和激发其从事法律援助工作这一重要的民生工程的积极性。通过实施表彰、奖励:一是可以使做出突出贡献的组织和个人获得物质和荣誉方面的利益,从而进一步调动其积极性、主动性,更好地在促进法律援助事业发展方面发挥作用。二是表彰、奖励具有示范作用,可以进一步增强法律实施的社会效果。

二、表彰、奖励的主体

根据本法规定,国务院司法行政部门指导、监督全国的法律援助工作。县级以上地方人民政府司法行政部门指导、监督本行政区域的法律援助工作。因此,实施表彰、奖励的主体主要是负责指导、监督法律援助工作的司法行政部门。同时,有关的社会团体或其他社会组织,如工会、共产主义青年团、妇女联合会、残疾人联合会等群团组织也可以根据实际情况,联合司法行政部门实施表彰、奖励。

三、表彰、奖励的对象

根据本法的规定,法律援助工作是指为经济困难公民和符合法定条件的其他当事人无偿提供法律咨询、代理、刑事辩护等法律服务的工作。中央文件也明确提出,法律援助工作是一项重要的民生工程。因此,有关组织和个人在法律援助工作中做出贡献,这是表彰、奖励的条件。此外,做出的贡献应当是突出的,才能给予表彰、奖励。这里规定的“突出贡献”,是指做出了明显高于一般、超越一般的成就,其行为可以作为正面榜样激励他人,能够产生较大的社会影响。

四、表彰、奖励的方式

表彰,就是表扬并嘉奖,是对功绩、先进事迹等进行表扬。表彰主要是精神层面的,主要通过通报、证书等书面的形式进行表扬或者通过口头进行表扬,表彰有时也包含奖励。表彰的形式,包括对受表彰的组织和个人授予光荣称号,颁发奖章、证书,以及对先进事迹进行宣传等。奖励一般给予一定的奖金、经费等。

在进行表彰、奖励工作时,需要注意把握一些原则,比如,要依法表彰、奖励,实事求是;表彰奖励要与受奖行为相当;要精神鼓励与物质奖励相结合;评奖程序要民主、公开、公正、及时等。

第二章　机构和人员

第十二条　县级以上人民政府司法行政部门应当设立法律援助机构。法律援助机构负责组织实施法律援助工作，受理、审查法律援助申请，指派律师、基层法律服务工作者、法律援助志愿者等法律援助人员提供法律援助，支付法律援助补贴。

【释义】　本条是关于法律援助机构的设立及其职责的规定。

一、法律援助机构

国家是法律援助的责任主体。国家要落实“公民在法律面前一律平等”的宪法原则、实现对全体公民合法权益的保护，这是建立和实施法律援助制度的目的，也是本法的立法目的。实现这一目的有赖于设立专门的法律援助机构负责组织实施工作。从世界各国的实践看，凡是设立法院的地方，都有与之相对应的法律援助组织形式。有的国家刑事和民事法律援助由同一部门负责管理和组织实施，如英国、加拿大；有的国家刑事和民事法律援助的管理和组织实施分属两个独立系统，如美国刑事法律援助由法院负责，民事法律援助则由独立的法律援助协会负责。尽管各国法律援助机构的组织形式和设立部门有所不同，但是都与实现国家对公民的法律援助职责的要求相适应。在我国，县级以上人民政府司法行政部门设立的法律援助机构，名称一般为"法律援助中心"，代表国家和政府来组织实施法律援助。

这里所说的"县级以上人民政府司法行政部门"，包括国务院司法行政部门，省、自治区、直辖市人民政府的司法行政部门，自治州、设区的市人民政府司法行政部门，县、自治县、不设区的市、市辖区人民政府的司法行政部门。也就是说，司法部和省、市、县三级司法行政部门都应当设立法律援助机构。之所以这样规定，其原因在于：一是严格依照并紧密联系刑事诉讼法和民事诉讼法关于管辖的规定，即涉及诉讼的法律援助案件应当由有管辖权的人民法院所在地的同级法律援助机构受理，以方便配合办案机关开展工作、确保法律正确实施。《最高人民法院、最高人民检察院、司法部关于逐步实行律师代理申诉制度的意见》和《最高人民法院、最高人民检察院、公安部、司法部关于刑事诉讼法律援助工作的规定》明确规定，通知辩护的刑事法律援助案件，由办案机关所在地的同级法律援助机构受理。实践中，诉讼代理的民事行政法律援助案件亦遵循层级管辖原则受理。据统计，2020 年，全国法律援助机构办结诉讼法律援助案件 121.9 万件，占已结法律援助案件的 87.2%。鉴于诉讼是办理法律援助案件的主要方式，依照诉讼法有关规定按层级设置法律援助机构，既方便办案机关开展工作，也有利于公民就近获得法律援助。二是解决县（区）法律援助机构流失问题，以适应基层群众对法律援助的需求。实践中，由于基层群众的法律援助需求大，县（区）法律援助机构办案任务较重。据统计，2020 年，全国法律援助机构共办理法律援助案件 140 万余件，其中县（区）法律援助机构办案占比 70%；全国现有法律援助机构 2651 个，同比减少 6%，且减少主要是县（区）法律援助机构。部分县（区）存在长期没有法律援助机构或者法律援助机构没有列编的问题，还有些法律援助机构在机构改革中被撤销或者并入其他部门。有的法律援助机构被撤并后，仍保留公章，履行法律援助受理、审查和指派职责，这存在很大法律风险。故本法将设立法律援助机构作为硬性规定，以保障法律援助组织实施工作的合法性。法律援助机构的设立应当做到：经编制部门正式批准设立，有明确的人员编制和专职的法律援助机构工作人员，有政府拨付的相关经费。

需要说明的是，“法律援助机构”不同于“法律援助管理机构”，后者是司法行政部门设立的负责指导、监督本行政区域法律援助工作的内设或者直属机构，如法律援助局（处）、公共法律服务管理局（处）等。有的地方法律援助机构和法律援助管理机构“一套人马、两块牌子”，在这种情况下，法律援助的组织实施工作和质量监管工作由同一机构负责，违反了本法有关规定，容易引起社会对法律援助工作的合法性、公信力和服务质量的质疑。为保障法律援助工作依法顺利开展，法律援助机构应当为独立机构，有独立账户，不宜与法律援助管理机构合署办公。

二、法律援助机构的职责

根据本条规定，法律援助机构的职责主要包括：第一，受理、审查法律援助申请。“受理、审查法律援助申请”，主要指公民因经济困难或其他原因申请代理、刑事辩护等形式法律援助的，法律援助机构按照法定程序受理，并审查其是否符合法律援助条件和范围。“受理”与“审查”是法律援助程序的两个环节，属于法律援助机构的法定职责。“受理”，指接收公民的法律援助申请。一般表现为接收法律援助申请材料，不会对公民是否能获得法律援助的权利产生实质性影响。鉴于受理手续简单，从便民角度讲，本法赋予法律援助工作站或者联络点就近受理法律援助申请的职责。审查是法律援助程序中的关键环节，决定了公民是否能获得法律援助,集中体现了法律援助制度实施的法定性、权威性、统一性。在我国,法律援助申请由法律援助机构统一审查,审查内容一般包括法律援助的管辖和法律援助条件,经审查后作出是否给予法律援助的决定。第二,指派律师、基层法律服务工作者、法律援助志愿者等法律援助人员提供法律援助。律师、基层法律服务工作者、法律援助志愿者等人员是提供法律援助服务的主力军。同时,本法第 13 条授权法律援助机构具有律师资格或者法律职业资格的工作人员也可以提供法律援助。第三,支付法律援助补贴。根据 2019 年司法部、财政部联合印发的《关于完善法律援助补贴标准的指导意见》,“法律援助补贴”是指法律援助机构按照规定支付给社会律师、基层法律服务工作者、社会组织人员等法律援助事项承办人员(不含法律援助机构工作人员,以及其他承办法律援助事项的具有公职身份的基层法律服务工作者、社会组织人员)所属单位的费用。法律援助是国家和政府的责任,向律师等法律援助人员支付法律援助补贴是国家和政府承担法律援助责任的重要体现。

第十三条　法律援助机构根据工作需要,可以安排本机构具有律师资格或者法律职业资格的工作人员提供法律援助;可以设置法律援助工作站或者联络点,就近受理法律援助申请。

【释义】　本条是关于法律援助机构安排工作人员提供法律援助、设置法律援助工作站点的规定。

一、法律援助机构工作人员依法提供法律援助

根据本条规定,法律援助机构可以安排本机构具有律师资格或者法律职业资格的工作人员提供法律援助。这是我国首次以法律形式明确法律援助机构工作人员具有承办法律援助事项的身份和资格。从已经建立法律援助制度的国家和地区来看,根据法律援助服务的提供主体不同,法律援助运行模式主要有:一是私人律师模式。经专门机构审查,对符合法律援助条件的公民,专门机构安排私人律师提供法律援助服务,政府以公共财政经费支付律师服务费。二是专职律师模式。专门机构配备领取工资的专职律师,为无力聘请律师的公民提供法律援助服务。三是混合模式。专门机构既可以安排本机构的工作人员办案,也可以安排私人律师办案,既节约了成本,也有利于提高服务质量。我国也采用混合模式。

本法这样规定,既是对我国法律援助工作实践的经验总结,也是对已有法规和规范性文件的升华。《法律援助条例》第 21 条规定:“法律援助机构可以指派律师事务所安排律师或者安排本机构的工作人员办理法律援助案件……”中共中央办公厅、国务院办公厅《关于完善法律援助制度的意见》提出:“探索法律援助队伍专业化、职业化发展模式,加强法律援助人才库建设,培养一批擅长办理法律援助案件的专业人员。”司法部颁布的《律师和律师事务所执业证书管理办法》第 21 条第 1 款也明确规定:“对公职律师、公司律师、法律援助律师的律师工作证的管理,参照本办法执行。”这些规定在实践中得到很好的贯彻落实,法律援助机构工作人员成为办理法律援助案件必不可少的力量,在律师资源匮乏的地区发挥重要作用。据统计,2020 年,全国法律援助机构工作人员有 1.2 万人,其中具有律师资格或者法律职业资格的有 5500 余人,近 5000 人由司法部发放律师工作证(试用)。目前,全国仍有 70 多个县没有律师,200 多个县律师人数在 5 人以下,需要依靠法律援助机构工作人员办理法律援助事项,从而保障困难群众的法律援助需求。2018 年至 2020 年，全国法律援助机构工作人员共办理法律援助案件 28.6 万件，内蒙古、辽宁、吉林、江西、四川、西藏、青海等地法律援助机构人员办案量已占本省（自治区）案件总量的 1/3 以上。在经济欠发达地区，法律援助机构工作人员办案，不但缓解了律师不足的问题，还可以节约法律援助经费。

立法过程中，有意见指出法律援助机构工作人员既负责法律援助的组织实施，又可以承办具体法律援助事项，存在“既当运动员又当裁判员”的问题。需要明确的是，法律援助机构工作人员属于政府公职人员，承办法律援助事项是职务行为，不领取法律援助补贴，与社会律师不存在市场竞争关系，不是一般意义上理解的“运动员与裁判员”的关系。2019 年，司法部、财政部联合印发的《关于完善法律援助补贴标准的指导意见》明确规定，承办法律援助事项的法律援助机构工作人员不得领取法律援助补贴。本法第 57 条规定，司法行政部门应当加强对法律援助服务的监督，制定法律援助服务质量标准，通过第三方评估等方式定期进行质量考核。也就是说，司法行政部门是法律援助服务质量的“裁判员”。法律援助机构工作人员承办法律援助事项，既没有利益驱动，也不存在利益冲突。

二、法律援助工作站点的设置及其职责

本条规定，法律援助机构根据工作需要，可以设置法律援助工作站或者联络点，就近受理法律援助申请。“法律援助工作站”，一般是指法律援助机构依托乡镇司法所、劳动仲裁、监狱、部队、人武部等单位以及群团组织设立的服务网点。“法律援助联络点”，一般是指法律援助机构在村（居）委会设立的服务网点。中共中央办公厅、国务院办公厅《关于完善法律援助制度的意见》规定：“拓宽申请渠道，发挥法律援助工作站、联络点贴近基层的

优势，方便困难群众及时就近提出申请……"2019年，中共中央办公厅、国务院办公厅印发的《关于加快推进公共法律服务体系建设的意见》提出："加快建设覆盖城乡、便捷高效、均等普惠的现代公共法律服务体系……"法律援助工作站或者联络点是法律援助机构向基层延伸的服务触角，已成为人民群众就近获得法律援助服务的重要渠道。据统计，2020年，全国法律援助机构共设立法律援助工作站7.3万个，真正打通法律援助服务群众的"最后一公里"。

法律援助工作站或者联络点的设置应当遵循按需设立和便民原则。要综合考虑当地法律援助供需情况，优先在群众法律援助需求大的地区或者矛盾纠纷较集中的单位设立，充分利用相关部门的资源优势，配备必要的工作和服务设施，有条件的地方，可以安排专门工作人员，满足接待群众的需要。

法律援助工作站或者联络点的职责主要是：受理法律援助申请，也就是接收群众提交法律援助申请材料，经初步审查，认为符合法律援助条件的，可以当场受理并及时将申请材料转交给有管辖权的法律援助机构，也可以协助群众通过法律服务网或者其他网上渠道申请法律援助。此外，法律援助工作站或者联络点可以提供法律咨询解答、代写法律文书、宣传法律援助制度等法律服务。有的乡镇（街道）法律援助工作站还负责指导本辖区法律援助联络点的工作，协助法律援助机构开展经济困难状况核查、收集调研基层法律援助需求等具体职责。

第十四条　法律援助机构可以在人民法院、人民检察院和看守所等场所派驻值班律师，依法为没有辩护人的犯罪嫌疑人、被告人提供法律援助。

【释义】 本条是关于值班律师制度的规定。

一、值班律师的内涵

值班律师制度最早源于英国，主要施行于英联邦国家，包括加拿大、澳大利亚、新西兰等。各国值班律师的职责有所差异，但总体呈现即时性、无偿性、覆盖广等特点，一般由社会律师或公职律师提供法律咨询、帮助申请法律援助等服务。值班律师服务费均由各国政府财政保障。我国值班律师制度的实践探索始于2006年联合国开发计划署资助的"法律援助值班律师试点项目"。经过十多年的探索发展，2018年我国修正《刑事诉讼法》，确立了值班律师的法律地位，明确值班律师权利义务及公检法等办案机关的协助义务等内容。值班律师工作是法律援助推进全面依法治国、服务保障民生的重要实践，对于促进司法公正、保障人权、维护社会和谐稳定具有重要意义。2019年《关于适用认罪认罚从宽制度的指导意见》，明确了公检法等办案机关应当为值班律师依法查阅案件资料、会见犯罪嫌疑人和被告人提供必要便利。2020年，为解决值班律师权利保障、工作经费、部门协作等方面存在的困难和问题，最高人民法院、最高人民检察院、公安部、国家安全部、司法部印发《法律援助值班律师工作办法》(司规〔2020〕6号)，为值班律师有效履职提供了制度保障。2020年，全国法律援助机构组织值班律师提供法律帮助74万件，其中参与认罪认罚案件68万件。

根据本法、《刑事诉讼法》和《法律援助值班律师工作办法》，值班律师是指法律援助机构在看守所、人民检察院、人民法院等场所设立法律援助工作站，通过派驻或安排的方式，为没有辩护人的犯罪嫌疑人、被告人提供法律帮助的律师。值班律师工作由司法行政机关牵头组织实施，公安机关(看守所)、人民检察院、人民法院应当依法予以协助。

二、值班律师的派驻

本法第 12 条规定,法律援助机构负责组织实施法律援助工作。值班律师法律帮助作为法律援助服务的一种形式,派驻值班律师是法律援助机构的法定职责。所以,人民法院、人民检察院和看守所不能自行安排律师在上述场所提供值班律师法律帮助。本法第 68 条规定了群团组织开展法律援助工作,因其参与提供法律援助的方式主要是提供法律咨询、代拟法律文书、转交法律援助申请,或者是接受法律援助机构指派提供简单案件的代理服务,也不能参照适用该条规定。

考虑到审查起诉阶段是值班律师在认罪认罚案件中发挥作用的关键时期,为方便未被羁押的犯罪嫌疑人获得值班律师法律帮助,本条在《刑事诉讼法》第 36 条规定的基础上,明确要求可以在人民检察院派驻值班律师。根据实际工作需要,法律援助机构也可以在承担办案职能的公安机关派驻值班律师。法律援助机构可以通过设立法律援助工作站等方式派驻值班律师,人民法院、人民检察院和公安机关(看守所)应当为法律援助工作站提供必要办公场所和设施。有条件的人民检察院、人民法院,可以设置认罪认罚等案件专门办公区域,为值班律师设立专门会见室。

可以担任值班律师的人员主要包括执业律师和本法第 13 条规定的法律援助机构具有律师资格或者法律职业资格的工作人员。值班律师法律帮助涉及犯罪嫌疑人、被告人人身权利,对刑事方面的专业知识、执业能力要求高,基层法律服务工作者、没有执业律师资格的法律援助志愿者不能提供值班律师法律帮助。

三、值班律师的服务对象

值班律师的服务对象为没有辩护人的犯罪嫌疑人、被告人。“没有辩护人”是犯罪嫌疑人、被告人获得值班律师法律帮助的实质性条件。“没有辩护人”指犯罪嫌疑人、被告人没有委托辩护人并且不符合法律援助机构指派律师为其提供辩护的条件。没有辩护人的犯罪嫌疑人、被告人提出申请值班律师法律帮助的，法律援助机构免予审查申请人经济困难状况。

本法第 30 条列举了值班律师的法定工作职责，需要注意的是，根据本法和《刑事诉讼法》《关于完善法律援助制度的意见》《法律援助值班律师工作办法》，值班律师提供法律帮助均限定在刑事法律援助范畴，服务以审判为中心的刑事诉讼制度改革和认罪认罚从宽制度。所以，关于申诉案件的办理、来访群众涉及民事行政领域的法律援助需求，不是值班律师的法定职责。

四、值班律师和律师值班的区别

实践中，为了方便群众获取法律援助，法律援助机构依托司法所、社会团体、学校等设置工作站，公共法律服务实体、热线、网络平台也安排了法律援助服务窗口，并定期安排律师值班提供法律援助服务。那么，这些服务窗口安排的“律师值班”，与本法所指的“值班律师”有何区别？根据《刑事诉讼法》《全国刑事法律援助服务规范》《司法部、财政部关于完善法律援助补贴标准的指导意见》，二者在以下方面存在差异。一是从工作场所和服务对象上看，“值班律师”的服务场所主要在人民法院、人民检察院、看守所，服务对象是没有辩护人的犯罪嫌疑人、被告人。“律师值班”的服务场所主要是法律援助机构、法律援助工作站和公共法律服务实体、热线、网络平台，服务对象包括申请人、受援人及其家属。二是从工作职责上看,“值班律师”的职责是法定的,应当提供法律咨询、程序选择建议、申请变更强制措施、对案件处理提出意见等法律帮助;“律师值班”的职责主要是提供法律咨询、帮助转交法律援助申请材料。三是从律师领取的法律援助补贴上看,“值班律师”领取法律帮助补贴,补贴标准按工作日计算;认罪认罚案件的法律帮助补贴标准,由各地结合本地实际情况按件或者按工作日计算。“律师值班”领取法律咨询补贴,是指提供接待来访、接听电话、在线解答咨询服务的补贴标准,按工作日计算。

第十五条　司法行政部门可以通过政府采购等方式,择优选择律师事务所等法律服务机构为受援人提供法律援助。

【释义】　本条是关于政府购买法律援助服务的规定。

一、法律援助提供模式

从当前世界各国法律援助提供模式看,安排律师办理法律援助事项的方式一般有两种:一是个案指派方式,即法律援助机构将法律援助事项以个案形式指派给律师,支付法律援助补贴;二是政府采购方式,即政府采用签订合同的形式,将法律援助服务外包给律师事务所等法律服务机构。多数国家都采用政府购买法律援助服务的方式,补贴的标准或者购买律师服务的价格主要由市场决定,律师办理案件的积极性相对较高,案件质量得到保证。但是,长期以来,我国法律援助采用以个案指派为主、政府购买为辅的方式。由于地方政府法律援助经费有限,法律援助补贴标准较低,有些地区还不能足额、及时支付,造成律师参与法律援助积极性缺乏、办案质量较低。随着经济社会的发展,新时代社会主要矛盾的变化,人民群众对公共服务产品的要求已从“有没有”向“好不好”转变,期盼更加优质、更加高效的法律援助服务。本条之所以这样规定,目的是鼓励各地优化以成本补贴为主的方式,建立健全政府购买法律援助服务机制,不断调动律师参与法律援助的积极性,不断提高法律援助服务的专业性和服务质量。

二、购买服务的主体

按照《政府采购法》规定,“政府采购”是指各级国家机关、事业单位和团体组织,使用财政性资金采购依法制定的集中采购目录以内的或者采购限额标准以上的货物、工程和服务的行为。“政府购买法律服务”是指把政府直接提供的一部分公共法律服务事项以及政府履职所需法律服务事项,按照一定的方式和程序交由具备条件的法律服务机构等社会力量承担,并由政府根据服务数量、质量,按照合同约定向其支付费用。《司法部、财政部关于建立健全政府购买法律服务机制的意见》规定,“各级国家机关是政府购买法律服务的购买主体。党的机关、政协机关、民主党派机关、承担行政职能的事业单位和使用行政编制的群团组织机关使用财政性资金购买法律服务的,参照国家机关执行”。法律援助是行政给付。司法行政部门作为指导、监督法律援助工作的国家机关,自然是“政府购买法律援助服务”的购买主体。本法第12条授权法律援助机构履行受理、审查法律援助申请以及支付法律援助补贴等行政职责,因此,司法行政部门设立的法律援助机构也可以成为购买主体。

三、法律援助承接主体

“法律服务机构”,是指面向社会提供有偿法律服务的组织。本条规定政府购买法律援助服务的承接主体主要包括:一是律师事务所。律师是提供法律援助服务特别是刑事诉讼领域法律援助服务的主力军。2020 年,律师办理法律援助案件 116. 4 万件,占办结法律援助案件的 83. 2%,其办理刑事辩护案件 28. 1 万件,提供值班律师法律帮助 74. 4 万件。二是基层法律服务所。在广大乡村地区,律师服务不足,民事诉讼和劳动仲裁、调解等非诉讼服务,更多依靠基层法律服务工作者来提供。2020 年,基层法律服务工作者办理法律援助案件 15. 2 万件,其中民事法律援助案件 15. 1 万件。三是法律援助类社会组织。法律援助类社会组织是指经司法行政部门审查同意,民政部门批准成立的,专门从事法律援助实务或者理论研究的非营利性组织。法律援助类社会组织作为政府购买法律援助服务的承接主体时,司法行政部门要注意审核其法律服务能力和资质条件等。

四、购买的服务内容

中共中央办公厅、国务院办公厅《关于加快推进公共法律服务体系建设的意见》和《司法部、财政部关于建立健全政府购买法律服务机制的意见》均明确将法律援助服务纳入政府购买服务指导性目录。对于本法第 22 条规定的所有形式的法律援助服务,均属于政府购买内容。实践中,法律援助机构主要通过政府购买值班律师法律帮助、法律咨询等服务。这些法律援助服务需要律师在法律援助工作站、网络、热线等平台现场提供,一般以工作时间为标准支付法律援助补贴,法律咨询或者法律帮助的数量不固定,不宜采用个案指派方式。有的地方通过省级或者市级财政为贫困县区购买法律援助专职办案律师,引导律师资源跨区域流动,一定程度上缓解了贫困地区经费紧张和律师资源不足的问题。

五、购买活动实施要求

购买主体应当按照《政府采购法》《政府采购法实施条例》《政府购买服务管理办法》等法律、法规、规章和制度规定组织实施购买活动，采用适当采购方式，择优确定最符合特定条件的承接主体。《政府采购法》第22条第1款规定："供应商参加政府采购活动应当具备下列条件：（一）具有独立承担民事责任的能力；（二）具有良好的商业信誉和健全的财务会计制度；（三）具有履行合同所必需的设备和专业技术能力；（四）有依法缴纳税收和社会保障资金的良好记录；（五）参加政府采购活动前三年内，在经营活动中没有重大违法记录；（六）法律、行政法规规定的其他条件。"《司法部、财政部关于建立健全政府购买法律服务机制的意见》明确规定，政府购买法律服务的承接主体还应当具备相应的法律服务能力。实践中，有的司法行政部门在法律服务机构自愿报名的基础上，全面考量机构政治素质、擅长领域、综合实力、服务水平、社会形象、地域辐射等多重因素，确定最适宜的法律援助服务承接主体。购买主体应当参照所在区域同类法律服务的市场收费标准，合理确定政府购买价格，双方应当签订购买法律服务书面合同。值得注意的是，法律服务机构不是按照购买法律服务合同自主提供法律援助，而是在法律援助机构的组织下开展工作，为受援人提供符合标准的法律援助服务。

第十六条　律师事务所、基层法律服务所、律师、基层法律服务工作者负有依法提供法律援助的义务。

律师事务所、基层法律服务所应当支持和保障本所律师、基层法律服务工作者履行法律援助义务。

【释义】 本条是关于律师事务所、基层法律服务所、律师、基层法律服务工作者提供法律援助义务的规定。

一、提供法律援助是律师事务所、基层法律服务所、律师、基层法律服务工作者应履行的义务

本法第2条规定,法律援助是国家建立的为经济困难公民和符合法定条件的其他当事人无偿提供法律咨询、代理、刑事辩护等法律服务的制度,是公共法律服务体系的组成部分。律师事务所、律师是民事代理、行政诉讼代理、刑事辩护等法律服务的主要提供者;基层法律服务所、基层法律服务工作者是民事代理、行政诉讼代理等法律服务的主要提供者。明确其负有提供法律援助的义务,有利于保障法律援助制度的有效运行。该条规定律师事务所、基层法律服务所、律师、基层法律服务工作者负有依法提供法律援助的义务,并在本法第61~63条将拒绝履行法律援助义务的有关行为列为给予处罚、处分的法定情形。

对这一义务的履行,本法规定了两个限制条件:

第一,该义务履行时间上的限定,律师事务所、基层法律服务所、律师、基层法律服务工作者自领取执业证书之日起即负有提供法律援助的义务。律师事务所、基层法律服务所不得无正当理由拒绝接受法律援助机构指派;接受指派后,应当及时安排本所律师、基层法律服务工作者办理法律援助事项。律师、基层法律服务工作者不得无正当理由拒绝履行法律援助义务或者怠于履行法律援助义务,不得擅自终止提供法律援助。法律援助事项办理结束后,法律援助人员应当及时向法律援助机构报告,提交有关法律文书的副本或者复印件、办理情况报告等材料。

第二,该义务履行标准的限定,即应当依法履行职责,符合法律援助服务的质量标准。本法第57条规定,司法行政部门应当加强对法律援助服务的监督，制定法律援助服务质量标准，通过第三方评估等方式定期进行质量考核。第55条规定，法律援助机构、法律援助人员未依法履行职责的，受援人可以向司法行政部门投诉，并可以请求法律援助机构更换法律援助人员。

二、律师事务所、基层法律服务所应当支持和保障本所律师、基层法律服务工作者履行法律援助义务

律师事务所、基层法律服务所应当建立相关的规章制度，确保本所律师、基层法律服务工作者具备履行法律援助义务的条件。《律师执业管理办法》第45条规定，律师应当按照国家规定履行法律援助义务，为受援人提供符合标准的法律服务，维护受援人的合法权益，不得拖延、懈怠履行或者擅自停止履行法律援助职责，或者未经律师事务所、法律援助机构同意，擅自将法律援助案件转交其他人员办理。《律师事务所管理办法》第48条规定，律师事务所应当依法履行法律援助义务，及时安排本所律师承办法律援助案件，为办理法律援助案件提供条件和便利，无正当理由不得拒绝接受法律援助机构指派的法律援助案件。《基层法律服务所管理办法》第24条和《基层法律服务工作者管理办法》第34条等也规定了基层法律服务所、基层法律服务工作者应当按照有关规定履行法律援助义务。

第十七条　国家鼓励和规范法律援助志愿服务；支持符合条件的个人作为法律援助志愿者，依法提供法律援助。

高等院校、科研机构可以组织从事法学教育、研究工作的人员

和法学专业学生作为法律援助志愿者，在司法行政部门指导下，为当事人提供法律咨询、代拟法律文书等法律援助。

法律援助志愿者具体管理办法由国务院有关部门规定。

【释义】 本条是关于法律援助志愿服务和法律援助志愿者的规定。

一、国家鼓励和规范法律援助志愿服务

根据《志愿服务条例》的规定，志愿服务是指志愿者、志愿服务组织和其他组织自愿、无偿向社会或者他人提供的公益服务。志愿服务是现代社会文明进步的重要标志，是加强精神文明建设、培育和践行社会主义核心价值观的重要内容。法律援助志愿服务是志愿服务的重要类别，是增强法律援助供给能力的有力保障，是推进法律援助服务均等化的基础性力量。近年来，法律援助志愿者通过自身专业知识和技能提供法律援助志愿服务，为满足基层和中西部地区困难群众法律援助需求作出了积极贡献。随着全面依法治国进程加快，公民法治意识不断增强，法律援助供需矛盾更加突出，同时，法律援助志愿服务工作还存在发展不平衡不充分、管理制度不够健全、保障激励机制不够完善等问题，迫切需要鼓励更多志愿者参与法律援助工作。

为满足人民群众日益增长的法律援助需求，本法对法律援助志愿服务工作提出要求，本条明确“国家鼓励和规范法律援助志愿服务”，强调了法律援助志愿服务工作的指导方针是“鼓励为先、规范为辅”。“鼓励为先”，主要体现在政府有关部门和相关单位，包括司法行政、财政、民政、教育、卫生健康、共青团等，应当采取措施鼓励公民提供法律援助志愿服务。教育部门和高等院校可以考虑将在校师生参与法律援助志愿服务的情况,作为考察教师、科研人员业绩的参考,纳入学生实习、实训和实践课程。“规范为辅”,主要体现在开展法律援助志愿服务应当遵循国家关于志愿服务的相关规定,特别是要遵循自愿、无偿、平等、诚信、合法的原则,不得违背社会公德、损害社会公共利益和他人合法权益。

二、法律援助志愿者的内涵、服务范围和申请条件

法律援助志愿者,一般是指根据法律援助机构或者受其委托的事业单位、社会组织等单位安排,运用自身专业知识和技能无偿提供法律援助及相关服务的公民。法律援助志愿者可以根据自身专业知识和技能情况,经法律援助机构指派,提供本法所列举的法律援助服务;也可以根据法律援助机构安排,为受援人提供外语或少数民族语言翻译、心理疏导,为有需要的残疾受援人提供盲文、手语翻译等无障碍服务;还可以为法律援助经费筹集提供支持,参与法律援助的宣传、培训、理论研究等工作。

公民申请成为法律援助志愿者,一般应当年满 18 周岁,具有奉献精神,遵纪守法,热爱法律援助和志愿服务事业。考虑到法律援助服务的专业性特点,为保障法律援助服务质量,申请提供刑事案件辩护与代理服务的法律援助志愿者,除参与公民代理案件的,需提供律师执业证书;申请提供心理疏导、翻译服务的法律援助志愿者,一般需提供心理咨询、翻译职业资格证书。

需要注意的是,提供法律援助服务的志愿者不能与其他法律援助人员领取同等的法律援助补贴,志愿者可以领取法律援助补贴中的成本费用,比如交通费、误餐费等。

三、高等院校、科研机构组织相关人员提供法律援助志愿服务的相关要求

一是参与人员为高等院校、科研机构中从事法学教育、研究工作的人员和法学专业学生。上述人员提供法律援助服务要以法律援助志愿者身份进行,需要向当地法律援助机构或其委托的高等院校、科研机构提出申请,并注册登记成为法律援助志愿者。

二是高等院校、科研机构及相关人员参与法律援助志愿服务应当接受司法行政部门指导、监督。本法第 5 条第 1 款规定:"国务院司法行政部门指导、监督全国的法律援助工作。县级以上地方人民政府司法行政部门指导、监督本行政区域的法律援助工作。"同时,第 8 条规定:"国家鼓励和支持群团组织、事业单位、社会组织在司法行政部门指导下,依法提供法律援助。"这些规定授予司法行政部门对包括法律援助志愿服务在内的所有法律援助工作的指导、监督权。因此,高等院校、科研机构组织法律援助志愿者提供法律援助服务的,应当接受司法行政机关的监督和法律援助机构的业务指导。为指导方便,法律援助机构可以在高等院校、科研机构和群团组织设立法律援助工作站。高等院校、科研机构可以根据法律援助机构的委托招募法律援助志愿者,做好志愿者相关工作,引导志愿者落实法律援助服务标准,有关工作实行备案登记。

三是法律援助志愿服务的形式主要是为当事人提供法律咨询、代拟法律文书、部分案件代理等服务,也可以参与法律援助宣传、培训、理论研究、案件质量评估等工作。

四是法律援助志愿者具体管理办法由国务院有关部门规定。制定法律援助志愿者管理办法,推动法律援助志愿服务的

规范化、制度化，有利于推进部门协作和社会参与，有利于促进更多社会力量广泛参与法律援助，对于弘扬志愿服务精神、增强法律援助供给、推动法律援助服务均等化以及提高服务质量具有重要意义。国务院司法行政部门负责指导、监督全国的法律援助工作，是制定法律援助志愿者管理办法的责任部门。全国志愿服务工作由中央文明办负责统筹规划，考虑到法律援助志愿服务工作政策性、专业性较强，涉及部门较多，该办法的制定工作由中央文明办在全国志愿服务工作协调小组机制框架下牵头组织开展。

第十八条 国家建立健全法律服务资源依法跨区域流动机制，鼓励和支持律师事务所、律师、法律援助志愿者等在法律服务资源相对短缺地区提供法律援助。

【释义】 本条是关于为法律服务资源相对短缺地区提供人力支持的规定。

我国幅员辽阔、经济社会发展水平不一，法律服务资源分布的不充分、不均衡问题突出。以律师为例，目前全国仍有些地方没有执业律师，一些欠发达地区律师资源严重不足。要落实法律关于扩大法律援助范围、提高法律援助服务质量的要求，就需要建立国家层面的法律服务资源依法跨区域流动机制，鼓励和支持律师事务所、律师、法律援助志愿者等在法律服务资源相对短缺地区提供法律援助。2013 年 7 月 3 日，司法部印发《关于加快解决有些地方没有律师和欠发达地区律师资源不足问题的意见》，对加快解决有些地方没有律师和欠发达地区律师资源不足问题提出要求。近年来，司法行政机关采取了许多措施，包括鼓励和支持优秀律师事务所到经济欠发达地区设立分所、组建发展国资律师事务所、组织选派志愿律师、深入开展“1+1”法律援助志愿者行动、实施“援藏律师服务团”活动等,并加大政策、经费和组织保障力度,对促进法律服务资源跨区域流动、实现法律援助服务均等化发挥了重要作用。

为贯彻落实本法要求,应注意把握以下方面:

1. 扩大律师事务所覆盖面

一是鼓励、支持律师事务所设立分所。统一组织安排规模较大、社会形象好的律师事务所,特别是全国优秀律师事务所到没有律师事务所的县(市、区)设立分所,特殊地方暂在没有律师的县所在地区和人口较多、交通沿线、边境口岸县设立律师事务所分所。在设立分所的同时,律师事务所要选派政治、业务素质好的优秀律师到分所执业,并保证至少有 1 名律师常年在分所专职执业。同时,注意吸收该地区持有法律职业资格或律师资格的人员到分所执业,为培养当地律师人才创造条件。二是组建国资律师事务所。根据《律师法》和《律师事务所管理办法》的规定,指导没有律师的县(市、区)的司法行政机关积极创造条件,组建发展国资律师事务所。

2. 加强法律援助志愿服务工作

一是组织选派志愿律师。统一组织选派优秀律师到有律师事务所但没有律师的县(市、区)和律师资源严重不足的县(市、区)志愿执业,志愿律师与当地律师事务所签订聘用合同。派出志愿律师的律师事务所保障志愿律师在原所的待遇不变,并给予一定的经费补贴。二是深入开展“1+1”法律援助志愿者行动。扩大“1+1”法律援助志愿者行动的覆盖面,优先选派法律援助志愿者律师到没有律师和律师资源严重不足的地区服务。同时,扩大法律援助志愿服务项目数量和规模，增加对口帮扶地区数量，为没有律师和律师资源严重不足的地区提供法律服务。三是深入实施“援藏律师服务团”活动。按照西藏一个无律师县配备一名律师的标准，每年选派志愿律师到西藏无律师县提供法律援助和公益法律服务。四是鼓励社会力量参与法律援助志愿服务。落实司法部关于法律援助志愿者的相关规定，以高校为重点，鼓励和引导高校师生等社会力量参与法律援助志愿服务。

3. 加大经费保障和政策支持力度

一是争取财政资金支持，为开办律师事务所分所和派驻律师、志愿律师工作和生活提供经费保障。将在没有律师的县（市、区）和律师资源严重不足的欠发达地区执业的派驻律师和志愿律师办理案件费用纳入中央补助地方法律援助办案专款和中央专项彩票公益金法律援助项目资金补贴范围。二是要为在没有律师的县（市、区）设立的律师事务所分所以及在当地执业的派驻律师和志愿律师提供经费支持，并减免其律师协会会费、实习律师上岗培训费等相关费用。鼓励有条件的律师协会和律师事务所设立培养基金，资助没有律师的县（市、区）和律师资源严重不足的欠发达地区培养律师人才。三是提供政策支持。没有律师的县（市、区）所在的省（自治区、直辖市）司法行政机关要根据司法部《律师事务所管理办法》，制定具体实施办法，降低在没有律师的县（市、区）设立国资律师事务所和设立律师事务所分所的门槛和条件，对设立律师事务所的资产条件不作硬性要求；允许律师事务所就近从本所在没有律师的县（市、区）所在省（自治区、直辖市）分所中选派律师，派驻律师的档案保持不变更，保留在原注册地。在评优、表彰、培训等方面也要对志愿律师、派驻律师和律师事务所分所实行政策倾斜。

第十九条　法律援助人员应当依法履行职责，及时为受援人提供符合标准的法律援助服务，维护受援人的合法权益。

【释义】 本条是关于法律援助人员依法履职的规定。

一、法律援助人员应依法履行其职责

依据本条规定，法律援助人员在进行法律援助工作时应当依法履职，并强调要"及时"和提供"符合标准"的法律援助服务，以达到维护受援人合法权益的目的。关于对法律援助人员在具体履行援助义务过程中的工作质量要求，散落在各项规范性文件之中，主要包括条例、规定、办法、决定等。

1997年，司法部印发的《关于开展法律援助工作的通知》规定，"法律援助承办人员接受指派后，不得疏于应履行的职责，无正当理由不得拒绝、延迟或终止承办的法律援助事项"。这是司法部在刑法、刑事诉讼法颁布后，为规范法律援助工作而作出的要求。2003年，国务院颁布的《法律援助条例》，将这项工作进一步规范化、制度化。该条例第6条规定："律师应当依照律师法和本条例的规定履行法律援助义务，为受援人提供符合标准的法律服务，依法维护受援人的合法权益，接受律师协会和司法行政部门的监督。"这是第一次提出"提供符合标准的法律服务"，这一规定让法律援助工作制度更为规范。

2004年，司法部下发《律师和基层法律服务工作者开展法律援助工作暂行管理办法》。其中，第8条规定："承办法律援助案件的律师和基层法律服务工作者，应当根据承办案件的需要，依照司法部、律师协会有关律师和基层法律服务工作者执业规范的要求，尽职尽责地履行法律服务职责，遵守职业道德和执业纪律。”第 9 条规定：“对重大、复杂、疑难的法律援助案件，律师事务所、基层法律服务所应当组织集体研究，确定承办方案，确保办案的质量和效果。律师事务所、基层法律服务所应当对本所律师、基层法律服务工作者办理法律援助案件的质量进行监督，发现问题的，应当及时纠正。”该规范性文件将基层法律服务工作者也纳入了提供法律援助的义务主体范围，并对处理重大疑难的法律援助案件予以回应，体现了国家健全和规范法律援助工作的决心和态度。

2012 年，司法部印发《办理法律援助案件程序规定》。其中，第 4 条规定：“法律援助人员应当依照法律、法规及本规定，遵守有关法律服务业务规程，为受援人提供优质高效的法律服务。”这一规定的出台，进一步规范办理法律援助案件，保证法律援助质量。其适用的对象范围包括法律援助机构、律师事务所、基层法律服务所、其他社会组织和法律援助人员。随着法律援助制度的不断完善，法律援助队伍的逐渐壮大，司法部根据实际发展情况，对法律援助工作提出了更高的要求——“提供优质高效的法律服务”，这是提高法律援助水平、加强质量管理的必然要求。2017 年，最高人民法院、司法部发布《关于开展刑事案件律师辩护全覆盖试点工作的办法》。该办法第 20 条第 1 款规定：“辩护律师应当坚持以事实为依据、以法律为准绳，依法规范诚信履行辩护代理职责，勤勉尽责，不断提高辩护质量和工作水平，切实维护当事人合法权益、促进司法公正。”这是对法律援助工作质量提出的要求。

本条的义务主体为法律援助人员，是指参与法律援助工作的所有人员，包括法律援助机构工作人员、律师、基层法律服务工作者和法律援助志愿者。义务内容为依法履行职责，及时为受援人提供符合标准的法律援助服务。其中，“依法”中的“法”是指宪法、法律、行政法规、地方性法规、自治条例和单行条例、规章、法律解释，以及我国和政府加入的条约和行政协定。“职责”应分为微观和宏观两个层面来理解。微观层面是指法律援助人员应按照相关法律法规的规定，履行法律服务工作义务，包括为受援人提供有关法律问题的意见；草拟、审查法律文书；代理参加诉讼、调解或者仲裁活动；办理委托的其他法律事务等。宏观层面是指维护受援人合法权益，维护法律正确实施，维护社会公平和正义。

二、及时为受援人提供符合标准的法律援助服务

“及时”实际上是确立了效率原则，与本法第36、39、43、49条等规定的“三日内”“二十四小时内”“七日内”“五日内”等具体时效要求相衔接，为达到保证人民群众在遇到法律问题或者权利受到侵害时获得及时有效法律帮助的目的，要求法律援助人员提升专业能力，对受援人给予及时援助。实际上，这不仅需要法律援助人员的快速反应，还需要便利受援人的求助方式与求助渠道，以及完善法律援助申请、运行衔接机制。“符合标准的法律援助服务”是指法律援助人员依照司法部出台的《全国刑事法律援助服务规范》《全国民事行政法律援助服务规范》和地方出台的服务标准，提供高质量、标准化的法律援助服务。2015年，中共中央办公厅、国务院办公厅印发《关于完善法律援助制度的意见》，要求建立健全法律援助组织实施各环节业务规范，并对加强法律援助质量管理提出了要求。通过提升法律援助工作质量，提高案件办理专业化水平，对法律援助工作的每一个环节进行规范化操作，努力为受援人提供优质高效的法律援助服务，最终达到维护受援人合法权益的效果，促进法律援助事业的健康发展。

该法条所指向的最终目的是维护受援人的合法权益，包含两层含义:一是法律援助人员要为受援人的合法权益作出最大的努力,维护其应得利益;二是对于超过法律保护范围的权益,或者违反法律规定的要求,不予以维护。

第二十条　法律援助人员应当恪守职业道德和执业纪律,不得向受援人收取任何财物。

【释义】　本条是关于法律援助人员应当恪守职业道德和执业纪律的规定。

本条确立的是职业道德原则,属于义务性规范与禁止性规范的结合,既要求所有的法律援助人员时时刻刻恪守职业道德和执业纪律,又明确禁止其收取受援人的任何财物。因此,其立法目的在于提升法律援助人员的职业素质,加强其自省觉悟,从主客观两个方面都做到严格自律,维护法律援助事业的良好形象,对弱势群众给予最广泛的帮助。

法律援助人员的职业道德和执业纪律问题,一直以来都是法律服务行业关注的重点,无论是法律法规还是规章抑或规定,都始终强调法律服务工作人员要恪守职业道德,这不仅仅对个人执业的发展有重要影响,更对整个法律服务行业乃至全社会起着深刻的引导作用。

1996 年出台的《律师法》第 3 条第 1 款规定:“律师执业必须遵守宪法和法律,恪守律师职业道德和执业纪律。”同年,中华全国律师协会颁布的《律师职业道德和执业纪律规范》第 7 条规定:“律师应当道德高尚,廉洁自律,珍惜职业声誉,保证自己的行为无损于律师职业形象。”这说明在律师行业成长起来的早期,由于其工作性质的特殊性,国家就对其职业道德提出了基本要求,也奠定了法律服务行业应恪守职业道德和执业纪律的原则。

2003 年,国务院颁布的《法律援助条例》第 22 条规定:“办理法律援助案件的人员,应当遵守职业道德和执业纪律,提供法律援助不得收取任何财物。”这是在法律援助领域明确对办理法律援助案件的人员提出职业道德要求,并明令禁止接受财物。由于法律援助的无偿性,只有拒绝任何形式的利益才能维持法律援助领域的纯净生态。

2012 年,司法部发布的《办理法律援助案件程序规定》第 6 条规定:“法律援助人员办理法律援助案件,应当遵守职业道德和执业纪律,自觉接受监督。”该规定旨在警示违反法律、规章,越过执业红线的人员,强调遵守职业道德的重要性。2017 年修订的《基层法律服务工作者管理办法》,对基层法律服务工作者的职业操守作出专门的规定。该办法第 25 条规定:“基层法律服务工作者应当遵守宪法和法律,恪守职业道德和执业纪律,做到依法执业、诚信执业、规范执业。基层法律服务工作者执业应当以事实为依据,以法律为准绳。基层法律服务工作者应当接受国家、社会和当事人的监督。”基于基层法律服务工作者准入门槛较低,可能存在更高的职业道德风险的情形,该办法对其作出了更为完善的执业要求。

2014 年,《中共中央关于全面推进依法治国若干重大问题的决定》提出,要加强法律服务队伍建设。加强律师队伍思想政治建设,把拥护中国共产党领导、拥护社会主义法治作为律师从业的基本要求,增强广大律师走中国特色社会主义法治道路的自觉性和坚定性。要提高律师队伍业务素质,完善执业保障机制。加强律师事务所管理,发挥律师协会自律作用,规范律师执业行为,监督律师严格遵守职业道德和职业操守,强化准入、退出管理,严格执行违法违规执业惩戒制度。

本法对于法律援助人员的职业道德要求基本沿袭了《法律援助条例》的规定，并强调不得主动或被动地收取受援人的财物。要求法律援助人员恪守职业道德和执业纪律，用“应当”一词既从立法的角度规定了法律援助人员的义务，又从其身份的角度引导其恪守职业道德和执业纪律。其义务主体为全体法律援助人员。从主体类别上看，包括法律援助机构工作人员、律师、基层法律服务工作者和法律援助志愿者。从参与办理案件的程度来看，不只是包括办案的法律援助人员，而是包括所有参与法律援助工作的人员。“职业道德”应参照 2001 年修正后的《律师职业道德和执业纪律规范》中关于“律师职业道德”的规定，包括忠于宪法法律、忠于职守、诚实守信、敬业勤业等。“不得向受援人收取任何财物”，是指法律援助人员既不能被动接受受援人赠送的任何财物，更不能主动要求受援人给予财物。如果存在收取财物的情形，可以根据本法第 61、63 条等规定追究相应责任。

第二十一条　法律援助机构、法律援助人员对提供法律援助过程中知悉的国家秘密、商业秘密和个人隐私应当予以保密。

【释义】　本条是关于法律援助机构和法律援助人员的保密义务的规定。

一、保密义务的主体

本条规定的保密义务的主体包括法律援助机构和法律援助人员。相较以往只对法律援助人员作出保密义务的规定，本条将法律援助机构也纳入义务主体当中，一方面扩大了保密义务主体的范围,另一方面在某种程度上将二者进行了一定区分。相对于法律援助人员来讲,法律援助机构接触受援人的信息是更早的,保存的受援人信息是最多的,因此法律援助机构也应负担保密义务。而法律援助人员作为与受援人直接接触的人员,其掌握的受援人以及与案件有关的其他信息应当是更为全面和具体的,因此,其所负担的保密义务应类比律师的保密义务。

二、保密义务的客体以及保密期间

本条中规定保密义务的客体包括国家秘密、商业秘密和个人隐私。其中,国家秘密是指关系国家的安全和利益,依照法定程序确定,在一定时间内只限一定范围的人员知悉的事项。其包括:国家事务的重大决策事项;国防建设和武装力量活动中的秘密事项;外交或外交活动中的秘密事项以及对外承担保密义务的事项;国民经济和社会发展中的秘密事项;科学技术中的秘密事项;维护国家安全活动和追查刑事犯罪中的秘密事项;其他经国家保密工作部门确定应当保守的国家秘密事项。商业秘密是指非公开性的、非排他性的,能使经营者获得利益、竞争优势或其他潜在的商业利益的秘密。个人隐私是指公民个人生活中不愿为他人(一定范围以外的人)公开或知悉的秘密,且这一秘密与其他人及社会利益无关。法律援助机构和法律援助人员应严守保密义务,不能泄露以上信息,否则将承担相应的责任。

对法律援助机构和法律援助人员的保密期间应作如下理解:因为受援人授权法律援助机构及法律援助人员从事代理(辩护)行为在一定程度上是基于人身信任,且在代理过程中后者所接触的信息对受援人和其他利害关系人的影响并不仅限于法律事务代理期间,所以委托事务结束后,保密义务仍需履行。

三、设立的目的

本条款设立的目的在于确立法律援助机构、法律援助人员的保密义务,强化法律援助机构和个人的保密意识。

由于受援人经常处于弱势一方,因此法律援助工作更加具有特殊性,需要给予受援人更为全面的保护。而保密义务对于法律援助机构及人员来说受多种规范的约束,其既是一种与法律援助工作者职业道德有关的义务,也是一种其执业中的纪律和法律义务。作为道德义务,法律援助机构及人员保守秘密义务受其执业道德规范的调整,主要要求其从内心谴责、社会评价等角度来权衡利弊,以遵守义务。遵守道德义务主要是法律援助工作者的一种自觉行为。作为纪律义务和法律义务,法律援助工作者保守秘密义务受有关执业纪律规范和执业法律规范的调整,此时其保守秘密义务具有强制性,如果其违背该义务将会受到相应的纪律处分或法律惩罚。

设定法律援助保密义务的意义,一方面是基于受援人利益的考虑,即受援人不应当因寻求法律援助而致使自身权益受到额外的侵害;另一方面是基于法律援助人员自身及行业利益的考虑,即其对自己在援助活动中所知悉的受援人和其他利害关系人的信息不负作证义务。就这两方面的内容而言,都是一种不作为的消极义务。

本条的设立,是国家第一次以法律的形式设定法律援助机构及法律援助人员的保密义务,这有助于完善我国法律援助工作的管理,促进法律援助事业的健康发展,为日后完善法律援助机构及工作人员保密工作的权利、义务奠定了基础。

第三章　形式和范围

第二十二条　法律援助机构可以组织法律援助人员依法提供下列形式的法律援助服务：

（一）法律咨询；

（二）代拟法律文书；

（三）刑事辩护与代理；

（四）民事案件、行政案件、国家赔偿案件的诉讼代理及非诉讼代理；

（五）值班律师法律帮助；

（六）劳动争议调解与仲裁代理；

（七）法律、法规、规章规定的其他形式。

【释义】　本条是关于法律援助服务形式的规定。

一、法律咨询

法律咨询是法律援助人员对当事人提出的有关法律事务问题提供的解释、说明，提出建议和解决方案等服务。作为法律援助的基本服务形式，法律咨询还具有普及和宣传法律知识、引导群众合理表达诉求、指导群众依法维权的作用，对于有效化解矛盾纠纷、维护社会和谐稳定具有十分重要的意义。对此，2015 年

6 月中共中央办公厅、国务院办公厅印发的《关于完善法律援助制度的意见》明确提出，实现法律援助咨询服务全覆盖。目前，我国通过广泛采取健全便民服务设施、拓展基层服务网络、创新咨询方式等各类措施，已经实现了法律援助咨询服务的全覆盖。

二、代拟法律文书

代拟法律文书是当事人因欠缺法律知识等，对起草、撰写申请书、起诉状、答辩状、申诉状等法律文书有困难时，法律援助人员为其提供的代为起草、撰写法律文书的服务。代拟法律文书有利于保障当事人的诉讼权利等合法权益，增强其法律意识，并能为后续法律援助工作，或者司法机关的立案、审判工作的顺利开展等奠定良好基础。法律援助人员应当按照当事人的意志和要求，以当事人的名义，根据当事人提供的事实和证据，依法提供代拟法律文书服务。法律援助人员不得故意夸大或者曲解当事人的意思；当事人提出无理或者非法要求时，法律援助人员可以以释法析理的方式进行说服、规劝。

三、刑事辩护与代理

刑事辩护与代理是法律援助机构接到司法机关通知或者应有关当事人申请，指派律师等法律援助人员，为刑事案件犯罪嫌疑人、被告人提供的辩护服务，以及为刑事案件的被害人、自诉人，附带民事诉讼案件的原告人等当事人提供的代理服务。刑事辩护与代理是我国刑事法律援助的最主要形式，法律援助制度发端于刑事法律援助，它的典型特点是与辩护权、司法公正紧密联系在一起，其结果往往直接影响当事人的人身自由甚至生命，因此刑事法律援助具有人权司法保障的重要功能。首先，辩护权是犯罪嫌疑人、刑事被告人最重要的诉讼权利，充分保障犯罪嫌疑人、刑事被告人的辩护权对于实现司法公正和维护社会公平正义具有十分重要的意义，有利于让人民群众在每一个司法案件中感受到公平正义。我国《宪法》明确规定，被告人有权获得辩护。根据《刑事诉讼法》的规定，犯罪嫌疑人、被告人除可自行辩护、委托辩护人辩护外，对于没有委托辩护人的未成年人等特殊犯罪嫌疑人、被告人，人民法院、人民检察院、公安机关应当通知法律援助机构为其指派律师提供辩护；因经济困难或者其他原因，没有委托辩护人的普通犯罪嫌疑人、被告人也可以申请法律援助机构为其指派律师提供辩护。其次，除保障犯罪嫌疑人、被告人的辩护权外，为维护刑事案件的被害人、自诉人以及附带民事诉讼的原告人等当事人的诉讼权利和其他合法权益，我国《刑事诉讼法》规定，上述当事人有权委托诉讼代理人为其提供法律帮助。因此，将因经济困难没有委托诉讼代理人的上述当事人纳入法律援助范围为其提供代理服务，对于有效维护上述当事人的合法权益确有其必要性。此外，根据《刑事诉讼法》的规定，强制医疗案件中的被申请人或者被告人没有委托诉讼代理人的，人民法院应当通知法律援助机构指派律师为其提供法律帮助。

四、民事案件、行政案件、国家赔偿案件的诉讼代理及非诉讼代理

上述法律援助服务形式是法律援助机构应有关当事人的申请，指派或者安排法律援助人员为当事人提供的民事案件诉讼代理、行政案件诉讼代理、国家赔偿案件诉讼代理，以及民事案件非诉讼代理、行政案件非诉讼代理、国家赔偿案件非诉讼代理。随着经济社会的不断发展，我国法律援助的范围和对象日益扩大，逐步从刑事领域延伸到民事、行政和国家赔偿领域，并从诉讼代理扩展到非诉讼代理，这是国家主动履行社会责任的具体表现，也充分证明了我国的法律援助是一项维护经济困难群众合法权益的重要民生工程。2015 年 6 月，中共中央办公厅、国务院办公厅印发《关于完善法律援助制度的意见》明确提出，要认真组织办理困难群众就业、就学、就医、社会保障等领域涉及法律援助的案件，积极提供诉讼和非诉讼代理服务，重点做好农民工、下岗失业人员、妇女、未成年人、老年人、残疾人和军人军属等群体法律援助工作，切实维护其合法权益；要在《法律援助条例》规定的经济困难公民请求国家赔偿，给予社会保险待遇或者最低生活保障待遇，发给抚恤金、救济金，给付赡养费、抚养费、扶养费，支付劳动报酬等法律援助范围的基础上，逐步将涉及劳动保障、婚姻家庭、食品药品、教育医疗等与民生紧密相关的事项纳入法律援助补充事项范围，帮助困难群众运用法律手段解决基本生产生活方面的问题。

五、值班律师法律帮助

值班律师法律帮助是法律援助机构通过在看守所、人民检察院、人民法院等场所设立法律援助工作站，以派驻或者安排律师的方式，为没有辩护人的犯罪嫌疑人、被告人提供法律咨询、程序选择建议、申请变更强制措施、对案件处理提出意见等法律帮助。2018 年修正的《刑事诉讼法》，在总结实践经验，并合理借鉴外国制度的基础上，将值班律师制度上升为法律规定。2020 年 8 月，最高人民法院、最高人民检察院、公安部、国家安全部、司法部联合印发《法律援助值班律师工作办法》的通知，进一步明确值班律师法律帮助是法律援助的重要形式之一，并对值班律师的工作职责与工作保障、法律帮助工作程序等作了明确规定。

六、劳动争议调解与仲裁代理

劳动争议调解与仲裁代理是法律援助机构应劳动者申请，指派或者安排法律援助人员为与用人单位发生劳动争议的劳动者，提供的调解代理或者仲裁代理服务。根据《劳动争议调解仲裁法》规定，发生劳动争议，当事人不愿协商、协商不成或者达成和解协议后不履行的，可以向调解组织申请调解；不愿调解、调解不成或者达成调解协议后不履行的，可以向劳动争议仲裁委员会申请仲裁。本法的草案一审稿没有将劳动争议调解与仲裁代理列为法律援助的形式之一，在对草案进行审议和征求意见过程中，一些意见提出，实践中，为劳动者提供劳动报酬等有关劳动争议的代理服务，已成为法律援助机构的主要服务类型之一，并且劳动法律关系与普通民事法律关系在性质、调整对象、保护方法和适用法律上均有所不同，建议增加列举劳动争议调解与仲裁代理作为法律援助形式之一。草案二审稿根据上述意见增加了本项规定。

七、法律、法规、规章规定的其他形式

本项属于兜底性条款，根据本项规定，除了本条第 1 项至第 6 项列举的法律援助服务形式外，我国其他法律、行政法规、地方性法规、部门规章、地方政府规章还可以就其他形式的法律援助服务作出规定。本项规定为进一步丰富和创新法律援助服务形式留下空间，允许地方结合自身实际拓展更多形式的法律援助服务，从而不断扩大法律援助的覆盖面，努力实现“应援尽援”目标，充分发挥法律援助在保障公民和有关当事人的合法权益、保障法律正确实施和维护社会公平正义方面的重要作用。

需要说明的是，本条所作的列举只是对法律援助服务的形式

作了规定,当事人实际能否获得上述形式的法律援助服务,主要取决于是否符合各类型法律援助对象和事项范围的具体规定。

第二十三条 法律援助机构应当通过服务窗口、电话、网络等多种方式提供法律咨询服务;提示当事人享有依法申请法律援助的权利,并告知申请法律援助的条件和程序。

【释义】 本条是关于法律咨询服务方式以及保护当事人知情权的规定。

一、通过多种方式提供法律咨询服务

法律援助作为国家为经济困难公民等有关当事人无偿提供的法律服务,必须坚持以人民为中心,围绕为当事人提供及时、高效的法律援助,采取多种方式努力提高法律援助服务的便民性和易得性。为优化法律援助的便民服务,2015 年 6 月中共中央办公厅、国务院办公厅印发的《关于完善法律援助制度的意见》明确要求,建立健全法律援助便民服务窗口,安排专业人员免费为来访群众提供法律咨询。对咨询事项属于法律援助范围的,应当告知当事人申请程序,对疑难咨询事项实行预约解答。拓展基层服务网络,推进法律援助工作站点向城乡社区延伸,方便群众及时就近获得法律咨询。加强"12348"法律服务热线建设,有条件的地方开设针对农民工、妇女、未成年人、老年人等群体的维权专线,充分发挥解答法律咨询、宣传法律知识、指导群众依法维权的作用。创新咨询服务方式,运用网络平台和新兴传播工具,提高法律援助咨询服务的可及性。广泛开展公共法律教育,积极提供法律信息和帮助,引导群众依法表达合理诉求。本条将意见的上述要求上升为法律规定，通过义务性规定的方式，将通过服务窗口、电话、网络等多种方式为广大人民群众提供法律咨询服务，明确为法律援助机构应尽的义务之一。

二、充分保障当事人的知情权

知情权是保障当事人能够依法申请法律援助的前提和基础，法律援助机构作为负责组织实施法律援助的机构，对保护当事人的知情权具有十分重要的作用。在《法律援助法(草案)》审议过程中，有的常委委员提出，应当进一步完善法律援助机构服务的方式和内容，保障包括当事人知情权在内的合法权益。据此，《法律援助法》增加规定，法律援助机构应当提示当事人享有依法申请法律援助的权利，并告知申请法律援助的条件和程序。根据上述规定，法律援助机构应当履行双重义务来保护当事人的知情权：一种是提示义务，即提示当事人有依法申请法律援助的权利；另一种是告知义务，即告知当事人申请法律援助的条件和程序。此外，这里的提示和告知义务包括两种情形。一是针对具体当事人的提示和告知义务。例如，法律援助人员在为当事人提供法律咨询时，应当提示当事人有权申请法律援助；同时，通过为当事人提供法律咨询，已经基本清楚当事人需要申请法律援助的具体类型，应当更有针对性地将申请该类型法律援助的条件和程序告知当事人，便于当事人及时、高效地申请法律援助。此类提示和告知，可以采取口头方式，也可以采取书面方式。二是针对不特定当事人的提示和告知义务，即普遍性的提示和告知义务。对此，法律援助机构可以通过在接待大厅、工作站、服务窗口等置备法律援助宣传手册，或者通过网络以视频、图片、文字等形式，以通俗易懂的方式广泛宣传法律援助知识，详细介绍法律援助服务的类型、各类法律援助申请的条件和程序，使人民群众能够充分了解其享有依法申请法律援助的权利,并清楚申请的条件和程序,便于广大人民群众顺利申请法律援助。需要说明的是,这里的提示和告知义务与《法律援助法》第35条规定的告知义务不同。首先,义务主体不同。此处的提示和告知义务主体是法律援助机构;第35条规定的告知义务主体是人民法院、人民检察院、公安机关和有关部门。其次,义务类型不同。此处的提示和告知义务既包括对具体当事人的提示和告知,也包括不针对具体当事人的普遍性提示和告知;第35条规定的告知义务仅是指上述司法机关和有关部门在办理案件或者相关事务中,应当告知具体当事人有权申请法律援助。

第二十四条　刑事案件的犯罪嫌疑人、被告人因经济困难或者其他原因没有委托辩护人的,本人及其近亲属可以向法律援助机构申请法律援助。

【释义】　本条是关于申请刑事法律援助条件的规定。

辩护权是犯罪嫌疑人、被告人享有的诉讼权利中的核心权利。在现代刑事诉讼程序中,充分保障犯罪嫌疑人、被告人的辩护权,是实现司法公正和保障人权的必然要求。法律实践中,犯罪嫌疑人、被告人没有委托辩护人的情况复杂多样,有些犯罪嫌疑人、被告人属于未成年人、残疾人或者涉嫌特别严重犯罪,由于各种原因没有委托辩护人;有些犯罪嫌疑人、被告人因为经济困难,无力委托辩护人;有些犯罪嫌疑人、被告人虽然经济条件允许,但无人愿意接受委托担任其辩护人。为了使犯罪嫌疑人、被告人的辩护权能够有效得到实现,1979年《刑事诉讼法》规定了指定辩护制度,分为人民法院可以指定辩护和应当指定辩护两种情形。该法第27条规定:“公诉人出庭公诉的案件,被告人没有委托辩护人的,人民法院可以为他指定辩护人。被告人是聋、哑或者未成年人而没有委托辩护人的,人民法院应当为他指定辩护人。”1996年修改《刑事诉讼法》时,将人民法院可以指定辩护的情形明确为“被告人因经济困难或者其他原因没有委托辩护人的”。2012年修改《刑事诉讼法》时,考虑到由人民法院认定犯罪嫌疑人、被告人是否符合经济困难条件或者具有其他原因,存在一定的困难,同时《法律援助条例》对因经济困难或者其他原因申请法律援助的条件作了具体规定,同时规定由法律援助机构进行审查。因此,在结合上述规定和总结实践经验的基础上,《刑事诉讼法》将原先的“人民法院可以指定辩护”的情形修改为“申请法律援助”的情形。与由人民法院指定辩护的规定相比,申请法律援助的方式,进一步明确了犯罪嫌疑人、被告人享有依法获得法律援助的权利,且将申请主体确定为犯罪嫌疑人、被告人本人及其近亲属,将受理、审查的机构确定为法律援助机构,更有利于保障犯罪嫌疑人、被告人的辩护权。

按照本条规定,申请刑事法律援助应当符合以下四个条件:(1)法律援助的对象为刑事案件的犯罪嫌疑人、被告人,即此类法律援助潜在的受援人为刑事案件的犯罪嫌疑人、被告人。这里既包括刑事公诉案件的犯罪嫌疑人、被告人,也包括刑事自诉案件的被告人。(2)申请法律援助的原因为因经济困难或者其他原因没有委托辩护人,即犯罪嫌疑人、被告人因经济困难请不起律师,或者因经济困难以外的其他原因,如无人愿意为其担任辩护人等,因此未委托辩护人。需要说明的是,这里的其他原因指的是客观原因,而不是主观原因。如果当事人客观上能够委托辩护人而自己主动放弃委托,则不能申请刑事法律援助。(3)申请的主体为犯罪嫌疑人、被告人本人及其近亲属。这里的“近亲属”的范围，依照《刑事诉讼法》的规定，是指该犯罪嫌疑人、被告人的夫、妻、父、母、子、女、同胞兄弟姊妹。(4)向法律援助机构提出申请。根据《法律援助法》第 38 条的规定，这里的“法律援助机构”应当是办案机关所在地的法律援助机构。法律援助机构收到申请，并经审查，决定给予法律援助的，应当自作出决定之日起 3 日内指派律师担任犯罪嫌疑人、被告人的辩护人。

第二十五条　刑事案件的犯罪嫌疑人、被告人属于下列人员之一，没有委托辩护人的，人民法院、人民检察院、公安机关应当通知法律援助机构指派律师担任辩护人：

(一)未成年人；

(二)视力、听力、言语残疾人；

(三)不能完全辨认自己行为的成年人；

(四)可能被判处无期徒刑、死刑的人；

(五)申请法律援助的死刑复核案件被告人；

(六)缺席审判案件的被告人；

(七)法律法规规定的其他人员。

其他适用普通程序审理的刑事案件，被告人没有委托辩护人的，人民法院可以通知法律援助机构指派律师担任辩护人。

【释义】　本条是关于应当通知辩护和可以通知辩护范围的规定。

本条共两款，第 1 款对应当通知辩护的范围作了规定，第 2 款对可以通知辩护的范围作了规定。

一、司法机关应当通知辩护的情形

实践中，部分犯罪嫌疑人、被告人可能因年龄或者残疾等欠缺辩护能力,或者可能因涉嫌特别严重犯罪面临被长期剥夺自由甚至生命的刑罚,因此,有必要对上述犯罪嫌疑人、被告人的辩护权采取特殊保护措施,保障其充分行使辩护权。自1979年《刑事诉讼法》规定指定辩护制度开始,即规定人民法院应当为没有委托辩护人的聋、哑或者未成年被告人指定辩护人。1996年《刑事诉讼法》扩大了应当指定辩护的情形,增加规定:"被告人可能被判处死刑而没有委托辩护人的,人民法院应当指定承担法律援助义务的律师为其提供辩护。"2012年《刑事诉讼法》对应当指定辩护制度作了较大范围的修改完善:首先,将"应当指定辩护人"修改为"应当通知法律援助机构指派律师为其提供辩护",即人民法院不直接指定律师提供辩护,而是通知法律援助机构指派律师为犯罪嫌疑人、被告人提供辩护。其次,将应当通知的阶段提前至侦查阶段、审查起诉阶段,从而应当通知辩护的对象不再限于被告人,对于有法定情形的犯罪嫌疑人,公安机关、人民检察院也应当通知法律援助机构指派律师为其提供辩护。最后,进一步扩大了应当通知辩护的情形,将"尚未完全丧失辨认或者控制自己行为能力的精神病人"和"可能被判处无期徒刑的人"纳入应当通知法律援助机构指派律师提供辩护的情形。2018年《刑事诉讼法》增加了缺席审判程序,并规定缺席审判案件的被告人及其近亲属没有委托辩护人的,人民法院应当通知法律援助机构指派律师为其提供辩护。《法律援助法》第25条第1款结合现行《刑事诉讼法》的规定和扩大刑事法律援助覆盖范围的现实需要,在广泛听取常委会审议意见和各有关方面意见的基础上,对应当通知辩护的范围作了较为系统的规定。

(1)未成年人。犯罪嫌疑人、被告人是未成年人,且没有委托辩护人的,人民法院、人民检察院、公安机关应当通知法律援助机构指派律师担任辩护人。未成年犯罪嫌疑人、被告人心智尚未完全成熟，相对于成年犯罪嫌疑人、被告人，可能在对刑事诉讼活动性质和后果的认知、正确表达个人意见、充分行使诉讼权利等方面，存在一定的欠缺和不足，因而有必要对其辩护权加强保护。自 1979 年《刑事诉讼法》规定指定辩护制度开始，未成年被告人即被纳入了应当指定辩护的范围，以后历次修改都将该规定予以保留并不断加以修改完善，并已将范围扩展为没有辩护人的未成年犯罪嫌疑人、被告人。

（2）视力、听力、言语残疾人。犯罪嫌疑人、被告人是视力、听力、言语残疾人，且没有委托辩护人的，人民法院、人民检察院、公安机关应当通知法律援助机构指派律师担任辩护人。我国对残疾人辩护权的保护范围不断扩大，1979 年《刑事诉讼法》规定，人民法院应当为没有委托辩护人的“聋、哑被告人”指定辩护人；1996 年《刑事诉讼法》扩展至“盲、聋、哑被告人”；2012 年《刑事诉讼法》进一步扩展至“盲、聋、哑犯罪嫌疑人和被告人”。按照一般理解，“盲”是指双目失明；“聋”是指两耳失聪；“哑”是指完全丧失语言能力。在《法律援助法（草案）》审议过程中，有的常委委员提出，达不到盲、聋、哑程度的残疾犯罪嫌疑人、被告人的诉讼行为能力也存在一定的欠缺，应当进一步加强对残疾犯罪嫌疑人、被告人诉讼权利的保护。根据上述意见，本项将“盲、聋、哑人”修改为“视力、听力、言语残疾人”，将应当通知辩护的范围作了扩大。根据国家标准《残疾人残疾分类和分级》（GB/T 26341—2010）的规定，视力残疾是指各种原因导致双眼视力低下并且不能矫正或双眼视野缩小，以致影响其日常生活和社会参与。视力残疾包括盲及低视力。听力残疾是指各种原因导致双耳不同程度的永久性听力障碍，听不到或听不清周围环境声及言语声，以致影响其日常生活和社会参与。言语残疾是指各种原因导致的不同程度的言语障碍，经治疗一年以上不愈或病程超过两年，而不能或难以进行正常的言语交流活动，以致影响其日常生活和社会参与。其包括：失语、运动性构音障碍、器质性构音障碍、发声障碍、儿童言语发育迟滞、听力障碍所致的言语障碍、口吃等。

（3）不能完全辨认自己行为的成年人。犯罪嫌疑人、被告人是不能完全辨认自己行为的成年人，且没有委托辩护人的，人民法院、人民检察院、公安机关应当通知法律援助机构指派律师担任辩护人。2012年《刑事诉讼法》修改时，考虑到尚未完全丧失辨认或者控制自己行为能力的精神病人，由于其自身缺陷，可能会造成其法律知识欠缺、对外界事物认识偏差，在庭审中对证据的识别以及辩护存在障碍，因此，将没有委托辩护人的尚未完全丧失辨认或者控制自己行为能力的精神病人，增加为应当通知辩护的情形，以加强对其辩护权的保护。在《法律援助法（草案）》审议过程中，有的常委委员提出，《民法典》已不再使用“精神病人”的表述，而是采用“不能完全辨认自己行为的成年人”替代《民法通则》中的“不能完全辨认自己行为的精神病人”，建议本项与《民法典》的规定保持一致。根据上述意见，本项将“尚未完全丧失辨认或者控制自己行为能力的精神病人”修改为“不能完全辨认自己行为的成年人”。

（4）可能被判处无期徒刑、死刑的人。犯罪嫌疑人、被告人可能被判处无期徒刑、死刑，且没有委托辩护人的，人民法院、人民检察院、公安机关应当通知法律援助机构指派律师担任辩护人。死刑是最严厉的刑罚，剥夺罪犯的生命。为严惩罪行极其严重的危害国家安全、公共安全、社会秩序和公民人身安全的犯罪，有必要适用死刑，但必须非常慎重，因为判决一旦执行，即使发现错误也难以挽回。我国在刑法修改过程中，不断减少死刑适用罪名。无期徒刑是永久剥夺罪犯自由的刑罚，属于仅次于死刑的严重刑罚，即使在刑罚执行过程中被减为有期徒刑，也会长期剥夺罪犯的人身自由。在刑事诉讼过程中,有必要充分保证上述犯罪嫌疑人、被告人充分行使辩护权。1996 年《刑事诉讼法》将“没有委托辩护人的可能被判处死刑的被告人”纳入应当指定辩护的范围;2012 年《刑事诉讼法》进一步将“没有委托辩护人的可能被判处死刑、无期徒刑的犯罪嫌疑人、被告人”纳入应当通知辩护的范围。需要说明的是,这里的“可能”被判处死刑、无期徒刑,是人民法院、人民检察院、公安机关根据案件的事实和证据情况得出的一种判断,而并非定论。这里的“死刑”包括“死刑立即执行”和“死刑缓期两年执行”。

(5)申请法律援助的死刑复核案件被告人。死刑复核案件中的被告人没有委托辩护人,向人民法院提出法律援助申请的,人民法院应当通知法律援助机构指派律师担任辩护人。死刑复核程序是对判处死刑的案件进行审查核准的特殊审判程序。为保证正确适用死刑,惩处罪行极其严重的罪犯,同时严格控制死刑,贯彻少杀、慎杀原则,统一死刑标准,防止错杀,我国《刑事诉讼法》规定了死刑复核程序。死刑复核程序牵涉是否核准对被告人的死刑判决,有必要保证死刑复核案件被告人充分行使辩护权。需要说明的是,本项通知程序的启动,不是人民法院发现死刑复核案件被告人没有委托辩护人,即应通知法律援助机构指派律师担任辩护人,还需要被告人提出法律援助申请。此外,本项与《法律援助法》第 39 条的不同之处在于,本项属于应当通知辩护的范围,没有委托辩护人的死刑复核案件被告人提出法律援助申请,人民法院即应当通知法律援助机构,法律援助机构接到通知后应当指派律师担任其辩护人。而第 39 条规定的是人民法院等向法律援助机构转交被告人法律援助申请的义务,是否指派法律援助人员提供法律援助需由法律援助机构审查决定。所以,如果没有委托辩护人的死刑复核案件被告人,就死刑复核事项提出法律援助申请的,不适用第 39 条的规定。

(6)缺席审判案件的被告人。缺席审判案件中的被告人没有委托辩护人的,人民法院应当通知法律援助机构指派律师担任辩护人。根据现行《刑事诉讼法》的规定,对贪污贿赂犯罪案件,以及需要及时进行审判,经最高人民检察院核准的严重危害国家安全犯罪、恐怖活动犯罪案件,人民法院在特定条件下可以在被告人不出庭的情况下进行开庭审判。缺席审判案件被告人不在庭,不能自行辩护,在没有委托辩护人的情况下,有必要将其纳入应当通知辩护的范围。需要说明的是,这里只针对进入审判程序的被告人,在侦查阶段和审查起诉阶段,上述案件的犯罪嫌疑人虽然在境外,但公安机关、人民检察院仅需告知其有权委托辩护人,无须通知法律援助机构指派律师担任其辩护人。

(7)法律法规规定的其他人员。本项是兜底性条款,法律、行政法规可新增应当通知辩护的情形,有条件的地方也可结合本地法律援助资源等实际情况,扩大应当通知辩护的犯罪嫌疑人、被告人范围,以更好地发挥刑事法律援助在维护司法公正和提供人权司法保障中的重要作用。

二、人民法院可以通知辩护的情形

在当前以审判为中心的诉讼制度改革的时代背景下,进一步扩大刑事法律援助覆盖范围,加强对犯罪嫌疑人、被告人辩护权等诉讼权利的保护已成为题中应有之义。2017 年以来刑事案件律师辩护全覆盖试点工作的开展,以及 2018 年《刑事诉讼法》新增速裁程序等规定,为扩大刑事法律援助覆盖范围提供了现实可能。2020 年最高人民法院发布《最高人民法院关于适用〈中华人民共和国刑事诉讼法〉的解释》,其中第 48 条规定了人民法院可以通知辩护的情形,规定:“具有下列情形之一,被告人没有委托辩护人的,人民法院可以通知法律援助机构指派律师为其提供辩护:(一)共同犯罪案件中,其他被告人已经委托辩护人的;(二)案件有重大社会影响的;(三)人民检察院抗诉的;(四)被告人的行为可能不构成犯罪的;(五)有必要指派律师提供辩护的其他情形。”《法律援助法(草案)》一审稿曾将“适用普通程序审判案件的被告人”列为应当通知辩护的范围,在草案征求意见的过程中,一些部门、地方和社会公众提出,我国各地区的法律援助资源分配不均,中西部地区法律援助资源相对欠缺,上述规定在上述地区执行困难,可操作性不强,不建议将适用普通程序审判案件的被告人全部列入应当通知辩护的范围。因此,结合我国司法改革试点的方向、现状和地方的实际情况,《法律援助法》第 25 条第 2 款将没有委托辩护人的其他适用普通程序审理的刑事案件的被告人,列入了人民法院可以通知辩护的范围。一方面扩大了刑事法律援助的覆盖面,另一方面增加了灵活性,由人民法院根据案件情况具体判断,增强了法律条文的可操作性。这里的“适用普通程序审理的刑事案件”包括人民法院适用普通程序审理的一审案件和二审案件,不包括人民法院按照简易程序、速裁程序、审判监督程序和特别程序审理的案件。

第二十六条　对可能被判处无期徒刑、死刑的人,以及死刑复核案件的被告人,法律援助机构收到人民法院、人民检察院、公安机关通知后,应当指派具有三年以上相关执业经历的律师担任辩护人。

【释义】　本条是关于为特殊犯罪嫌疑人、被告人指派的辩护人应当具备条件的规定。

可能被判处无期徒刑、死刑的犯罪嫌疑人、被告人，以及死刑复核案件的被告人面临着被永久剥夺人身自由或者生命的严重刑罚，为充分保证上述犯罪嫌疑人、被告人能够充分行使诉讼权利，《法律援助法》第25条第1款将其纳入应当通知辩护的范围，规定人民法院、人民检察院、公安机关应当通知法律援助机构指派律师担任其辩护人。上述规定保证了上述犯罪嫌疑人、被告人有辩护人为其提供辩护，解决的是有无辩护人的问题。但是，上述犯罪嫌疑人、被告人涉嫌的是极其严重的犯罪，案件事实重大且往往较为复杂，判处的刑罚又极其严厉，并非任何律师都能胜任此类重罪型案件的案件事实、罪名和量刑的辩护工作。为提高上述刑事案件辩护的有效性，保证刑事法律援助质量，有必要对法律援助机构指派的辩护律师的条件作出特别规定。2008年最高人民法院、司法部发布《关于充分保障律师依法履行辩护职责确保死刑案件办理质量的若干规定》，其中规定：法律援助机构在收到指定辩护通知书3日以内，指派具有刑事案件出庭辩护经验的律师担任死刑案件的辩护人；被指定担任死刑案件辩护人的律师，不得将案件转由律师助理办理；律师出庭辩护应当认真做好准备工作，围绕案件事实、证据、适用法律、量刑、诉讼程序等，从被告人无罪、罪轻或者减轻、免除其刑事责任等方面提出辩护意见，切实保证辩护质量，维护被告人的合法权益。2013年最高人民法院、最高人民检察院、公安部、司法部联合印发《关于刑事诉讼法律援助工作的规定》，其中，第13条第1款规定："对于可能被判处无期徒刑、死刑的案件，法律援助机构应当指派具有一定年限刑事辩护执业经历的律师担任辩护人。"

在《法律援助法(草案)》审议过程中，有的常委委员以及一些地方、高校和社会公众建议增加规定，为未成年犯罪嫌疑人、被告人，可能被判处无期徒刑、死刑的犯罪嫌疑人、被告人，死刑复核案件的被告人提供法律援助的律师应当具备3年以上的执业经历。根据上述意见并结合现有规定,《法律援助法》二审稿新增了本条规定。理解本条规定,需要注意以下三个方面。一是,对于本条规定的犯罪嫌疑人、被告人,法律援助机构只能指派律师担任辩护人,而不能指派非律师的基层法律服务工作者、法律援助志愿者等法律援助人员担任辩护人。二是,这里的"律师"指的是《律师法》规定中的律师,即依法取得律师执业证书,接受委托或者指定,为当事人提供法律服务的执业人员。三是,指派的律师必须具有3年以上的相关执业经历。这里的"相关执业经历"指的是从事刑事辩护经历;"3年"应当从取得律师执业证书并开始从事刑事辩护服务起算。对于取得律师执业证书后,不从事刑事辩护服务,或者从事刑事辩护服务不满3年的律师,不得指派其担任本条中的辩护人。

第二十七条　人民法院、人民检察院、公安机关通知法律援助机构指派律师担任辩护人时,不得限制或者损害犯罪嫌疑人、被告人委托辩护人的权利。

【释义】　本条是关于保护犯罪嫌疑人、被告人委托辩护权的规定。

在刑事诉讼中,犯罪嫌疑人、被告人的辩护权可以通过自行辩护、委托辩护和法律援助机构指派律师辩护三种方式得以实现。在上述三种辩护方式中,因为委托辩护人或是具备专业法律知识的律师,或是与犯罪嫌疑人、被告人具有一定的关系,例如,监护人、亲友担任委托辩护人的情况,容易获得犯罪嫌疑人、被告人的信赖,所以,委托辩护是犯罪嫌疑人、被告人采用最多的辩护方式。委托辩护权在犯罪嫌疑人、被告人的辩护权中具有至关重要的地位,只有在犯罪嫌疑人、被告人没有委托辩护人的情况下,法律援助机构才能指派律师为其提供辩护。因此,加强对犯罪嫌疑人、被告人委托辩护权的保护具有十分重要的意义。《刑事诉讼法》第 33 条第 1 款明确了犯罪嫌疑人、被告人享有委托辩护权,规定:"犯罪嫌疑人、被告人除自己行使辩护权以外,还可以委托一至二人作为辩护人。下列的人可以被委托为辩护人:(一)律师;(二)人民团体或者犯罪嫌疑人、被告人所在单位推荐的人;(三)犯罪嫌疑人、被告人的监护人、亲友。"为了保障犯罪嫌疑人、被告人的委托辩护权,《刑事诉讼法》第 34 条第 1~3 款对委托辩护的程序作了明确规定:"犯罪嫌疑人自被侦查机关第一次讯问或者采取强制措施之日起,有权委托辩护人;在侦查期间,只能委托律师作为辩护人。被告人有权随时委托辩护人。侦查机关在第一次讯问犯罪嫌疑人或者对犯罪嫌疑人采取强制措施的时候,应当告知犯罪嫌疑人有权委托辩护人。人民检察院自收到移送审查起诉的案件材料之日起三日以内,应当告知犯罪嫌疑人有权委托辩护人。人民法院自受理案件之日起三日以内,应当告知被告人有权委托辩护人。犯罪嫌疑人、被告人在押期间要求委托辩护人的,人民法院、人民检察院和公安机关应当及时转达其要求。犯罪嫌疑人、被告人在押的,也可以由其监护人、近亲属代为委托辩护人。"

《法律援助法》中有关对犯罪嫌疑人、被告人提供刑事法律援助的规定,无论是犯罪嫌疑人、被告人申请法律援助机构指派律师辩护,还是人民法院、人民检察院、公安机关通知法律援助机构指派律师辩护,均以犯罪嫌疑人、被告人没有委托辩护人为前提。这表明法律援助机构指派律师辩护提供的是一种兜底性的法律援助服务,这种辩护形式不能与委托辩护相冲突,更不能限制或者损害犯罪嫌疑人、被告人委托辩护的权利，否则就背离了刑事法律援助维护司法公正和提供人权司法保障的目的和初衷。在《法律援助法（草案）》审议过程中，有的常委委员、一些社会公众提出，在司法实践中，部分司法机关以通知法律援助机构指派律师为犯罪嫌疑人、被告人辩护的方式，干扰或者阻碍犯罪嫌疑人、被告人委托辩护人，对犯罪嫌疑人、被告人的辩护权造成了严重侵害。根据上述意见，《法律援助法（草案）》三次审议稿增加了本条规定，进一步明确了法律援助机构指派律师辩护与委托辩护的关系，并以禁止性规定的方式强调人民法院、人民检察院、公安机关应当保护犯罪嫌疑人、被告人委托辩护人的权利。

第二十八条　强制医疗案件的被申请人或者被告人没有委托诉讼代理人的，人民法院应当通知法律援助机构指派律师为其提供法律援助。

【释义】　本条是关于为强制医疗案件的被申请人或者被告人提供法律援助的规定。

《刑法》第 18 条第 1 款规定："精神病人在不能辨认或者不能控制自己行为的时候造成危害结果，经法定程序鉴定确认的，不负刑事责任，但是应当责令他的家属或者监护人严加看管和医疗；在必要的时候，由政府强制医疗。"《刑事诉讼法》第 302 条规定："实施暴力行为，危害公共安全或者严重危害公民人身安全，经法定程序鉴定依法不负刑事责任的精神病人，有继续危害社会可能的，可以予以强制医疗。"根据上述规定，强制医疗案件中的被申请人或者被告人属于"经法定程序鉴定依法不负刑事责任的精神病人"，没有相应的诉讼行为能力，无法正确表达意见，如果没有诉讼代理人提供代理服务,被申请人或者被告人的诉讼权利难以得到保护。因此,《刑事诉讼法》第 304 条规定:“人民法院受理强制医疗的申请后,应当组成合议庭进行审理。人民法院审理强制医疗案件,应当通知被申请人或者被告人的法定代理人到场。被申请人或者被告人没有委托诉讼代理人的,人民法院应当通知法律援助机构指派律师为其提供法律帮助。”本条从加强对强制医疗案件的被申请人、被告人诉讼权利的保障和对刑事法律援助在《法律援助法》中作出系统性规定的目的出发,对《刑事诉讼法》第 304 条第 2 款规定再次作了规定和强调。

理解本条的规定,需要注意以下五个方面:一是,由于被申请人、被告人是无民事行为能力人,自己无法委托诉讼代理人,需要由其法定代理人代为委托,因此这里的“没有委托诉讼代理人”包括“其法定代理人没有代为委托诉讼代理人”。二是,根据《刑事诉讼法》第 47 条的规定,委托诉讼代理人参照委托辩护人的规定执行。因此,被申请人或者被告人可以委托一至二人作为诉讼代理人。可以被委托为诉讼代理人的范围包括:律师;人民团体或者被申请人、被告人所在单位推荐的人;被申请人、被告人的监护人、亲友。三是,通知义务主体的只限于人民法院,法律援助机构指派律师提供法律援助的阶段仅限于开庭审理阶段。虽然强制医疗程序包括公安机关在侦查阶段发现精神病人符合强制医疗条件的,应当移送人民检察院,也包括人民检察院对于公安机关移送的或者在审查起诉过程中发现的精神病人符合强制医疗条件的,应当向人民法院提出强制医疗的申请,但是公安机关没有义务在侦查阶段、人民检察院没有义务在审查起诉阶段通知法律援助机构指派律师为被申请人提供法律援助。四是,根据《法律援助法》第 36 条的规定,人民法院发现强制医疗案件的被申请人、被告人没有委托诉讼代理人的,应当在 3 日内通知法律援助机构指派律师，法律援助机构收到通知后应当在3日内指派律师并通知人民法院。五是，法律援助机构只能指派律师为被申请人或者被告人提供法律援助，而不能指派非律师的基层法律服务工作者或者法律援助志愿者提供法律援助，也不能安排本机构的工作人员为被申请人或者被告人提供法律援助。

第二十九条　刑事公诉案件的被害人及其法定代理人或者近亲属，刑事自诉案件的自诉人及其法定代理人，刑事附带民事诉讼案件的原告人及其法定代理人，因经济困难没有委托诉讼代理人的，可以向法律援助机构申请法律援助。

【释义】　本条是关于刑事案件的被害人、自诉人，附带民事诉讼案件的原告人等申请法律援助的规定。

在刑事诉讼中，犯罪嫌疑人、被告人享有辩护权，可以自行辩护、委托辩护或者由法律援助机构指派律师提供辩护。为维护被害人、自诉人、附带民事诉讼的原告人的诉讼权利和其他合法权益，《刑事诉讼法》第46条第1款规定："公诉案件的被害人及其法定代理人或者近亲属，附带民事诉讼的当事人及其法定代理人，自案件移送审查起诉之日起，有权委托诉讼代理人。自诉案件的自诉人及其法定代理人，附带民事诉讼的当事人及其法定代理人，有权随时委托诉讼代理人。"但不同于犯罪嫌疑人、被告人，《刑事诉讼法》没有规定被害人、自诉人、附带民事诉讼的原告人可申请法律援助，也没有规定人民法院、人民检察院、公安机关应当或者可以通知法律援助机构指派或者安排法律援助人员为上述人员提供法律援助。被害人、自诉人、附带民事诉讼的原告人是刑事案件中人身、财产受到侵害的一方，其参加诉讼活动同样需要得到专业人员的法律帮助，但在法律实践中，部分被害人、自诉人、附带民事诉讼的原告人由于经济困难而无力委托诉讼代理人，造成其诉讼权利和其他合法权益难以得到保障。因此，应当扩大刑事法律援助的覆盖面，将经济困难的被害人、自诉人、附带民事诉讼的原告人纳入刑事法律援助的范围，允许其向法律援助机构申请法律援助。2013 年最高人民法院、最高人民检察院、公安部、司法部联合印发《关于刑事诉讼法律援助工作的规定》，其中，第 3 条规定："公诉案件中的被害人及其法定代理人或者近亲属，自诉案件中的自诉人及其法定代理人，因经济困难没有委托诉讼代理人的，可以向办理案件的人民检察院、人民法院所在地同级司法行政机关所属法律援助机构申请法律援助。"

根据本条规定，下列人员因经济困难没有委托诉讼代理人的，可以向法律援助机构申请法律援助：

1. 刑事公诉案件的被害人及其法定代理人或者近亲属

刑事公诉案件是指人民检察院向人民法院提起诉讼的刑事案件。这里规定法定代理人有权申请法律援助，是考虑到一些被害人是未成年人或者无民事行为能力人，他们的诉讼权利需要由其法定代理人代为行使。这里规定被害人的近亲属有权申请法律援助，主要是考虑有些刑事公诉案件造成被害人死亡，在这种情况下可由其近亲属委托诉讼代理人参加诉讼。需要说明的是，关于刑事公诉案件的被害人及其法定代理人或者近亲属可以申请法律援助的时间，本条未作明确规定，一般应与《刑事诉讼法》第 46 条规定的上述人员有权委托诉讼代理人的时间保持一致，即公诉案件自案件移送审查起诉之日起，被害人及其法定代理人或者近亲属可以向法律援助机构申请法律援助。关于被害人及其法定代理人或者近亲属的权利保障，《关于刑事诉讼法律援助工作的规定》第 5 条第 2 款规定，人民检察院自收到移送审查起诉的案件材料之日起3日内,应当告知被害人及其法定代理人或者近亲属有权委托诉讼代理人,并告知其如果经济困难,可以向法律援助机构申请法律援助。

2. 刑事自诉案件的自诉人及其法定代理人

根据《刑事诉讼法》第210条的规定,自诉案件包括下列案件:(1)告诉才处理的案件;(2)被害人有证据证明的轻微刑事案件;(3)被害人有证据证明对被告人侵犯自己人身、财产权利的行为应当依法追究刑事责任,而公安机关或者人民检察院不予追究被告人刑事责任的案件。对于"告诉才处理的案件",根据《刑法》的规定,包括侮辱、诽谤案件,暴力干涉婚姻自由案件,虐待案件,侵占案件。对于"轻微刑事案件",根据2021年公布施行的《最高人民法院关于适用〈中华人民共和国刑事诉讼法〉的解释》的规定,包括:故意伤害案(轻伤);非法侵入住宅案;侵犯通信自由案;重婚案;遗弃案;生产、销售伪劣商品案(严重危害社会秩序和国家利益的除外);侵犯知识产权案(严重危害社会秩序和国家利益的除外);以及《刑法》分则第4章、第5章规定的,可能判处3年有期徒刑以下刑罚的案件。关于自诉人及其法定代理人的权利保障,《关于刑事诉讼法律援助工作的规定》第5条第3款规定,人民法院自受理案件之日起3日内,应当告知自诉人及其法定代理人有权委托诉讼代理人,并告知其如果经济困难,可以向法律援助机构申请法律援助。《最高人民法院关于适用〈中华人民共和国刑事诉讼法〉的解释》第62条规定:"人民法院自受理自诉案件之日起三日以内,应当告知自诉人及其法定代理人、附带民事诉讼当事人及其法定代理人,有权委托诉讼代理人,并告知其如果经济困难,可以申请法律援助。"

3. 刑事附带民事诉讼的原告人及其法定代理人

《刑事诉讼法》第101条第1款规定:"被害人由于被告人的

犯罪行为而遭受物质损失的,在刑事诉讼过程中,有权提起附带民事诉讼。被害人死亡或者丧失行为能力的,被害人的法定代理人、近亲属有权提起附带民事诉讼。”根据上述规定,刑事附带民事诉讼的原告人一般为被害人;被害人死亡或者丧失行为能力的,被害人的法定代理人、近亲属可以作为原告人提起附带民事诉讼。

第三十条　值班律师应当依法为没有辩护人的犯罪嫌疑人、被告人提供法律咨询、程序选择建议、申请变更强制措施、对案件处理提出意见等法律帮助。

【释义】 本条是关于值班律师提供法律帮助的规定。

为了提高刑事诉讼中律师的参与程度,以更好保障犯罪嫌疑人、被告人依法享有的诉讼权利,2014 年中央深化体制改革领导小组正式将法律援助值班律师制度纳入国家司法体制改革的框架之中。此后,最高人民法院、最高人民检察院、公安部、国家安全部、司法部于 2016 年 11 月印发《关于在部分地区开展刑事案件认罪认罚从宽制度试点工作的办法》,2017 年 8 月印发《关于开展法律援助值班律师工作的意见》。上述文件明确规定,犯罪嫌疑人、被告人自愿认罪认罚,没有辩护人的,人民法院、人民检察院、公安机关应当通知值班律师为其提供法律咨询、程序选择、申请变更强制措施等法律帮助。2018 年《刑事诉讼法》在总结值班律师工作经验,并合理借鉴外国做法的基础上,将值班律师制度上升为法律规定。其第 36 条第 1 款明确规定,犯罪嫌疑人、被告人没有委托辩护人,法律援助机构没有指派律师为其提供辩护的,由值班律师为犯罪嫌疑人、被告人提供法律咨询、程序选择建议、申请变更强制措施、对案件处理提出意见等法律帮助。2020年8月最高人民法院、最高人民检察院、公安部、国家安全部、司法部联合印发《法律援助值班律师工作办法》,对值班律师的工作职责作了系统性规定。其中,第6条规定:“值班律师依法提供以下法律帮助:(一)提供法律咨询;(二)提供程序选择建议;(三)帮助犯罪嫌疑人、被告人申请变更强制措施;(四)对案件处理提出意见;(五)帮助犯罪嫌疑人、被告人及其近亲属申请法律援助;(六)法律法规规定的其他事项。值班律师在认罪认罚案件中,还应当提供以下法律帮助:(一)向犯罪嫌疑人、被告人释明认罪认罚的性质和法律规定;(二)对人民检察院指控罪名、量刑建议、诉讼程序适用等事项提出意见;(三)犯罪嫌疑人签署认罪认罚具结书时在场。值班律师办理案件时,可以应犯罪嫌疑人、被告人的约见进行会见,也可以经办案机关允许主动会见;自人民检察院对案件审查起诉之日起可以查阅案卷材料、了解案情。”

为在《法律援助法》中对刑事法律援助作出完整系统的规定,本条对值班律师的工作职责作了原则性规定。这里的“没有辩护人”指的是犯罪嫌疑人、被告人“没有委托辩护人,法律援助机构也没有指派律师为其提供辩护”。值班律师的工作职责,是为犯罪嫌疑人、被告人提供法律咨询、程序选择建议、申请变更强制措施、对案件处理提出意见等法律帮助。具体而言:

一、提供法律咨询

这是指值班律师解答犯罪嫌疑人、被告人的法律问题,介绍《刑法》和《刑事诉讼法》等法律规定,使犯罪嫌疑人、被告人正确理解自己涉嫌犯罪的性质和法律后果,并清楚有关的诉讼程序。《法律援助值班律师工作办法》第7条第1款规定:“值班律师提供法律咨询时,应当告知犯罪嫌疑人、被告人有关法律帮助的相关规定，结合案件所在的诉讼阶段解释相关诉讼权利和程序规定，解答犯罪嫌疑人、被告人咨询的法律问题。”第 3 款规定：“值班律师提供法律咨询的，应当记录犯罪嫌疑人、被告人涉嫌的罪名、咨询的法律问题、提供的法律解答。”

二、提供程序选择建议

这是指对于采取何种诉讼程序处理案件，值班律师在向犯罪嫌疑人、被告人说明程序的法律规定和法律结果的基础上，向犯罪嫌疑人、被告人提出选择意见。例如，根据《刑事诉讼法》规定的认罪认罚从宽制度，对于犯罪嫌疑人认罪认罚的案件，有的是可以采取速裁程序进行审理的，这样既可以尽快结束诉讼，也可以使被告人获得尽量对其有利的处理结果。在人民检察院、人民法院提出适用速裁程序审理时，值班律师就可以建议犯罪嫌疑人、被告人同意适用速裁程序。《法律援助值班律师工作办法》第 7 条第 2 款规定：“犯罪嫌疑人、被告人认罪认罚的，值班律师应当了解犯罪嫌疑人、被告人对被指控的犯罪事实和罪名是否有异议，告知被指控罪名的法定量刑幅度，释明从宽从重处罚的情节以及认罪认罚的从宽幅度，并结合案件情况提供程序选择建议。”

三、申请变更强制措施

这是指犯罪嫌疑人被采取强制措施的，值班律师可以为其向有关司法机关申请予以变更。例如，犯罪嫌疑人被拘留、逮捕的，值班律师可以申请将拘留、逮捕变更为取保候审、监视居住；犯罪嫌疑人被监视居住的，值班律师可以申请将监视居住变更为取保候审等。《法律援助值班律师工作办法》第 9 条规定：“犯罪嫌疑人、被告人提出申请羁押必要性审查的，值班律师应当告知其取保候审、监视居住、逮捕等强制措施的适用条件和相关法律规定、人民检察院进行羁押必要性审查的程序；犯罪嫌疑人、被告人已经被逮捕的，值班律师可以帮助其向人民检察院提出羁押必要性审查申请，并协助提供相关材料。”

四、对案件处理提出意见

其包括对犯罪嫌疑人、被告人如何进行刑事诉讼，在诉讼中如何供述等程序问题提出意见，也包括对是否构成犯罪，是否有自首、立功、坦白等情节，人民检察院的量刑建议中的主刑、附加刑以及是否适用缓刑等问题，为犯罪嫌疑人、被告人向人民法院、人民检察院、公安机关提出处理意见。《法律援助值班律师工作办法》第 8 条第 1 款规定：“在审查起诉阶段，犯罪嫌疑人认罪认罚的，值班律师可以就以下事项向人民检察院提出意见：（一）涉嫌的犯罪事实、指控罪名及适用的法律规定；（二）从轻、减轻或者免除处罚等从宽处罚的建议；（三）认罪认罚后案件审理适用的程序；（四）其他需要提出意见的事项。”

此外，对“等法律帮助”中的“等”，应作“等外”理解。随着法律援助值班律师制度逐渐发展和完善，应当允许值班律师依照法律法规为犯罪嫌疑人、被告人提供形式更为丰富的法律帮助服务。《法律援助值班律师工作办法》对于值班律师的工作职责也作了兜底性规定，即“法律法规规定的其他事项”。

第三十一条　下列事项的当事人，因经济困难没有委托代理人的，可以向法律援助机构申请法律援助：

（一）依法请求国家赔偿；

（二）请求给予社会保险待遇或者社会救助；

（三）请求发给抚恤金；

（四）请求给付赡养费、抚养费、扶养费；

（五）请求确认劳动关系或者支付劳动报酬；

（六）请求认定公民无民事行为能力或者限制民事行为能力；

（七）请求工伤事故、交通事故、食品药品安全事故、医疗事故人身损害赔偿；

（八）请求环境污染、生态破坏损害赔偿；

（九）法律、法规、规章规定的其他情形。

【释义】 本条是民事和行政法律援助事项范围的规定。

一、申请法律援助的条件

根据本法第 2 条的规定，法律援助是国家建立的为经济困难公民和符合法定条件的其他当事人无偿提供法律咨询、代理、刑事辩护等法律服务的制度。申请法律援助主要可以分为两种情形：一是因为经济困难而依法享受法律援助服务；二是符合法律规定的特定条件，无论是否经济困难，均可享受法律援助服务。这两类适用的事项范围不同，本条规定的是经济困难的当事人申请法律援助的事项范围。

依据本条规定申请法律援助，应当具备三个条件：

第一，经济困难。法律援助的主要目的是让经济困难的当事人可以享受到相关法律服务，因此，通常情况下申请人经济困难是一个基本条件。

第二，没有委托代理人。诉讼、仲裁等活动专业性比较强，当事人通过委托代理人可以更充分地保障自己的合法权益。法律援助就是通过为符合条件的当事人提供专业的法律服务，有效保障其合法权益。如果当事人自己已经委托了代理人,就没有必要再给予其法律援助。因此,没有委托代理人,是享受法律援助服务的一个条件。

第三,具体事项类型符合法定的范围。《法律援助条例》第10条第1款规定,公民对下列需要代理的事项,因经济困难没有委托代理人的,可以向法律援助机构申请法律援助:(1)依法请求国家赔偿的;(2)请求给予社会保险待遇或者最低生活保障待遇的;(3)请求发给抚恤金、救济金的;(4)请求给付赡养费、抚养费、扶养费的;(5)请求支付劳动报酬的;(6)主张因见义勇为行为产生的民事权益的。中共中央办公厅、国务院办公厅《关于完善法律援助制度的意见》提出,各省(自治区、直辖市)要在《法律援助条例》规定的经济困难公民请求国家赔偿,给予社会保险待遇或者最低生活保障待遇,发给抚恤金、救济金,给付赡养费、抚养费、扶养费,支付劳动报酬等法律援助范围的基础上,逐步将涉及劳动保障、婚姻家庭、食品药品、教育医疗等与民生紧密相关的事项纳入法律援助补充事项范围,帮助困难群众运用法律手段解决基本生产生活方面的问题。《法律援助法》在《法律援助条例》的基础上,根据法律援助工作情况和实践需要,适当扩大了因经济困难可以申请法律援助的事项范围,还规定了不受经济困难限制可以申请法律援助事项。

在事项范围的确定上,近年来国家不断加大力度推动法律援助发展、扩大法律援助事项范围,主要侧重于解决关系到人民群众基本生产生活方面的问题,保障人民群众最基本的权利。需要注意的是,本条规定的法律援助事项,既包括诉讼案件,也包括行政复议、仲裁等非诉讼案件。

二、依法请求国家赔偿

国家机关和国家机关工作人员行使职权侵犯公民、法人和其他组织合法权益，造成损害的，受害人有依法取得国家赔偿的权利。

国家赔偿包括行政赔偿和司法赔偿。行政机关及其工作人员在行使行政职权时，有下列侵犯人身权情形之一的，受害人有取得赔偿的权利：(1)违法拘留或者违法采取限制公民人身自由的行政强制措施；(2)非法拘禁或者以其他方法非法剥夺公民人身自由；(3)以殴打、虐待等行为或者唆使、放纵他人以殴打、虐待等行为造成公民身体伤害或者死亡的；(4)违法使用武器、警械造成公民身体伤害或者死亡的；(5)造成公民身体伤害或者死亡的其他违法行为。在行使行政职权时有下列侵犯财产权情形之一的，受害人有取得赔偿的权利：(1)违法实施罚款、吊销许可证和执照、责令停产停业、没收财物等行政处罚的；(2)违法对财产采取查封、扣押、冻结等行政强制措施的；(3)违法征收、征用财产的；(4)造成财产损害的其他违法行为。

行使侦查、检察、审判职权的机关以及看守所、监狱管理机关及其工作人员在行使职权时有下列侵犯人身权情形之一的，受害人有取得赔偿的权利：(1)违反《刑事诉讼法》的规定对公民采取拘留措施的，或者依照《刑事诉讼法》规定的条件和程序对公民采取拘留措施，但是拘留时间超过《刑事诉讼法》规定的时限，其后决定撤销案件、不起诉或者判决宣告无罪终止追究刑事责任；(2)对公民采取逮捕措施后，决定撤销案件、不起诉或者判决宣告无罪终止追究刑事责任；(3)依照审判监督程序再审改判无罪，原判刑罚已经执行；(4)刑讯逼供或者以殴打、虐待等行为或者唆使、放纵他人以殴打、虐待等行为造成公民身体伤害或者死亡；

（5）违法使用武器、警械造成公民身体伤害或者死亡的。在行使职权时有下列侵犯财产权情形之一的，受害人有取得赔偿的权利：（1）违法对财产采取查封、扣押、冻结、追缴等措施；（2）依照审判监督程序再审改判无罪，原判罚金、没收财产已经执行。

《国家赔偿法》规定了能够请求国家赔偿的途径，包括向赔偿义务机关提出、申请复议、提起诉讼等，在这些程序中，当事人可依法申请法律援助。

三、请求给予社会保险待遇或者社会救助

社会保险待遇是指参加社会保险的个人，在符合法定条件时要求社会保险经办机构给付的相关费用等待遇。社会保险待遇包括基本养老保险、基本医疗保险、工伤保险、失业保险和生育保险等领域的保险待遇。社会保险待遇由社会保险经办机构负责支付，社会保险经办机构应当按时足额支付社会保险待遇。个人对社会保险经办机构不依法支付社会保险待遇的行为，可以依法申请行政复议或者提起行政诉讼。

社会救助是指国家对生活困难等人员给予的相关帮助，以保障其基本生活。社会救助包括最低生活保障、特困人员供养、受灾人员救助、医疗救助、教育救助、住房救助、就业救助、临时救助等。各类救助适用对象、条件、标准等存在差异。申请或者已获得社会救助的家庭或者人员，对社会救助管理部门作出的具体行政行为不服的，可以依法申请行政复议或者提起行政诉讼。

社会保险待遇或者社会救助关系到人民群众的基本生活保障，本法将请求给予社会保险待遇或者社会救助的事项纳入法律援助范围。

四、请求发给抚恤金

抚恤金分为以下三种：一是与军人、退役军人等有关的抚恤金。《兵役法》规定，军人因战、因公、因病致残的，享受国家规定的残疾抚恤金。军人牺牲、病故，国家按照规定发给其遗属抚恤金。《军人地位和权益保障法》《退役军人保障法》规定了相关抚恤金制度。二是与社会保险有关的抚恤金。例如，根据《社会保险法》的规定，失业人员在领取失业保险金期间死亡的，向其遗属发给抚恤金。参加基本养老保险的个人，因病或者非因工死亡的，其遗属可以领取抚恤金。因工死亡的，其遗属领取供养亲属抚恤金。三是国家机关工作人员及离退休人员的抚恤金。

根据《行政复议法》《行政诉讼法》的规定，公民、法人或者其他组织要求行政机关依法发放抚恤金的，可以提起行政复议或者行政诉讼。抚恤金关系到有关人员的基本生活，本法将请求发给抚恤金的事项纳入法律援助范围。

五、请求给付赡养费、抚养费、扶养费

《民法典》对赡养费、抚养费、扶养费问题作了规定。父母不履行抚养义务的，未成年子女或者不能独立生活的成年子女，有要求父母给付抚养费的权利。成年子女不履行赡养义务的，缺乏劳动能力或者生活困难的父母，有要求成年子女给付赡养费的权利。夫妻有相互扶养的义务，需要扶养的一方，在另一方不履行扶养义务时，有要求其给付扶养费的权利。依法负担被监护人抚养费、赡养费、扶养费的父母、子女、配偶等，被人民法院撤销监护人资格后，应当继续履行负担的义务。

赡养费、抚养费、扶养费关系到老年人、未成年人和妇女等人员的基本生活，本法将请求给付赡养费、抚养费、扶养费的事项纳

入法律援助范围。

六、请求确认劳动关系或者支付劳动报酬

请求确认劳动关系是劳动者请求仲裁机构、人民法院等确认其与用人单位之间存在劳动关系。《劳动合同法》对劳动关系建立的方式和时间等问题作了规定。实践中，由于签订书面劳动合同等环节不规范等，对是否存在劳动关系经常存在争议。劳动关系的成立是劳动者合法权益的基础，劳动者为了维护自身合法权益，需要请求确认劳动关系。获取劳动报酬是劳动者的重要权利，《劳动法》《劳动合同法》都对此作了明确规定，用人单位应当按照劳动合同约定和国家规定，向劳动者及时足额支付劳动报酬。

根据《劳动争议调解仲裁法》的规定，发生劳动争议，当事人不愿协商、协商不成或者达成和解协议后不履行的，可以向调解组织申请调解；不愿调解、调解不成或者达成调解协议后不履行的，可以向劳动争议仲裁委员会申请仲裁；对仲裁裁决不服的，除《劳动争议调解仲裁法》另有规定的外，可以向人民法院提起诉讼。

请求确认劳动关系或者支付劳动报酬，是劳动者的重要权益，本法将其纳入法律援助事项范围。

七、请求认定公民无民事行为能力或者限制民事行为能力

《民法典》对无民事行为能力人或者限制民事行为能力人的范围作了界定。认定行为能力的案件，分为两类：一是申请将一个人认定为限制民事行为能力人或者无民事行为能力人。根据《民法典》的规定，对于不能辨认或者不能完全辨认自己行为的成年人，其利害关系人或者有关组织，可以向人民法院提出申请。

二是将已经被认定为无民事行为能力的人，申请认定为限制民事行为能力人或者完全民事行为能力人；将已经被认定为限制民事行为能力的人，申请认定为完全民事行为能力人。在这些案件中，本人、利害关系人或者有关组织可以提出申请。

考虑到该类案件中被申请认定的人具有特殊性，出于对其保护，将这类案件纳入法律援助范围，依法为其提供法律援助。

八、请求工伤事故、交通事故、食品药品安全事故、医疗事故人身损害赔偿

工伤事故、交通事故、食品药品安全事故、医疗事故是现实生活中比较多发的几类事故，造成人身损害的，涉及受害人的医疗费、误工费等方面的赔偿，通常关系到受害人的基本生活，且有的问题专业性强，为了更好地保障受害人的合法权益，本法将这些案件纳入法律援助事项范围。

九、请求环境污染、生态破坏损害赔偿

环境污染主要是指向环境排放物质等超出了环境自净能力导致的环境质量降低，包括水污染、大气污染、噪声污染、固体废弃物污染等。生态破坏是指对自然资源的不合理利用等行为导致对生态平衡等的破坏。

环境污染、生态破坏会对人民群众生产生活造成较大影响、对身心健康造成侵害，党和国家将生态文明建设作为统筹推进“五位一体”总体布局和协调推进“四个全面”战略布局的重要内容。将请求环境污染、生态破坏损害赔偿的案件纳入法律援助事项范围，是贯彻落实中央加强生态文明建设的精神，切实保障人民群众合法权益的体现。

十、其他情形

《法律援助法》针对当前法律援助资源、法律援助需求等情况,确定了一些基本的事项范围。除了《法律援助法》规定的事项范围外,其他法律、法规、规章也可以根据实际情况,在《法律援助法》规定的事项范围外规定其他事项类型,这也符合中央文件关于扩大法律援助事项范围的精神,有利于保障人民群众合法权益。《法律援助条例》也规定,省、自治区、直辖市人民政府可以对前款规定以外的法律援助事项作出补充规定。一些地方结合当地实际,在国家规定的法律援助案件范围之外作了一些规定。例如,《广西壮族自治区法律援助条例》规定,因使用假劣种子、农药、化肥受到损害请求赔偿或者补偿的,经济困难的公民可以申请法律援助。《宁夏回族自治区法律援助条例》规定,请求赔偿因使用伪劣化肥、农药、种子、农用地膜、农机具等造成种植业、养殖业损失和其他损失的案件,因生态移民合法权益受到侵害的案件,因征地拆迁、土地承包经营权流转导致农民合法权益受到侵害的案件,均可申请法律援助。

此外,有关部门还出台规范性文件,对法律援助案件作了特殊规定。例如,我国使用中央专项彩票公益金,开展针对农民工、残疾人、老年人、妇女家庭权益保障和未成年人法律援助的项目。根据财政部、司法部《中央专项彩票公益金法律援助项目实施与管理办法》的规定,这类项目的法律援助事项范围比较特别,包括民事案件、刑事案件、执行案件等。民事案件包括:生命权、健康权、身体权纠纷,婚姻家庭纠纷,抚养、赡养纠纷,收养关系纠纷,继承纠纷,产品质量损害赔偿纠纷,高度危险作业损害赔偿纠纷,环境污染侵权纠纷,地面、公共场所施工损害赔偿纠纷,建筑物、搁置物、悬挂物塌落损害赔偿纠纷,劳动争议、劳动合同纠纷,社会保险纠纷，消费者权益纠纷，因购买、使用种子、农药、化肥等农业生产资料而产生的纠纷、土地承包经营权纠纷等涉农纠纷。刑事案件包括：农民工、残疾人（盲、聋、哑除外）、老年人、妇女作为犯罪嫌疑人、被告人的刑事案件，农民工、残疾人、老年人、妇女、未成年人作为刑事被害人的刑事案件。

第三十二条　有下列情形之一，当事人申请法律援助的，不受经济困难条件的限制：

（一）英雄烈士近亲属为维护英雄烈士的人格权益；

（二）因见义勇为行为主张相关民事权益；

（三）再审改判无罪请求国家赔偿；

（四）遭受虐待、遗弃或者家庭暴力的受害人主张相关权益；

（五）法律、法规、规章规定的其他情形。

【释义】　本条是关于不受申请人经济困难条件限制的法律援助案件范围的规定。

一、英雄烈士近亲属为维护英雄烈士的人格权益

通常情况下，当事人申请法律援助需要以经济困难为条件，但有的案件当事人本身就需要给予特殊保护，或者案件涉及维护社会公共利益和弘扬社会主义核心价值观，无论当事人是否经济困难，国家都给予其法律援助。其中，英雄烈士为国家、人民和民族作出了牺牲和贡献，英雄烈士事迹和精神是中华民族的共同历史记忆和社会主义核心价值观的重要体现。《英雄烈士保护法》规定，对侵害英雄烈士的姓名、肖像、名誉、荣誉的行为，英雄烈士的近亲属可以依法向人民法院提起诉讼，法律援助机构应当依法提供法律援助服务。《法律援助法》本条和《英雄烈士保护法》作了衔接,将英雄烈士近亲属为维护英雄烈士的人格权益作为不受经济困难条件限制的法律援助案件。

二、因见义勇为行为主张相关民事权益

见义勇为既是中华民族的传统美德,也是社会主义核心价值体系的重要组成部分,对发展社会主义先进文化、构建和谐社会具有积极促进作用。见义勇为人员实施见义勇为行为,其人身或者财产权益可能遭到侵害。见义勇为人员因实施见义勇为行为导致自身权益受到侵害,主张损害赔偿等民事权益的,根据本法规定,申请法律援助时不受经济困难条件的限制。这对传承中华民族传统美德、弘扬社会主义核心价值观具有重要意义。

三、再审改判无罪请求国家赔偿

根据《国家赔偿法》第 17、18 条的规定,依照审判监督程序再审改判无罪,原判刑罚已经执行或者原判罚金、没收财产已经执行的,受害人有取得国家赔偿的权利。

《法律援助法》本条规定,再审改判无罪的当事人请求国家赔偿的,不受经济困难条件限制,给予其法律援助,有利于帮助其更好地维护自身合法权益,恢复正常的社会生活。

四、遭受虐待、遗弃或者家庭暴力的受害人主张相关权益

《民法典》《未成年人保护法》《老年人权益保障法》《妇女权益保障法》《残疾人保障法》《精神卫生法》《刑法》等许多法律规定了禁止虐待、遗弃。

关于虐待主要有两类:一是关于家庭成员之间的虐待。《民法典》规定禁止家庭成员间的虐待。《刑法》规定,虐待家庭成员,

情节恶劣的,处2年以下有期徒刑、拘役或者管制。二是未成年人、老年人、精神病人、残疾人等特殊群体的照护机构,对被照护者的虐待。《刑法》规定了虐待被监护、看护人罪,即对未成年人、老年人、患病的人、残疾人等负有监护、看护职责的人虐待被监护、看护的人,情节恶劣的,处3年以下有期徒刑或者拘役。遗弃是指对于年老、年幼、患病或者其他没有独立生活能力的人,负有扶养义务而拒绝扶养的行为。

根据《反家庭暴力法》的规定,家庭暴力是指家庭成员之间以殴打、捆绑、残害、限制人身自由以及经常性谩骂、恐吓等方式实施的身体、精神等侵害行为。家庭成员以外共同生活的人之间实施的暴力行为,也可适用《反家庭暴力法》的规定进行处理。

本条规定的遭受虐待、遗弃或者家庭暴力的受害人主张相关权益,是指针对虐待、遗弃或者家庭暴力行为而维护自身合法权益,这类案件既包括主张民事损害赔偿的案件,也包括受害人依法提起自诉的刑事案件。

遭受虐待、遗弃或者家庭暴力的受害人,通常都是自我保护能力弱的特殊群体,这些人员主张相关权益,为其提供法律援助时不设定经济困难这一条件限制,体现了对特殊群体的关心和特别保护。

五、其他情形

除了本法规定的不受经济困难条件限制的案件以外,其他法律、法规、规章也可以根据实际情况,规定不受经济困难条件限制的其他案件范围,以更好地维护人民群众合法权益。例如,《北京市法律援助条例》规定,农民工因请求支付劳动报酬或者工伤赔偿申请法律援助的,不受经济困难条件的限制。《宁夏回族自治区法律援助条例》规定,农民工请求支付劳动报酬、工伤赔偿以及解决劳动保障、社会保险、劳动合同纠纷,义务兵、供给制学员及军属,执行作战、重大非战争军事行动任务的军人及军属,烈士、因公牺牲军人、病故军人的遗属申请法律援助的,无须证明经济困难。

第三十三条　当事人不服司法机关生效裁判或者决定提出申诉或者申请再审,人民法院决定、裁定再审或者人民检察院提出抗诉,因经济困难没有委托辩护人或者诉讼代理人的,本人及其近亲属可以向法律援助机构申请法律援助。

【释义】　本条是关于再审案件法律援助的规定。

一、将再审案件纳入法律援助案件范围

再审案件是指对已经发生法律效力的人民法院的判决、裁定等法律文书,依照法定程序由人民法院进行重新审理的案件。再审案件包括民事、行政、刑事等方面的案件。通常情况下,法律援助针对的诉讼案件主要是一审、二审等程序的案件。随着法律援助工作的发展,为了更好地保障人民群众的合法权益,强调逐步将再审案件纳入法律援助范围。

《关于完善法律援助制度的意见》规定,探索建立法律援助参与申诉案件代理制度,开展试点,逐步将不服司法机关生效民事和行政裁判、决定,聘不起律师的申诉人纳入法律援助范围。开展试点,逐步开展为不服司法机关生效刑事裁判、决定的经济困难申诉人提供法律援助的工作。

《法律援助法》贯彻落实中央精神,总结相关实践经验,根据目前法律援助工作实际情况,规定了特定情况下再审案件当事人可以申请法律援助。

二、适用法律援助的再审案件类型

根据《法律援助法》本条规定,适用法律援助的再审案件是指当事人不服司法机关生效裁判或者决定提出申诉或者申请再审,人民法院决定、裁定再审或者人民检察院提出抗诉的再审案件。可以从以下几方面理解该规定:

第一,与本章其他条文相比,本条是从审判程序角度对案件作的规定,而不是从案件诉求内容角度作的规定。因此,本条规定的再审案件涵盖了民事、行政、刑事等各领域的再审案件。在草案审议过程中,有的意见建议,参照本法第25、31条的规定,对再审案件的具体类型作出限定。考虑到再审案件本身数量相对较少,从更广泛保障个人合法权益的角度出发,本法没有对具体案件类型再做限制。

第二,根据《民事诉讼法》《行政诉讼法》《刑事诉讼法》的规定,再审案件的启动分为三种情形。一是由当事人向人民法院申请再审、人民法院决定再审;或者当事人向人民检察院申请抗诉,人民检察院提出抗诉,人民法院进行再审。二是人民法院自己发现需要再审的情形的,依法启动再审程序。三是人民检察院主动提起抗诉,人民法院依法进行再审。

本条是对第一种情形作的规定,指的是人民法院根据当事人的申请决定、裁定再审,以及人民检察院根据当事人的申请提出抗诉,人民法院根据该抗诉依法决定再审的案件。对人民法院主动再审以及人民检察院主动抗诉的案件没有作规定。

第三,当事人申请法律援助的阶段,是指在人民法院决定、裁定再审或者人民检察院提出抗诉之后。《最高人民法院、最高人民检察院、司法部关于逐步实行律师代理申诉制度的意见》规定,当事人对人民法院、人民检察院作出的生效裁判、决定不服，提出申诉的，可以自行委托律师；人民法院、人民检察院可以引导申诉人、被申诉人委托律师代为进行。申诉人因经济困难没有委托律师的，可以向法律援助机构提出申请。《法律援助法（草案）》一审稿第 23 条也曾规定："公民不服司法机关生效裁判或者决定提起申诉或者申请再审，因经济困难没有委托代理人的，可以向法律援助机构申请法律援助。"根据上述意见和草案一审稿的规定，当事人在提出申诉或申请再审阶段就可以申请法律援助。考虑到申诉的门槛较低，如果在法律上规定对所有的申诉都提供法律援助，可能会由于法律援助资源不足而难以落实，因此对草案一审稿作了修改，规定当事人提出申诉后，人民法院决定、裁定再审或者人民检察院提出抗诉了，才可以申请法律援助。需要说明的是，这是从法律层面作出的兜底性的规范，并不影响实践中有关单位、部门和地方根据法律资源和工作实际需要，适当放宽申诉案件提供法律援助的范围，为更多人员提供法律援助服务。

三、本人及其近亲属可以申请法律援助

再审案件的当事人要获得法律援助，应当符合经济困难这一条件。这是考虑到再审案件是相对特殊的程序，为了合理分配法律援助资源，要求经济困难的当事人在再审案件中才能获得法律援助。

法律援助的申请主体包括本人及其近亲属。许多再审案件的当事人，特别是刑事再审案件的当事人，由于被限制人身自由等，不便于自己申请再审，而是委托近亲属办理申请再审的相关手续。因此，本法规定再审案件当事人的近亲属也可以作为法律援助案件的申请人，该规定为当事人获得法律援助提供了便利。

第三十四条　经济困难的标准，由省、自治区、直辖市人民政府根据本行政区域经济发展状况和法律援助工作需要确定，并实行动态调整。

【释义】　本条是关于经济困难标准的规定。

一、省级人民政府确定经济困难标准

经济困难标准也就是衡量当事人经济状况是否符合经济困难的指标。法律援助的对象主要是经济困难的当事人，是否属于经济困难，需要根据特定的标准来判断。《关于完善法律援助制度的意见》提出，综合法律援助资源状况、公民法律援助需求等因素，进一步放宽经济困难标准，降低法律援助门槛，使法律援助覆盖人群逐步拓展至低收入群体，惠及更多困难群众。

由于全国各地经济社会发展不平衡，不宜由国家制定统一的经济困难标准，因此本条规定，经济困难的标准，由省、自治区、直辖市人民政府确定。

第一，本条规定了省、自治区、直辖市人民政府是明确经济困难标准的责任主体，省、自治区、直辖市人民政府应当按照《法律援助法》的规定，确保本地出台关于界定法律援助当事人经济困难的标准，从而使法律援助工作正常开展，人民群众可以依法申请法律援助。

第二，有的省、自治区、直辖市制定了关于法律援助的地方性法规，并在地方性法规中规定了明确的经济困难标准，在这种情况下，省、自治区、直辖市政府也可以不单独出台与地方性法规完全重复的标准。例如，《安徽省法律援助条例》规定，公民获得法律援助的经济困难标准，按照设区的市最低生活保障标准的 2 倍确定。《北京市法律援助条例》规定,公民申请法律援助的经济困难条件,按照国家和本市低收入家庭认定标准执行。《江苏省法律援助条例》规定,经济困难的标准按照当地人民政府规定的最低生活保障标准执行。但省、自治区、直辖市政府也可以根据法律援助工作的发展,出台较地方性法规更宽松的标准,让法律援助惠及更多当事人。

二、根据本地经济状况和工作需要确定经济困难标准

第一,在确定经济困难标准时,考虑本行政区域经济发展状况。这主要是因为经济发展状况基本决定了本行政区域可以用于法律援助工作的费用额度。如果本地区可用资金较多,那么就可以将经济困难标准适当放宽,为更多的当事人提供法律援助。

第二,在确定经济困难标准时,考虑法律援助工作需要。有的地方对法律服务的需求量大,需要法律援助的案件较多,在确定经济困难标准时,应当考虑这些实际需求,避免由于经济困难标准的不科学而将合理的需求排除在外。

第三,规定由省、自治区、直辖市人民政府确定经济困难标准,并不意味着本省、自治区、直辖市内部各行政区域内实行完全统一的标准。即便是在同一个省之内,各地区经济发展状况和法律援助工作需要的情况也存在较大差异,因此在经济困难标准上也可以有差异,这些各地的标准通常不是由省、自治区、直辖市具体制定,而是授权各地自己制定。例如,《安徽省法律援助条例》规定,县级以上人民政府可以根据本行政区域的实际情况,扩大受援人范围,放宽公民获得法律援助的经济困难标准。《广东省法律援助条例》规定,地级以上市、县(市、区)可以根据本行政区域的实际情况,制定优于省标准的法律援助经济困难标准。《江苏省法律援助条例》规定,设区的市人民政府为扩大受援人范围,

可以根据本地区的实际情况调整公民获得法律援助的经济困难标准。

三、各地确定经济困难标准的办法

各地确定经济困难标准的办法,主要分为两类:

第一,各地通常以当地最低生活保障标准或低收入家庭标准为参照系,根据一定的比例确定法律援助经济困难标准。《北京市法律援助条例》规定,法律援助的经济困难条件按照国家和本市低收入家庭认定标准执行。《江苏省法律援助条例》规定,经济困难的标准按照当地人民政府规定的最低生活保障标准执行。《湖北省法律援助条例》规定,经济困难标准按照受理申请的法律援助机构所在县(市、区)公布的城乡居民最低生活保障标准的1.5倍以内执行。《安徽省法律援助条例》规定,法律援助的经济困难标准按照设区的市最低生活保障标准的2倍确定。《山东省法律援助条例》规定,公民经济困难标准按照接受申请的法律援助机构所在县(市、区)城乡居民上一年度最低生活保障标准的两倍执行。

第二,直接规定特定群体的人员为经济困难人员。例如,《广西壮族自治区法律援助条例》规定,申请法律援助的公民有下列情形之一的,属于经济困难:(1)享受城乡居民最低生活保障或者实际生活水平低于当地最低生活保障标准的;(2)社会福利机构中由政府供养的;(3)享受农村五保户待遇的;(4)因残疾、严重疾病、自然灾害造成经济困难的;(5)自治区人民政府规定的其他情形。《海南省法律援助规定》规定,申请法律援助的公民符合下列条件之一的,应当认定为经济困难:(1)属于最低生活保障对象、农村五保供养对象、政府救助的特困户或者领取失业保险金人员的;(2)社会福利机构中由政府供养或者慈善机构出资供养的;

(3)依靠政府或者单位给付抚恤金生活的;(4)因自然灾害、意外事件、家庭成员突发重大疾病等原因导致基本生活暂时出现严重困难,正在接受政府临时救助的;(5)流浪、乞讨人员正在接受救助管理机构救助的;(6)经住所地或者经常居住地乡镇人民政府、街道办事处或者村民委员会、居民委员会证明,家庭人均月收入低于市、县、自治县人民政府规定的最低生活保障标准150%的。

需要注意的是,经济困难通常是以当事人家庭收入为标准来衡量的。但是,在一些案件中,以当事人自己的收入来判断。2012年,司法部《办理法律援助案件程序规定》规定,法律援助机构经审查,对于有下列情形之一的,应当认定申请人经济困难:(1)申请人及与其共同生活的家庭成员的人均收入符合法律援助地方性法规或者省、自治区、直辖市人民政府规定的经济困难标准的;(2)申请事项的对方当事人是与申请人共同生活的家庭成员,申请人的个人收入符合法律援助地方性法规或者省、自治区、直辖市人民政府规定的经济困难标准的……《武汉市法律援助条例》规定,公民经济困难的标准,按照家庭人均月收入不超过市人民政府规定的最低生活保障标准的1.5倍确定。因遭受家庭暴力、虐待、遗弃主张民事权益,申请法律援助的,其经济困难的标准可以按照申请人个人月收入不超过市人民政府规定的最低生活保障标准的1.5倍确定。

四、经济困难标准实行动态调整

《关于完善法律援助制度的意见》规定,建立法律援助补充事项范围和经济困难标准动态调整机制,各省(自治区、直辖市)要根据本行政区域经济发展状况和法律援助工作需要,及时审查、调整补充事项范围和经济困难标准,促进法律援助事业与经济社会协调发展。

实践中,各地法律援助经济困难标准通常是以当地最低生活保障标准为参照系的,由于最低生活保障标准也是需要动态调整的,因此法律援助经济困难标准也随着调整。此外,也可以根据实际情况,单独确定并调整经济困难标准。无论采取何种措施,都是为了确保法律援助能够逐步合理扩大覆盖人群范围,更充分地保护人民群众合法权益。

第四章　程序和实施

第三十五条　人民法院、人民检察院、公安机关和有关部门在办理案件或者相关事务中,应当及时告知有关当事人有权依法申请法律援助。

【释义】 本条是关于有关单位和部门告知当事人申请法律援助的规定。

一、告知义务的主体

实践中,有的当事人由于不熟悉相关法律规定,所以不了解在哪些情况下可以申请法律援助以及如何申请法律援助。为了更好地保障当事人能够及时获得法律援助,本条规定了人民法院、人民检察院、公安机关和有关部门的告知义务。告知义务主体包括人民法院、人民检察院、公安机关和有关部门,主要有两方面的考虑:一是这些单位和部门的专业性强,其工作人员对法律援助的相关法律和情况比较熟悉;二是这些单位和部门,在办理案件或者处理相关事务中与当事人直接接触,了解案件或者相关事务的基本情况,例如,知悉具体案件类型以及当事人是否已经委托律师等情况,能够比较准确和便利地告知当事人申请法律援助的权利。

本条规定的有关部门是指政府有关部门，包括司法行政部门、行政复议机关以及其他在履行职责过程中涉及当事人申请法律援助事项的部门。

二、在办理案件或者相关事务中告知

本条规定的告知环节，是指有关单位和人民法院、人民检察院、公安机关和有关部门在办理案件或者相关事务中，发现该事项属于法律援助范围的，告知当事人有权申请法律援助。

人民法院、人民检察院、公安机关主要是在具体的诉讼案件中，例如，人民法院在办理民事案件、行政案件和刑事案件过程中，发现案件属于法律援助案件范围，当事人没有委托代理人或者辩护人的，告知其有权申请法律援助。根据最高人民法院、司法部《关于民事诉讼法律援助工作的规定》，当事人依据《最高人民法院关于对经济确有困难的当事人提供司法救助的规定》先行向人民法院申请司法救助获准的，人民法院可以告知其可以按照《法律援助条例》的规定，向法律援助机构申请法律援助。

人民检察院和公安机关涉及法律援助的案件主要是刑事案件，但也涉及其他类型案件。根据《法律援助法》第 33 条的规定，当事人不服司法机关生效裁判或者决定提出申诉或者申请再审，人民法院决定、裁定再审或者人民检察院提出抗诉，因经济困难没有委托辩护人或者诉讼代理人的，本人及其近亲属可以向法律援助机构申请法律援助。此类案件也涉及向当事人告知申请法律援助。

行政复议机关在依法处理当事人与他人相关纠纷的过程中，对于符合法律援助范围的案件也应当告知当事人申请法律援助的权利。

三、有关单位和部门及时告知

获得专业性的支持和帮助,是当事人实现和维护自身合法权益的重要保障。让符合条件的当事人及时获得法律援助,可以最大限度确保当事人的权益在案件或者相关事务的各环节都能依法得到有效保护,因此本条强调要及时告知。

第一,有关文件的规定。《最高人民法院、最高人民检察院、公安部、司法部关于刑事诉讼法律援助工作的规定》对刑事诉讼程序中人民法院、人民检察院、公安机关的告知时间作了以下规定。(1)公安机关、人民检察院在第一次讯问犯罪嫌疑人或者采取强制措施的时候,应当告知本人及其近亲属可以依法向法律援助机构申请法律援助。(2)人民检察院自收到移送审查起诉的案件材料之日起3日内,应当告知犯罪嫌疑人及其近亲属可以依法向法律援助机构申请法律援助;应当告知被害人及其法定代理人或者近亲属可以依法向法律援助机构申请法律援助。(3)人民法院自受理案件之日起3日内,应当告知被告人及其近亲属可以向法律援助机构申请法律援助;应当告知自诉人及其法定代理人可以依法向法律援助机构申请法律援助。人民法院决定再审的案件,应当自决定再审之日起3日内履行相关告知职责。

对于有的应当及时告知的情形,没有明确的具体日期要求,有关单位和部门应当结合具体事项性质以及程序特点,尽可能保护当事人申请法律援助的权利。

第二,关于告知的方式。根据《最高人民法院、最高人民检察院、公安部、司法部关于刑事诉讼法律援助工作的规定》,告知可以采取口头或者书面方式,告知的内容应当易于被告知人理解。口头告知的,应当制作笔录,由被告知人签名;书面告知的,应当将送达回执入卷。对于被告知人当场表达申请法律援助意愿的,应当记录在案。除了刑事诉讼中的告知,还有其他案件和事项中的告知,告知方式可以是多样的,最根本的是要确保当事人充分知悉该权利。

第三十六条　人民法院、人民检察院、公安机关办理刑事案件,发现有本法第二十五条第一款、第二十八条规定情形的,应当在三日内通知法律援助机构指派律师。法律援助机构收到通知后,应当在三日内指派律师并通知人民法院、人民检察院、公安机关。

【释义】　本条是关于刑事案件中司法机关通知指派律师相关程序的规定。

一、司法机关应当通知提供法律援助的情形

根据本法第 25 条第 1 款的规定,刑事案件的一些犯罪嫌疑人、被告人没有委托辩护人的,人民法院、人民检察院、公安机关应当通知法律援助机构指派律师担任辩护人。根据第 28 条的规定,强制医疗案件的被申请人或者被告人没有委托诉讼代理人的,人民法院应当通知法律援助机构指派律师为其提供法律援助。本条对第 25 条第 1 款和第 28 条规定的通知指派律师情况下,人民法院、人民检察院、公安机关的通知时限和法律援助机构指派律师的时限等内容作了规定。

《法律援助法》第 25 条规定的应当通知法律援助机构指派律师的情形,主要是当事人本身具有特殊情况,包括当事人是未成年人,视力、听力、言语残疾人,不能完全辨认自己行为的成年人,可能被判处无期徒刑、死刑的人,申请法律援助的死刑复核案件被告人,缺席审判案件的被告人等情况。第 28 条规定的是强制医疗案件,被申请人或者被告人没有委托诉讼代理人。

对于上述情况,有的是比较容易从形式上判断的,如是否属于死刑复核案件,是否属于缺席审判案件的被告人等,有的则是需要在案件办理过程中根据掌握的证据等情况来判断,如是否属可能被判处无期徒刑、死刑。人民法院、人民检察院、公安机关发现的时间点需要根据具体情况来判定。

二、司法机关通知的时限

《法律援助法(草案)》一审稿对该问题规定的是"及时通知"。有的意见提出,为了更好地保障犯罪嫌疑人、被告人的合法权益,应当对通知的时限作出明确规定,避免拖延,建议将"及时"修改为"三日内"。《人民检察院刑事诉讼规则》第 42 条规定,人民检察院办理直接受理侦查案件和审查起诉案件,发现犯罪嫌疑人是盲、聋、哑人或者是尚未完全丧失辨认或者控制自己行为能力的精神病人,或者可能被判处无期徒刑、死刑,没有委托辩护人的,应当自发现之日起 3 日以内书面通知法律援助机构指派律师为其提供辩护。《公安机关办理刑事案件程序规定》第 46 条规定,对于犯罪嫌疑人是盲、聋、哑人,或者是尚未完全丧失辨认或者控制自己行为能力的精神病人,以及犯罪嫌疑人可能被判处无期徒刑、死刑的案件,犯罪嫌疑人没有委托辩护人的,公安机关应当自发现该情形之日起 3 日以内通知法律援助机构为犯罪嫌疑人指派辩护律师。《关于刑事诉讼法律援助工作的规定》规定,犯罪嫌疑人、被告人属于未成年人,盲、聋、哑人,尚未完全丧失辨认或者控制自己行为能力的精神病人或者可能被判处无期徒刑、死刑的人的,公安机关、人民检察院、人民法院应当自发现该情形之日起 3 日内,通知法律援助机构指派律师为其提供辩护。

《法律援助法》根据上述意见和相关规定，对草案作了修改完善，将“及时”修改为“三日内”。

三、法律援助机构安排法律援助的时限

《法律援助法（草案）》一审稿规定，法律援助机构收到通知后，应当及时指派律师并通知人民法院、人民检察院、公安机关。有的意见提出，为了更好地保障犯罪嫌疑人、被告人的合法权益，建议将“及时”修改为“三日内”。《关于开展刑事案件律师辩护全覆盖试点工作的办法》规定，法律援助机构应当自收到通知辩护公函或者作出给予法律援助决定之日起3日内，确定承办律师并函告人民法院。《关于刑事诉讼法律援助工作的规定》也规定，法律援助机构应当自作出给予法律援助决定或者自收到通知辩护公函、通知代理公函之日起3日内，确定承办律师并函告公安机关、人民检察院、人民法院。《法律援助法》根据上述意见和相关规定，对草案作了修改完善，将“及时”修改为“三日内”。

该“三日内”的起算点是法律援助机构收到人民法院、人民检察院、公安机关的通知之日。法律援助机构应当在3日内确定好提供法律援助服务的律师，并将这一情况通知人民法院、人民检察院、公安机关，确保法律援助工作及时顺利开展。

第三十七条　人民法院、人民检察院、公安机关应当保障值班律师依法提供法律帮助，告知没有辩护人的犯罪嫌疑人、被告人有权约见值班律师，并依法为值班律师了解案件有关情况、阅卷、会见等提供便利。

【释义】　本条是关于人民法院、人民检察院、公安机关保障

值班律师依法提供法律援助的规定。

一、司法机关应保障值班律师提供法律帮助

值班律师法律帮助是法律援助的一种形式。根据《刑事诉讼法》第36条和《法律援助法》第30条的规定，值班律师依法为没有辩护人的犯罪嫌疑人、被告人提供法律咨询、程序选择建议、申请变更强制措施、对案件处理提出意见等法律帮助。本条进一步对如何保障值班律师提供法律援助作了规定。

值班律师是法律援助机构在看守所、人民检察院、人民法院等场所设立法律援助工作站，通过派驻或安排的方式，为没有辩护人的犯罪嫌疑人、被告人提供法律帮助的律师。值班律师开展相关工作，主要是在看守所、人民检察院、人民法院等场所内进行，这些场所分别属于公安机关、人民检察院、人民法院管理。值班律师处理的案件是刑事案件，这些案件是与人民法院、人民检察院、公安机关密切相关的案件。因此，本条强调人民法院、人民检察院、公安机关应当保障值班律师依法提供法律帮助。

二、司法机关的告知义务

约见值班律师是犯罪嫌疑人、被告人的权利，但是实践中有的犯罪嫌疑人、被告人对值班律师制度不熟悉，不了解值班律师可以提供什么法律帮助、在什么情况下可以约见值班律师、通过什么渠道可以约见值班律师等情况。为了保障犯罪嫌疑人、被告人可以顺利获得值班律师的帮助，人民法院、人民检察院、公安机关应当告知其有权约见值班律师。

有关法律和规范性文件也对司法机关的告知义务和为约见值班律师提供便利作了规定。《刑事诉讼法》第36条规定，人民法院、人民检察院、看守所应当告知犯罪嫌疑人、被告人有权约见

值班律师,并为犯罪嫌疑人、被告人约见值班律师提供便利。最高人民法院、最高人民检察院、公安部、国家安全部、司法部《法律援助值班律师工作办法》规定,公安机关、人民检察院、人民法院应当在侦查、审查起诉和审判各阶段分别告知没有辩护人的犯罪嫌疑人、被告人有权约见值班律师获得法律帮助,并为其约见值班律师提供便利。看守所应当告知犯罪嫌疑人、被告人有权约见值班律师,并为其约见值班律师提供便利。看守所应当将值班律师制度相关内容纳入在押人员权利义务告知书,在犯罪嫌疑人、被告人入所时告知其有权获得值班律师的法律帮助。犯罪嫌疑人、被告人要求约见值班律师的,可以书面或者口头申请。书面申请的,看守所应当将其填写的法律帮助申请表及时转交值班律师。口头申请的,看守所应当安排代为填写法律帮助申请表。犯罪嫌疑人、被告人没有委托辩护人并且不符合法律援助机构指派律师为其提供辩护的条件,要求约见值班律师的,公安机关、人民检察院、人民法院应当及时通知法律援助机构安排。

根据《法律援助法》本条规定和其他法律等相关规定,保障犯罪嫌疑人、被告人约见值班律师的权利,应当注意以下几点:第一,告知犯罪嫌疑人、被告人有权约见值班律师时,应当及时、明确和详细告知,让犯罪嫌疑人、被告人清晰地知悉值班律师提供的法律帮助内容、约见的时间和方式等。第二,为犯罪嫌疑人、被告人申请约见值班律师提供便利,让其可以选择通过口头、书面等多种方式提出申请,在犯罪嫌疑人、被告人提出申请后,人民法院、人民检察院、公安机关应当依法及时联系安排。

三、司法机关应当为值班律师提供便利

值班律师为犯罪嫌疑人、被告人提供法律咨询、程序选择建议、申请变更强制措施、对案件处理提出意见等法律帮助,需要通

过和犯罪嫌疑人、被告人进行沟通，以及向人民法院、人民检察院、公安机关等方面了解情况，人民法院、人民检察院、公安机关应当为值班律师提供便利，确保其提供有针对性的、高质量的法律帮助。

《刑事诉讼法》第 173 条规定："人民检察院审查案件，应当讯问犯罪嫌疑人，听取辩护人或者值班律师、被害人及其诉讼代理人的意见，并记录在案。辩护人或者值班律师、被害人及其诉讼代理人提出书面意见的，应当附卷。犯罪嫌疑人认罪认罚的，人民检察院应当告知其享有的诉讼权利和认罪认罚的法律规定，听取犯罪嫌疑人、辩护人或者值班律师、被害人及其诉讼代理人对下列事项的意见，并记录在案：(一)涉嫌的犯罪事实、罪名及适用的法律规定；(二)从轻、减轻或者免除处罚等从宽处罚的建议；(三)认罪认罚后案件审理适用的程序；(四)其他需要听取意见的事项。人民检察院依照前两款规定听取值班律师意见的，应当提前为值班律师了解案件有关情况提供必要的便利。"

根据最高人民法院、最高人民检察院、公安部、国家安全部、司法部《法律援助值班律师工作办法》的规定，侦查阶段，值班律师可以向侦查机关了解犯罪嫌疑人涉嫌的罪名及案件有关情况；案件进入审查起诉阶段后，值班律师可以查阅案卷材料，了解案情，人民检察院、人民法院应当及时安排，并提供便利。已经实现卷宗电子化的地方，人民检察院、人民法院可以安排在线阅卷。值班律师持律师执业证或者律师工作证、法律帮助申请表或者法律帮助通知书到看守所办理法律帮助会见手续，看守所应当及时安排会见。值班律师会见犯罪嫌疑人、被告人时不被监听。看守所、人民检察院、人民法院应当为法律援助工作站提供必要办公场所和设施。有条件的人民检察院、人民法院，可以设置认罪认罚等案件专门办公区域，为值班律师设立专门会见室。

第三十八条　对诉讼事项的法律援助，由申请人向办案机关所在地的法律援助机构提出申请；对非诉讼事项的法律援助，由申请人向争议处理机关所在地或者事由发生地的法律援助机构提出申请。

【释义】　本条是关于法律援助管辖的规定。

一、本条对《法律援助条例》等规定的完善

当事人申请法律援助，需要向具体的法律援助机构提交相关材料，由法律援助机构组织安排法律援助人员提供法律援助服务。本条规定了当事人需要法律援助时，应当向哪些法律援助机构申请法律援助。在本法作出规定前，《法律援助条例》和《办理法律援助案件程序规定》对法律援助机构的管辖问题作了规定。

《法律援助条例》结合具体的法律援助案件类型规定了法律援助机关管辖问题，主要分为两大类：一是对于民事、行政等诉讼案件，主要按照案件中义务人所在地为标准，规定了具体的法律援助机构。(1)请求给予社会保险待遇、最低生活保障待遇或者请求发给抚恤金、救济金的，向提供社会保险待遇、最低生活保障待遇或者发给抚恤金、救济金的义务机关所在地的法律援助机构提出申请；(2)请求给付赡养费、抚养费、扶养费的，向给付赡养费、抚养费、扶养费的义务人住所地的法律援助机构提出申请；(3)请求支付劳动报酬的，向支付劳动报酬的义务人住所地的法律援助机构提出申请；(4)主张因见义勇为行为产生的民事权益的，向被请求人住所地的法律援助机构提出申请。二是对于刑事案件，规定向审理案件的人民法院所在地的法律援助机构提出申请。

《办理法律援助案件程序规定》与《法律援助条例》基本一致，确定了两类管辖问题：一是对于民事或国家赔偿案件，规定当事人向义务机关所在地、义务人住所地或者被请求人住所地的法律援助机构依法受理。二是对于刑事案件，规定向办理案件的人民法院、人民检察院、公安机关所在地的法律援助机构申请。申请人就同一事项向两个以上法律援助机构提出申请的，由最先收到申请的法律援助机构受理。

在《法律援助条例》和《办理法律援助案件程序规定》规定的基础上，《法律援助法》作了进一步完善。《法律援助法》以诉讼事项和非诉讼事项为标准分别规定了法律援助机构的管辖制度。对于诉讼事项，向办案机关所在地的法律援助机构申请法律援助；对于非诉讼事项，向争议处理机关所在地或者事由发生地的法律援助机构申请法律援助。这两类事项，以解决相关案件或事项的机关所在地、事由发生地的法律援助机构为管辖机构，一是便于法律援助申请人确定具体的法律援助机构，二是便于在解决纠纷的同时就地申请法律援助，三是便于法律援助机构、法律援助人员就近提供法律援助，与办案机关或者争议解决机关及时沟通高效解决相关问题。从整体上提高法律援助效率、降低法律援助成本。

二、诉讼事项法律援助的申请

诉讼事项主要可以分为民事诉讼、行政诉讼和刑事诉讼等类型。根据本条的规定，诉讼事项的法律援助向办案机关所在地的法律援助机构提出申请。在民事诉讼和行政诉讼中，办案机关所在地就是审理案件的人民法院所在地。在刑事诉讼中相对复杂，分为侦查阶段、审查起诉和诉讼阶段，涉及公安机关、人民检察院和人民法院，在不同阶段申请法律援助，就根据该阶段办案机关所在地来确定法律援助机构。

诉讼事项的办案机关是根据诉讼方面的法律来确定的，办案机关也就是根据法律确定的行使管辖权的司法机关。这种管辖相对比较复杂，不同的案件其管辖方式也可能有所差异。例如，对于民事诉讼案件，《民事诉讼法》规定了详细的管辖制度。通常情况下，一审案件在级别管辖上由基层人民法院管辖；在地域管辖上，对公民提起的民事诉讼，由被告住所地人民法院管辖；被告住所地与经常居住地不一致的，由经常居住地人民法院管辖。对法人或者其他组织提起的民事诉讼，由被告住所地人民法院管辖。不同争议类型的案件，在管辖上有时存在差异。例如，合同纠纷诉讼由被告住所地或者合同履行地人民法院管辖。侵权诉讼由侵权行为地或者被告住所地人民法院管辖。因铁路、公路、水上和航空事故请求损害赔偿提起的诉讼，由事故发生地或者车辆、船舶最先到达地，航空器最先降落地或者被告住所地人民法院管辖。《行政诉讼法》规定了行政诉讼案件的管辖，通常情况下，行政案件由最初作出行政行为的行政机关所在地人民法院管辖。经复议的案件，也可以由复议机关所在地人民法院管辖。《刑事诉讼法》对刑事诉讼案件管辖作了规定。因此，在具体的诉讼中办案机关是确定的，当事人如需法律援助，向办案机关所在地的法律援助机关申请。

三、非诉讼事项法律援助的申请

法律援助中的非诉讼事项包括仲裁、行政复议等事项。例如，对于请求确认劳动关系或者支付劳动报酬的事项，根据《劳动争议调解仲裁法》的规定，当事人不愿协商、协商不成或者达成和解协议后不履行的，可以向调解组织申请调解；不愿调解、调解不成或者达成调解协议后不履行的，可以向劳动争议仲裁委员会申请仲裁；对仲裁裁决不服的，除本法另有规定的外，可以向人民法院提起诉讼。在劳动争议仲裁程序中，劳动争议由劳动合同履行地或者用人单位所在地的劳动争议仲裁委员会管辖。双方当事人分别向劳动合同履行地和用人单位所在地的劳动争议仲裁委员会申请仲裁的，由劳动合同履行地的劳动争议仲裁委员会管辖。

又如，对于法律援助事项中的国家赔偿，《国家赔偿法》对申请行政赔偿和刑事赔偿的程序分别作了规定，包括向赔偿义务机关提出，申请行政复议，向人民法院赔偿委员会提出申请等。

对于仲裁或者行政复议等非诉讼事项，当事人向争议处理机关所在地或者事由发生地的法律援助机构提出申请。争议处理机关是指处理该事项争议的机关，如仲裁中的仲裁委员会、行政复议程序中的行政复议机关等。事由发生地是指需要处理的事项本身的发生地，如劳动争议纠纷中劳动争议发生地、国家损害赔偿事项中当事人人身或财产受损害的发生地等。

第三十九条　被羁押的犯罪嫌疑人、被告人、服刑人员，以及强制隔离戒毒人员等提出法律援助申请的，办案机关、监管场所应当在二十四小时内将申请转交法律援助机构。

犯罪嫌疑人、被告人通过值班律师提出代理、刑事辩护等法律援助申请的，值班律师应当在二十四小时内将申请转交法律援助机构。

【释义】　本条是关于转交法律援助申请的规定。

一、办案机关、监管场所转交申请的时限

《法律援助法》第 24 条规定,刑事案件的犯罪嫌疑人、被告人因经济困难或者其他原因没有委托辩护人的,本人及其近亲属可以向法律援助机构申请法律援助。第 33 条规定,当事人不服司法机关生效裁判或者决定提出申诉或者申请再审,人民法院决定、裁定再审或者人民检察院提出抗诉,因经济困难没有委托辩护人或者诉讼代理人的,本人及其近亲属可以向法律援助机构申请法律援助。

强制隔离戒毒人员是指在强制隔离戒毒场所进行戒毒的人员。根据《禁毒法》的规定,吸毒成瘾人员有拒绝接受社区戒毒,在社区戒毒期间吸食或注射毒品,严重违反社区戒毒协议,经社区戒毒、强制隔离戒毒后再次吸食、注射毒品等情形的,由县级以上人民政府公安机关作出强制隔离戒毒的决定。对于吸毒成瘾严重、通过社区戒毒难以戒除毒瘾的人员,公安机关可以直接作出强制隔离戒毒的决定。吸毒成瘾人员自愿接受强制隔离戒毒的,经公安机关同意,可以进入强制隔离戒毒场所戒毒。

被羁押的犯罪嫌疑人、被告人、服刑人员,强制隔离戒毒人员可以通过近亲属申请法律援助,也可以自己申请法律援助。上述人员自己申请法律援助的,通常情况下首先将该意愿告诉办案机关、监管场所,办案机关、监管场所应当为其申请法律援助提供便利,如为其提出申请提供记录方式等。在上述人员将申请提交给办案机关、监管场所后,办案机关、监管场所应当在 24 小时内将申请转交给法律援助机构。

《法律援助法(草案)》一审稿规定,被羁押的犯罪嫌疑人、被告人、服刑人员、强制隔离戒毒人员提出法律援助申请的,办案机关或者监管场所应当及时转交法律援助机构。有的意见建议,将

草案中的“及时”修改为“二十四小时内”，理由是《法律援助条例》以及有关规范性文件对转交法律援助申请的时间均规定为24小时内。《法律援助条例》规定，被羁押的犯罪嫌疑人的法律援助申请由看守所在24小时内转交法律援助机构，申请法律援助所需提交的有关证件、证明材料由看守所通知申请人的法定代理人或者近亲属协助提供。《关于刑事诉讼法律援助工作的规定》第7条规定，被羁押的犯罪嫌疑人、被告人提出法律援助申请的，公安机关、人民检察院、人民法院应当在收到申请24小时内将其申请转交或者告知法律援助机构，并于3日内通知申请人的法定代理人、近亲属或者其委托的其他人员协助向法律援助机构提供有关证件、证明等相关材料。犯罪嫌疑人、被告人的法定代理人或者近亲属无法通知的，应当在转交申请时一并告知法律援助机构。《人民检察院刑事诉讼规则》第43条规定：“人民检察院收到在押或者被指定居所监视居住的犯罪嫌疑人提出的法律援助申请，应当在二十四小时以内将申请材料转交法律援助机构，并通知犯罪嫌疑人的监护人、近亲属或者其委托的其他人员协助提供有关证件、证明等材料。”《公安机关办理刑事案件程序规定》第47条第1款规定：“公安机关收到在押的犯罪嫌疑人提出的法律援助申请后，应当在二十四小时以内将其申请转交所在地的法律援助机构，并在三日以内通知申请人的法定代理人、近亲属或者其委托的其他人员协助提供有关证件、证明等相关材料。犯罪嫌疑人的法定代理人、近亲属或者其委托的其他人员地址不详无法通知的，应当在转交申请时一并告知法律援助机构。”根据上述意见和有关规定，对草案进行了修改完善，明确办案机关、监管场所应当在24小时内将申请转交法律援助机构。

二、值班律师转交申请的时限

最高人民法院、最高人民检察院、公安部、国家安全部、司法部联合印发《法律援助值班律师工作办法》规定，值班律师的职责包括帮助犯罪嫌疑人、被告人及其近亲属申请法律援助。实践中，犯罪嫌疑人、被告人通过值班律师转交法律援助申请的情况也比较普遍，据有关部门统计，2019 年全国法律援助值班律师共转交法律援助申请 5.5 万余件。

《法律援助法(草案)》一审稿规定，当事人通过值班律师提出法律援助申请的，值班律师应当及时转交法律援助机构。根据有关方面的意见，参照办案机关、监管场所转交法律援助申请的规定，将“及时”修改为“二十四小时内”。犯罪嫌疑人、被告人通过值班律师提出代理、刑事辩护等法律援助申请的，值班律师应当在 24 小时内将申请转交法律援助机构。

第四十条　无民事行为能力人或者限制民事行为能力人需要法律援助的，可以由其法定代理人代为提出申请。法定代理人侵犯无民事行为能力人、限制民事行为能力人合法权益的，其他法定代理人或者近亲属可以代为提出法律援助申请。

被羁押的犯罪嫌疑人、被告人、服刑人员，以及强制隔离戒毒人员，可以由其法定代理人或者近亲属代为提出法律援助申请。

【释义】　本条是关于无民事行为能力人、限制民事行为能力人及被羁押的犯罪嫌疑人、被告人、服刑人员、强制隔离戒毒人员，由有关人员代为申请法律援助的规定。

一、无民事行为能力人或者限制民事行为能力人申请法律援助

根据本法第25条和第28条的规定，刑事案件的犯罪嫌疑人、被告人，强制医疗案件的被申请人或者被告人，属于未成年人或者其他不能完全辨认自己行为的成年人等无民事行为能力人、限制民事行为能力人，没有委托辩护人或者诉讼代理人的，人民法院、人民检察院、公安机关应当通知法律援助机构指派律师担任辩护人或者诉讼代理人，这也即指定辩护和指定代理。除了上述情形外，本条第1款规定，无民事行为能力人或者限制民事行为能力人申请法律援助的，可以由其法定代理人代理其提出申请。

根据我国《民法典》的规定，无民事行为能力人一般包括：(1)不满8周岁的未成年人；(2)不能辨认自己行为的成年人；(3)8周岁以上的未成年人不能辨认自己行为的。限制民事行为能力人一般包括：(1)8周岁以上的未成年人；(2)不能完全辨认自己行为的成年人。限制民事行为能力人，实施民事法律行为由其法定代理人代理或者经其法定代理人同意、追认；但是，可以独立实施纯获利益的民事法律行为或者与其年龄、智力、精神健康状况相适应的民事法律行为。无民事行为能力人，由其法定代理人代理实施民事法律行为。法定代理人是指被代理人的父母、养父母、监护人和负有责任的机关、团体等组织的代表。《民法典》第23条同时规定："无民事行为能力人、限制民事行为能力人的监护人是其法定代理人。"根据《民法典》的规定，父母是未成年子女的监护人，未成年人的父母已经死亡或者没有监护能力的，由其有监护能力的祖父母、外祖父母、兄、姐，或者经未成年人住所地的居民委员会、村民委员会或者民政部门同意的其他愿意担任监护人的个人或者组织按顺序担任监护人。无民事行为能力或者限制民事行为能力的成年人，由其有监护能力的配偶，父母、子

女,其他近亲属,或者经被监护人住所地的居民委员会、村民委员会或者民政部门同意的其他愿意担任监护人的个人或者组织按顺序担任监护人。没有依法具有监护资格的人的,监护人由民政部门担任,也可以由具备履行监护职责条件的被监护人住所地的居民委员会、村民委员会担任。

法律援助事项涉及刑事案件、民事案件或者行政案件的诉讼程序、行政程序或者调解仲裁程序等严肃复杂的法律程序,因此,申请法律援助是一项重要的法律行为。考虑到无民事行为能力人或者限制民事行为能力人,既不能或者不能完全辨认自己行为,对上述复杂的法律程序不能或者不能完全作出正确的认识判断和选择,也不能或者不能完全预见自己行为的法律后果,本条对需要申请法律援助的无民事行为能力人、限制民事行为能力人,规定了特别的保护性措施,即由法定代理人代理提出申请。

同时,实践中,无民事行为能力人或限制民事行为能力人与其法定代理人也可能在法律援助申请涉及的争议事项中存在利益冲突,法定代理人侵犯由其监护的无民事行为能力人、限制民事行为能力人合法权益情形也时有发生。如法定代理人涉嫌虐待、遗弃、故意伤害无民事行为能力人或限制民事行为能力人,法定代理人非法处分无民事行为能力人或限制民事行为能力人的财产损害其合法权益的,法定代理人非法侵占无民事行为能力人或限制民事行为能力人财产的,无民事行为能力人或限制民事行为能力人向其法定代理人索要被拖欠的赡养费、抚养费、扶养费的,等等。此时如果法律仍机械地规定由法定代理人代理其申请法律援助,有可能会导致出现无人可以为无民事行为能力人或限制民事行为能力人提出法律援助申请的情形,这反而损害他们的合法权益。

考虑到实践中的这种特殊情况,本条明确规定法定代理人侵犯无民事行为能力人、限制民事行为能力人合法权益的，其他法定代理人或者近亲属可以代为提出法律援助申请。因此，当无民事行为能力人或限制民事行为能力人与其法定代理人之间发生诉讼或者其他利益纠纷需要法律援助的，与该争议事项无利害关系的其他法定代理人或者近亲属也可以代理无民事行为能力人或限制民事行为能力人提出法律援助申请。关于近亲属的范围，我国《民法典》第1045条规定，亲属包括配偶、血亲和姻亲，配偶、父母、子女、兄弟姐妹、祖父母、外祖父母、孙子女、外孙子女为近亲属；《刑事诉讼法》规定，近亲属是指夫、妻、父、母、子、女、同胞兄弟姊妹。作为有权申请法律援助的公民的法定代理人或者代理人，在提出法律援助申请过程中，有权依法行使代理权，同时承担相应的代理义务，在这里，有权申请法律援助的公民虽是无民事行为能力人或者是限制民事行为能力人，其行为能力欠缺，但仍具有权利能力，在处理法律援助申请过程中，该公民仍然是申请人，一旦获准法律援助后，即为本法所称法律援助的受援人。

二、被羁押的犯罪嫌疑人、被告人、服刑人员、强制隔离戒毒人员申请法律援助

根据本条第2款的规定，被羁押的犯罪嫌疑人、被告人、服刑人员、强制隔离戒毒人员，申请法律援助的，可以由其法定代理人或者近亲属代为提出申请。

羁押一般是指为防止犯罪嫌疑人、被告人逃跑、自杀、串供、毁灭证据或继续进行犯罪活动，保证侦查、起诉和审判工作的顺利进行，依照刑事诉讼法对犯罪嫌疑人、被告人采取的拘留、逮捕等在一定期限内限制其人身自由的强制措施。羁押场所包括看守所、拘留所、留置室。上述两种人员都属于本条所称的被羁押的犯罪嫌疑人、被告人。

根据《刑事诉讼法》规定,在刑事诉讼案件的判决和裁定生效后,被剥夺人身自由的罪犯会被依法移送监狱或者其他执行机关执行刑罚。对被判处有期徒刑的罪犯,在被交付执行刑罚前,剩余刑期在 3 个月以下的,由看守所代为执行。上述两种人员都属于本条所称的被羁押的服刑人员。

强制隔离戒毒是公安机关依法实施的,对通过社区戒毒难以戒除毒瘾的人员,在一定时期内,适度限制其人身自由以进行生理脱毒、心理矫治、适度劳动、身体康复和法律道德教育的行政强制措施。根据《禁毒法》的规定,吸毒成瘾人员有下列情形之一的,由县级以上人民政府公安机关作出强制隔离戒毒的决定:(1)拒绝接受社区戒毒的;(2)在社区戒毒期间吸食、注射毒品的;(3)严重违反社区戒毒协议的;(4)经社区戒毒、强制隔离戒毒后再次吸食、注射毒品的。对于吸毒成瘾严重,通过社区戒毒难以戒除毒瘾的人员,公安机关可以直接作出强制隔离戒毒的决定。被决定人对公安机关作出的强制隔离戒毒决定不服的,可以依法申请行政复议或者提起行政诉讼。对被决定予以强制隔离戒毒的人员,由作出决定的公安机关送强制隔离戒毒场所执行。上述人员属于本条所称的被羁押的强制隔离戒毒人员。

犯罪嫌疑人、被告人、服刑人员、强制隔离戒毒人员在羁押场所被羁押期间,其人身自由被限制或者被剥夺,有权依照本法申请法律援助。根据本法第 39 条的规定,被羁押的犯罪嫌疑人、被告人、服刑人员,以及强制隔离戒毒人员等提出法律援助申请的,办案机关、监管场所应当在 24 小时内将申请转交法律援助机构;犯罪嫌疑人、被告人通过值班律师提出代理、刑事辩护等法律援助申请的,值班律师应当在 24 小时内将申请转交法律援助机构。依据本法第 33 条规定,当事人不服司法机关生效裁判或者决定提出申诉或者申请再审,人民法院决定、裁定再审或者人民检察院提出抗诉,因经济困难没有委托辩护人或者诉讼代理人的,本人及其近亲属可以向法律援助机构申请法律援助。

如果上述人员提交申请不方便,或者由于自暴自弃等原因未提出法律援助申请的,依据本条第 2 款的规定,他们的法定代理人或者近亲属可以代理其提出申请。根据《刑事诉讼法》的规定,近亲属是指夫、妻、父、母、子、女、同胞兄弟姊妹。

第四十一条　因经济困难申请法律援助的,申请人应当如实说明经济困难状况。

法律援助机构核查申请人的经济困难状况,可以通过信息共享查询,或者由申请人进行个人诚信承诺。

法律援助机构开展核查工作,有关部门、单位、村民委员会、居民委员会和个人应当予以配合。

【释义】　本条是关于法律援助申请人经济困难状况核查的规定。

一、申请人应当如实说明经济困难状况

依据本条的规定,申请人因经济困难申请法律援助的,应当履行如实说明经济困难状况的义务。根据中央有关精神和本法的规定,法律援助是国家建立的保障经济困难公民和法律法规规章规定的特殊案件当事人获得必要的法律咨询、代理、刑事辩护等无偿法律服务,维护当事人合法权益、维护法律正确实施、维护社会公平正义的一项重要法律制度。

由于我国仍是发展中国家,社会保障制度和体系尚处于不断完善阶段,经济发展状况和各级政府财政承受能力尚不能做到让每一个公民都获得免费的法律援助，因此本法对法律援助的对象范围作了适当的限制，规定为经济困难的公民和法律法规规章规定的特殊案件当事人。这其中，经济困难的公民是法律援助的主体，法律援助的主要功能之一也是为因经济困难而无力承担法律服务费用的公民无偿提供及时有效的法律帮助，使其获得平等的法律救济机会，从而实现我国《宪法》规定的“公民在法律面前一律平等”原则要求，保障社会公平正义。对于因经济困难申请法律援助的，“经济困难”是能否进入法律援助程序的决定性条件之一，是申请人享有法律援助还是自行购买法律服务的分界线，这也是世界上其他国家和地区通行的做法。这就需要申请人在提出申请时，如实说明其以及与其共同生活的家庭成员的家庭经济状况，以供法律援助机构对其经济困难状况进行核查。

家庭经济状况包括家庭可支配收入、财产等内容。家庭可支配收入，是指申请人家庭的总收入扣除缴纳的各项税金和社会保险费后的收入，包括工资性收入、经营性净收入、财产性收入、转移性收入和其他有关收入等。工资性收入是指申请人及其家庭成员通过各种途径得到的全部劳动报酬，包括所从事主要职业的工资以及从事第二职业、其他兼职和零星劳动得到的其他劳动收入。经营性净收入是指从事生产经营活动获得的净收入，即全部生产经营收入扣除生产经营成本和税金后所得的收入。财产性收入是指家庭拥有的动产（如银行存款、有价证券）、不动产（如车辆、土地、收藏品等）所获得的收入，包括出让财产使用权所获得的利息、租金、专利收入，财产营运所获得的红利收入、财产增值收益等。转移性收入是指国家、单位、社会团体对居民家庭的各种转移支付和居民家庭间的收入转移，包括政府对个人收入转移的离退休金、失业保险等，单位对个人收入转移的辞退金、住房公积金等，家庭间的赠送、赡养费、抚（扶）养费等。其他有关的收入是指按照有关法律、法规规定，能够以公允价值确定的收入。家庭财产包括货币财产和实物财产等下列具体内容：银行存款和现金、有价证券、债权、商业保险、居住类和非居住类房屋、机动车辆（含车辆牌照）和其他有较大价值的财产。

申请人需要对其以及与其共同生活的家庭成员的上述家庭经济情况进行如实说明，法律援助机构才能尽快做出准确的判断。

二、法律援助机构进行经济困难状况核查

目前，本法将法律援助对象限定为经济困难的公民和法律法规规章规定的特殊案件当事人，这一范围的确定，坚持实事求是，既尽力而为又量力而行，把扩大法律援助范围、提高法律援助保障水平建立在经济和财力可持续增长的基础之上，不脱离实际、超越阶段。现阶段，为了保障经济困难群众在遇到法律问题或者权利受到侵害时获得及时有效的法律帮助，确保有限的资金和法律服务资源尽可能多地惠及困难群众，需要法律援助机构依法对申请人的经济困难状况进行核实和查证，以确定申请人是否真正属于需要法律援助的人。

法律援助机构进行经济困难状况核查应当严格执行当地法律援助经济困难标准。我国对何为“经济困难”并未制定统一的标准。2003 年的国务院《法律援助条例》授权省、自治区、直辖市人民政府根据本行政区域经济发展状况和法律援助事业的需要规定经济困难的标准。实践中，各地多是参照当地城乡居民最低生活保障待遇标准、低收入家庭认定标准或者最低工资标准执行，或者在上述标准基础上上浮一定比例，家庭人均月收入低于上述标准的属于本法规定的经济困难。本法第 34 条在《法律援助条例》上述规定的基础上，增加了对经济困难的标准实行动态

调整的规定。经核查，如果申请人家庭经济状况不低于当地确定的法律援助经济困难标准，即使有充分理由证明自己为保障合法权益需要法律帮助，除非属于法律、法规、规章规定的应予以法律援助的特殊案件情形，否则一般不能被准予获得法律援助，而需要通过支付有偿代价获取法律服务。

党的十八大以来，党中央、国务院做出一系列重要决策部署，要求各级人民政府坚持以人民为中心的发展思想，深入推进简政放权和"放管服"改革，放管结合、优化服务，加快转变政府职能，创新政府服务和管理的理念、方式，方便企业和群众办事创业，推进政府治理体系和治理能力现代化。本法切实贯彻党中央和国务院的决策部署，规定法律援助机构核查申请人的经济困难状况，可以通过信息共享查询，或者由申请人进行个人诚信承诺。

（一）法律援助机构按照规定核查

为了全面提升政务服务规范化、便利化水平，为企业和群众提供高效、便捷的政务服务，《国务院关于在线政务服务的若干规定》要求国家加快建设全国一体化在线政务服务平台，推进各地区、各部门政务服务平台规范化、标准化、集约化建设和互联互通，推动实现政务服务事项全国标准统一、全流程网上办理，促进政务服务跨地区、跨部门、跨层级数据共享和业务协同，并依托一体化在线平台推进政务服务线上线下深度融合；要求行政相对人在线办理政务服务事项，应当提交真实、有效的办事材料，政务服务机构通过数据共享能够获得的信息，不得要求行政相对人另行提供。

2020 年国务院办公厅发布《关于全面推行证明事项和涉企经营许可事项告知承诺制的指导意见》，明确规定要坚持协同推进，加强与政务信息资源共享、信用体系建设、"互联网+政务服务"等工作的衔接，各地区、各部门要认真贯彻落实《国务院关于在线政务服务的若干规定》,扎实推进本地区政务信息共享工作,依托全国一体化政务服务平台等实现跨地区、跨部门、跨层级数据共享和业务协同,建立在线核查支撑体系。各级司法行政部门和法律援助机构应当根据上述中央文件的精神,加大本地区法律援助政务信息共享工作推进力度,尽快建立在线核查工作机制,利用政务信息共享平台、政务服务移动客户端、区块链技术等收集、比对相关数据,通过跨地区、跨部门、跨层级数据共享和业务协同等对法律援助申请人的经济困难状况实施在线核查。

(二)申请人进行个人诚信承诺

2020年国务院办公厅发布《关于全面推行证明事项和涉企经营许可事项告知承诺制的指导意见》,要求改革针对直接面向企业和群众、依申请办理的行政事项,全面推行证明事项和涉企经营许可事项告知承诺制,以深化"放管服"改革,减少证明事项、简化行政审批、方便企业和群众办事创业。要求在各级行政机关或者法律法规授权的具有管理公共事务职能的组织(以下统称行政机关)办理行政许可、行政确认、行政给付等依申请的行政事项要求提供证明材料时实行证明事项告知承诺制,以行政机关清楚告知、群众诚信守诺为重点,推动形成标准公开、规则公平、预期明确、各负其责、信用监管的治理模式,从制度层面进一步解决群众办证多、办事难等问题。所谓证明,是指公民、法人和其他组织在依法向行政机关申请办理行政事项时,提供的需要由行政机关或者其他机构出具、用以描述客观事实或者表明符合特定条件的材料。证明事项告知承诺制,是指公民、法人和其他组织在向行政机关申请办理行政事项时,行政机关以书面形式(含电子文本)将证明义务、证明内容以及不实承诺的法律责任一次性告知申请人,申请人书面承诺已经符合告知的相关要求并愿意承担不实承诺的法律责任,行政机关不再索要有关证明并依据书面承诺办理相关行政事项的工作机制。告知承诺制是一种基于社会信用的管理机制,申请人向行政机关承诺自己符合申请事项所需的条件,但也要为其承诺承担相应法律责任。

上述文件明确要求各地各部门要按照最大限度利民便民原则,有针对性地选取与群众生产生活密切相关、使用频次较高或者获取难度较大的证明事项实行告知承诺制,其中着重要求在法律服务等方面,要抓紧推行、尽快落实。对于实行告知承诺制的证明事项,申请人可自主选择是否采用告知承诺制方式办理;申请人不愿承诺或者无法承诺的,应当提交法律法规或者国务院决定要求的证明;申请人有较严重的不良信用记录或者存在曾作出虚假承诺等情形的,在信用修复前不适用告知承诺制。上述文件同时在规范告知承诺制工作流程,加强事中事后核查,加强信用监管,加强告知承诺信用管理制度建设和强化风险防范措施等方面提出了具体要求。

2019 年 5 月司法部发布《开展证明事项告知承诺制试点工作方案》,确定在天津、河北、辽宁、上海、江苏、浙江、福建、山东、广东、海南、四川、陕西、甘肃等 13 个省(市)和公安部、司法部、人力资源和社会保障部、自然资源部、交通运输部等 5 个国务院部门开展证明事项告知承诺制试点工作,启动"减证便民"行动。2020 年 5 月,司法部办公厅印发《关于开展"法援惠民生　扶贫奔小康"品牌活动的实施方案》,明确要求各地探索法律援助经济困难证明告知承诺制,对因疫情影响无法提供经济困难证明的申请人,可以采取书面承诺方式申请法律援助。山东、浙江、湖南、甘肃、北京等一些地方则先后出台申请法律援助所需经济状况证明等证明材料推行告知承诺制规范性文件,探索实施法律援助经济困难状况告知承诺制。湖北省则率先通过地方立法,在 2020 年《湖北省法律援助条例》中明确以经济困难承诺书代替经济困难证明,删除了经济困难证明由申请人住所地或者经常居住地村(居)民委员会出具,乡镇人民政府、街道办事处审核的相关内容,明确规定“经济困难承诺书应当载明申请人家庭人口状况、就业状况、家庭财产、家庭人均收入等信息”。实行法律援助经济状况证明告知承诺制后,申请人只需书面承诺已经知晓法律援助机构告知的全部内容、符合经济困难标准、愿意在所从事的活动中遵守相关的法律法规、填写的基本信息真实准确等内容,并愿意承担虚假承诺的法律责任和后果,便可获得法律援助,极大方便了广大困难群众。考虑到“放管服”改革趋势和“减证便民”需要,本条未对提供经济困难证明作出规定。

三、有关方面应当予以配合

根据本条第 3 款的规定,各有关部门、单位、村民委员会、居民委员会和个人应当予以配合。法律援助机构依法履行职责开展法律援助申请人经济困难状况核查工作,是为了给国家法律援助事业运行创造良好环境,是为了使更多的困难群众能够及时、有效地获得法律救济。有关主管部门、单位、申请人居住地的村民委员会、居民委员会和其他相关个人都有责任予以支持和协助,配合法律援助机构,共同做好法律援助工作。法律援助机构开展申请人经济困难状况核查,一般通过本法和《关于全面推行证明事项和涉企经营许可事项告知承诺制的指导意见》规定的信息共享方式,实施在线核查。相关数据尚未实现网络共享、难以通过上述方式核查的,可以请求其他行政机关协助核查,被请求协助的行政机关应当及时履行协助义务,不得推诿或者拒绝;确有原因不能提供协助的,应当书面告知请求协助的行政机关并说明理由。司法行政部门和法律援助机构要严格贯彻简政便民精神,优化工作程序、加强业务协同,避免烦企扰民。例如,民政部先后制定了《最低生活保障审核确认办法》《特困人员认定办法》等一系列规范性文件，指导各地依托民政部的社会救助信息系统和社会救助家庭经济状况核对系统，实现低收入人口（包括低保对象、特困人员、低保边缘对象等易返贫致贫人口，以及因病因灾因意外事故等刚性支出较大或者收入大幅缩减导致基本生活出现严重困难人口）的精准认定、信息汇集，常态监测、快速预警、及时干预、精准救助。法律援助机构如需要向民政部门了解有关申请人的低保、特困或者低收入家庭认定的相关情况，民政部门应当予以配合，及时将其所掌握的该申请人的相关信息共享给法律援助机构。如果申请人已经属于民政部门低收入人口动态监测信息平台采集在册的低收入人员，则法律援助机构可以直接决定给予提供法律援助，无须进一步核查。如果申请人不在民政部门动态掌握的低收入人口范围内，法律援助机构可以实施申请法律援助经济困难状况告知承诺制。法律援助机构也可以根据掌握的信息线索向其他相关部门、单位、申请人住所地的村民委员会或者居民委员会以及申请人的其他家庭成员或者其他相关个人，了解与经济困难状况核查相关的必要信息，有关部门、单位、村民委员会、居民委员会和个人应当予以配合。

第四十二条　法律援助申请人有材料证明属于下列人员之一的，免予核查经济困难状况：

（一）无固定生活来源的未成年人、老年人、残疾人等特定群体；

（二）社会救助、司法救助或者优抚对象；

（三）申请支付劳动报酬或者请求工伤事故人身损害赔偿的进城务工人员；

（四）法律、法规、规章规定的其他人员。

【释义】 本条是关于免于核查经济困难状况人员范围的规定。

一、无固定生活来源的未成年人、老年人、残疾人等特定群体

依照本条规定，申请人如果有证明材料证明自己属于本条规定特殊人员的，免予对他们进行经济困难状况核查。本条是为了方便困难群众更快捷地获得及时、有效的法律帮助而特别规定的便民措施。中共中央办公厅、国务院办公厅 2015 年印发《关于完善法律援助制度的意见》要求，完善法律援助便民服务机制，建立健全便民利民措施，加强长效机制建设；简化程序、手续，丰富服务内容；简化审查程序，对城乡低保对象、特困供养人员等正在接受社会救助的对象和无固定生活来源的残疾人、老年人等特定群体，以及申请支付劳动报酬、工伤赔偿的农民工，免除经济困难审查，提高审查效率。本条规定严格贯彻执行中央有关精神，同时也是在对地方法律援助立法实践进行经验归纳总结的基础上所作出的制度安排。免于核查经济困难状况的人员，首先包括无固定生活来源的未成年人、老年人、残疾人等特定群体，主要是指城市“三无”人员和农村“五保”供养人员等城乡特困人员，包括经县级民政部门或者乡镇人民政府、街道办事处审核确认，符合无劳动能力、无生活来源且无法定赡养、抚养、扶养义务人，或者其法定赡养、抚养、扶养义务人无赡养、抚养、扶养能力的老年人、残疾人以及未成年人。

二、社会救助、司法救助或者优抚对象

（一）社会救助对象

根据中共中央办公厅、国务院办公厅印发的《关于改革完善社会救助制度的意见》、国务院《社会救助暂行办法》等规范性文

件的规定，社会救助对象主要包括下列家庭或者人员：

（1）最低生活保障家庭。指经县级民政部门或者乡镇人民政府、街道办事处审核确认，符合下列规定的家庭：共同生活的家庭成员人均收入低于当地最低生活保障标准；家庭财产状况符合当地有关规定。国家对此类家庭，给予最低生活保障。

（2）特困供养人员。指经县级民政部门或者乡镇人民政府、街道办事处审核确认，符合无劳动能力、无生活来源且无法定赡养、抚养、扶养义务人，或者其法定赡养、抚养、扶养义务人无赡养、抚养、扶养能力的老年人、残疾人以及未成年人。国家对此类人员给予特困人员供养，包括：提供基本生活条件；对生活不能自理的给予照料；提供疾病治疗；办理丧葬事宜。

（3）受灾人员。指基本生活受到自然灾害严重影响的人员。国家建立健全自然灾害救助制度，对基本生活受到自然灾害严重影响的人员，提供生活救助。

（4）临时遇困家庭或者人员。指遭遇突发事件、意外伤害、重大疾病，受传染病疫情等突发公共卫生事件影响或由于其他特殊原因导致基本生活暂时陷入困境的家庭或人员，以及临时遇困、生活无着人员。国家对此类家庭给予急难社会救助，根据实际需要给予基本生活救助和相应的医疗、住房、教育、就业等专项社会救助或实施其他必要救助措施。

（5）支出型贫困家庭。指经县级民政部门会同有关社会救助管理部门审核确认，符合下列规定的家庭：共同生活的家庭成员年人均收入低于上年度当地居民人均可支配收入；家庭财产状况符合当地有关规定；医疗、教育等必需支出占家庭总收入的比例达到或者超过当地规定，导致基本生活出现严重困难；未纳入最低生活保障、特困供养或者低收入家庭救助范围。国家对此类家庭给予临时救助，根据实际需要给予相应的医疗、住房、教育、就业等专项社会救助或实施其他必要救助措施。

(6)生活无着的流浪乞讨人员。指离家在外身陷生存困境、自身无力解决食宿、处于流浪、乞讨状态的人员。国家对此类人员实行救助,保障其基本生活权益:提供符合食品卫生要求的食物;提供符合基本条件的住处;对在站内突发急病的,及时送医院救治;帮助与其亲属或者所在单位联系;对没有交通费返回其住所地或者所在单位的,提供乘车凭证。

(7)需要急救,但身份不明或者无力支付费用的人员。指在我国境内发生急危重伤病、需要急救但身份不明确或无力支付相应费用的人员。国家对这类人员给予疾病应急救助。对无法查明身份患者所发生的急救费用,给予补助;对身份明确但无力缴费的患者所拖欠的急救费用,给予补助。主要依据《需要紧急救治的急危重伤病标准及诊疗规范》中规定的病种,以院前急救、急诊科、重症医学科及需要专科进行的紧急抢救治疗为主。

(8)低收入家庭。指经县级民政部门会同相关社会救助管理部门审核确认,符合下列规定的家庭:共同生活的家庭成员人均收入低于当地低收入标准;家庭财产状况符合当地有关规定;未纳入最低生活保障、特困供养范围。根据民政部、财政部 2020 年 6 月颁布的《关于进一步做好困难群众基本生活保障工作的通知》(民发〔2020〕69 号),低收入家庭一般是指家庭人均收入高于当地城乡低保标准,但低于低保标准 1.5 倍,且财产状况符合当地相关规定的低保边缘家庭。对不符合低保或特困供养条件的低收入家庭,根据实际需要给予相应的医疗、住房、教育、就业等专项社会救助或实施其他必要救助措施。

(9)省、自治区、直辖市人民政府确定的其他特殊困难家庭或者人员。

（二）司法救助对象

根据中共中央政法委员会、财政部、最高人民法院、最高人民检察院、公安部、司法部《关于建立完善国家司法救助制度的意见（试行）》的规定，国家司法救助的对象包括：（1）刑事案件被害人受到犯罪侵害，致使重伤或严重残疾，因案件无法侦破造成生活困难的；或者因加害人死亡或没有赔偿能力，无法经过诉讼获得赔偿，造成生活困难的。（2）刑事案件被害人受到犯罪侵害危及生命，急需救治，无力承担医疗救治费用的。（3）刑事案件被害人受到犯罪侵害而死亡，因案件无法侦破造成依靠其收入为主要生活来源的近亲属生活困难的；或者因加害人死亡或没有赔偿能力，依靠被害人收入为主要生活来源的近亲属无法经过诉讼获得赔偿，造成生活困难的。（4）刑事案件被害人受到犯罪侵害，致使财产遭受重大损失，因案件无法侦破造成生活困难的；或者因加害人死亡或没有赔偿能力，无法经过诉讼获得赔偿，造成生活困难的。（5）举报人、证人、鉴定人因举报、作证、鉴定受到打击报复，致使人身受到伤害或财产受到重大损失，无法经过诉讼获得赔偿，造成生活困难的。（6）追索赡养费、扶养费、抚育费等，因被执行人没有履行能力，造成申请执行人生活困难的。（7）对于道路交通事故等民事侵权行为造成人身伤害，无法经过诉讼获得赔偿，造成生活困难的。（8）党委政法委和政法各单位根据实际情况，认为需要救助的其他人员。涉法涉诉信访人，其诉求具有一定合理性，但通过法律途径难以解决，且生活困难，愿意接受国家司法救助后息诉息访的，可参照执行。

申请国家司法救助人员，具有以下情形之一的，一般不予救助：对案件发生有重大过错的；无正当理由，拒绝配合查明犯罪事实的；故意作虚伪陈述或者伪造证据，妨害刑事诉讼的；在诉讼中主动放弃民事赔偿请求或拒绝加害责任人及其近亲属赔偿的；生活困难非案件原因所导致的；通过社会救助措施，已经得到合理补偿、救助的。对社会组织、法人，不予救助。

国家司法救助以支付救助金为主要方式。同时，与思想疏导、宣传教育相结合，与法律援助、诉讼救济相配套，与其他社会救助相衔接。

（三）社会优抚对象

社会优抚是指国家和社会依照法律法规给予对国家和社会作出牺牲或者特殊贡献者及其家属的物质帮助、优待照顾、精神褒扬，包括各种优待、抚恤、补助、援助、养老、就业安置、褒扬革命烈士等。社会优抚的对象主要包括：现役军人、伤残军人、退役军人、国家机关伤残人员、革命烈士家属、因公牺牲军人家属、病故军人家属、现役军人家属等。

三、申请支付劳动报酬或者请求工伤事故人身损害赔偿的进城务工人员

进城务工人员一般也称为农民工，是指户籍地在农村，进入城区务工，在当地或者异地从事非农产业劳动 6 个月及以上，常住地在城区，以非农业收入为主要收入的劳动者。进城务工人员，一般就职于城市的工程建设或者服务行业的最一线，工作繁重、劳动环境差，收入不稳定，需要切实保障其劳动权益。工资报酬权益和劳动安全权益是劳动者的核心权益。中共中央办公厅、国务院办公厅 2015 年印发《关于完善法律援助制度的意见》明确要求对申请支付劳动报酬、工伤赔偿的农民工简化审查程序，免除经济困难审查，提高审查效率。为根治农民工欠薪问题，国务院颁布《保障农民工工资支付条例》，其中第 45 条第 1 款规定："司法行政部门和法律援助机构应当将农民工列为法律援助的重点对象，并依法为请求支付工资的农民工提供便捷的法律援助。"

而农民工工伤事故也是司法实践中常见的案件，工伤事故是指劳动者在工作时间、工作场所内、因工作原因所遭受的人身损害，以及罹患职业病的意外事故。由于农民工群体就业的行业，存在很多非正规就业，一旦发生工伤事故后，往往会发生人身损害赔偿法律纠纷，而工伤认定、劳动能力鉴定等程序都需要专业的法律帮助。为了保证农民工能够获得及时有效的法律帮助，本条规定这种情况下应当免于经济困难状况核查。

四、其他人员

除了本条第1项至第3项规定的人员范围，免于经济核查程序的法律援助对象还包括：

（1）依据《刑事诉讼法》和本法第25条的规定指派辩护人的，即刑事案件的犯罪嫌疑人、被告人属于下列人员之一，没有委托辩护人的，人民法院、人民检察院、公安机关应当通知法律援助机构指派律师担任辩护人：未成年人；视力、听力、言语残疾人；不能完全辨认自己行为的成年人；可能被判处无期徒刑、死刑的人；申请法律援助的死刑复核案件被告人；缺席审判案件的被告人；法律法规规定的其他人员。其他适用普通程序审理的刑事案件，被告人没有委托辩护人的，人民法院可以通知法律援助机构指派律师担任辩护人。

（2）依据《刑事诉讼法》和本法第28条规定指派诉讼代理律师的，即强制医疗案件的被申请人或者被告人没有委托诉讼代理人的，人民法院应当通知法律援助机构指派律师为其提供法律援助。

（3）依据本法第32条规定，当事人申请法律援助的，不受经济困难条件限制的，包括以下情形：英雄烈士近亲属为维护英雄烈士的人格权益；因见义勇为行为主张相关民事权益；再审改判无罪请求国家赔偿;遭受虐待、遗弃或者家庭暴力的受害人主张相关权益;法律、法规、规章规定的其他情形。

根据经济社会发展状况,综合法律援助资源状况、公民法律援助需求等因素,法律援助工作的趋势是进一步放宽经济困难标准,降低法律援助门槛,使法律援助覆盖人群逐步拓展至更大范围,惠及更多困难群众。因此本法授权其他法律、法规或者规章可以根据实际需要,规定其他免于经济困难情况核查予以法律援助的情形,为困难群众就业、就学、就医、社会保障等领域的案件,积极提供诉讼和非诉讼代理服务,重点做好农民工、下岗失业人员、妇女、未成年人、老年人、残疾人和军人军属等群体法律援助工作,切实维护其合法权益。

司法部2012年颁布《办理法律援助案件程序规定》,其中第10条规定,申请人持有下列证件、证明材料的,则应当根据本条规定免于核查经济困难状况:(1)城市居民最低生活保障证或者农村居民最低生活保障证;(2)农村特困户救助证;(3)农村"五保"供养证;(4)人民法院给予申请人司法救助的决定;(5)在社会福利机构中由政府出资供养或者由慈善机构出资供养的证明材料;(6)残疾证及申请人住所地或者经常居住地的村民委员会、居民委员会出具的无固定生活来源的证明材料;(7)依靠政府或者单位给付抚恤金生活的证明材料;(8)因自然灾害等原因导致生活出现暂时困难,正在接受政府临时救济的证明材料;(9)法律、法规及省、自治区、直辖市人民政府规定的能够证明法律援助申请人经济困难的其他证件、证明材料。

一些地方规定了一些免予核查经济困难状况的特殊情形,如2019年《吉林省法律援助条例》第26条中规定"未成年人受到其监护人人身侵害,请求保护其合法权益或者主张义务教育权利的"和"国务院规定的沿边重点地区引进的流动人才"无须提交经济状况证明,但是应当提供相应证件或者证明材料。

第四十三条　法律援助机构应当自收到法律援助申请之日起七日内进行审查,作出是否给予法律援助的决定。决定给予法律援助的,应当自作出决定之日起三日内指派法律援助人员为受援人提供法律援助;决定不给予法律援助的,应当书面告知申请人,并说明理由。

申请人提交的申请材料不齐全的,法律援助机构应当一次性告知申请人需要补充的材料或者要求申请人作出说明。申请人未按要求补充材料或者作出说明的,视为撤回申请。

【释义】　本条是关于审查法律援助申请的规定。

一、法律援助申请审查的程序和时限

依据本法第 12 条规定,法律援助机构负责组织实施法律援助工作,受理、审查法律援助申请,指派律师、基层法律服务工作者、法律援助志愿者等法律援助人员提供法律援助。国家实施法律援助是有条件的,因此本条进一步规定了法律援助机构应当对申请人的申请材料进行审查并在一定期限内作出是否给予法律援助的决定,并指派法律援助人员为受援人提供法律援助。申请人依照本法规定向法律援助机构提出法律援助申请,法律援助机构在收到法律援助申请材料后,应当及时启动内部审查程序,审查法律援助申请材料的内容、申请人的身份证件、相关证明材料和所申请法律援助事项有关案件材料等,并在收到申请的 7 日内作出是否受理的决定,同时自决定作出之日起 3 日内指派法律援助人员为受援人提供法律援助。法律援助机构对法律援助申请

进行审查,是确保法律援助工作正常进行的重要环节。做好这一工作,可以为顺利地开展法律援助活动创造有利条件,保障法律援助申请人依法行使自己的权利,保证合法权益遭受侵害、更多急需法律帮助的困难群众及时获得平等的法律救济机会。

合理规定法律援助机构的审查期限,应体现法律援助制度的及时有效原则,同时也要注意实际操作中的可行性问题。因此本条将法律援助申请的审查期限规定为 7 日。

二、申请材料审查处理的具体情形

法律援助机构需要对申请人的身份证明材料(包括代理提出申请时的代理权证明材料),经济困难证明材料(一些地方已经进行改革,以经济困难状况告知承诺书代替经济困难证明)以及与所申请法律援助事项有关的案件材料进行审查,并根据不同情况作出以下四种处理:

(1)申请人所提交的证件和证明材料齐全,认为符合法律援助条件的,应当在 7 日内及时决定提供法律援助。

(2)根据申请人所提交的证件和证明材料,认为不符合法律援助条件的,决定不给予法律援助的,应当在收到申请材料后 7 日内书面告知申请人不提供援助的理由。说明理由的内容应包括事实方面的、法律方面的以及自由裁量是否符合法定目的等。例如,法律援助申请所涉法律援助事项是否属于法律援助的受案范围,是否在诉讼有效期间或者其他法律救济程序的有效期间,申请人是否符合本法规定的申请人或者受援人范围,所申请的法律援助事项是否属于本法律援助机构的管辖范围等。说明理由应当以书面方式作出,叙述时应当简洁、清楚。说明理由的同时,法律援助机构可以告知申请人享有相关权利,如依据本法第 49 条的规定,申请人、受援人对法律援助机构不予法律援助、终止法律援助的决定有异议的，可以向设立该法律援助机构的司法行政部门提出；司法行政部门应当自收到异议之日起 5 日内进行审查，作出维持法律援助机构决定或者责令法律援助机构改正的决定；申请人、受援人对司法行政部门维持法律援助机构决定不服的，可以依法申请行政复议或者提起行政诉讼。

（3）认为提交的证件和证明材料不齐全的，法律援助机构应当一次性告知申请人需要补充的必要材料或者要求申请人作出必要的说明。如果申请材料不齐全、不完备，法律援助机构不能径行驳回申请，而应当向申请人发出补正告知。为了方便困难群众，凡是申请人能当场提供补充信息或者作出说明的，法律援助机构应当告知其当场予以补充或者说明；不能当场作出补充或者说明的，且申请人的申请材料可能存在多处需要补充或者作出说明的情况的，法律援助机构应当将需要补充和说明的全部内容一次告知申请人，不能反复要求申请人补正，以避免浪费申请人的精力和时间。在此种情形下，如果申请人按照法律援助机构的要求对申请材料作出了必要的补充或者说明，符合法律援助条件的，法律援助机构应当及时决定提供法律援助；若申请人未按照要求作出补充或者说明的，依据本条第 2 款的规定，视为申请人撤回了法律援助申请。依据司法部 2012 年颁布的《办理法律援助案件程序规定》，申请人补充材料、作出说明所需的时间不计入审查期限。

（4）认为提交的证件和证明材料需要查证的，由法律援助机构向有关机关、单位和个人调查核实。在此种情形下，法律援助机构可以依照本法第 41 条规定和《国务院关于在线政务服务的若干规定》的要求，通过部门信息共享的方式查询申请人的相关信息，核查其经济困难状况。法律援助机构应当根据查证的结果是否符合本法规定的法律援助的条件，决定是否提供法律援助。

依据司法部 2012 年颁布的《办理法律援助案件程序规定》，此种情形下，可以适当延长审查期限。

第四十四条　法律援助机构收到法律援助申请后，发现有下列情形之一的，可以决定先行提供法律援助：

（一）距法定时效或者期限届满不足七日，需要及时提起诉讼或者申请仲裁、行政复议；

（二）需要立即申请财产保全、证据保全或者先予执行；

（三）法律、法规、规章规定的其他情形。

法律援助机构先行提供法律援助的，受援人应当及时补办有关手续，补充有关材料。

【释义】　本条是关于先行提供法律援助情形的规定。

一、诉讼、仲裁或者复议案件的法定时效或者法定期限即将届满

此处法定时效或者法定期限，是指法律规定的当事人在权利遭受侵害时，能够提起诉讼或者申请仲裁、行政复议，请求获得法律保护的期间。在该法定期间内，当事人有权依法提起诉讼或者申请仲裁、行政复议，获得法律救济。如果当事人在该法定期间内未行使提起诉讼或者申请仲裁、行政复议的权利，当时效或者期限届满后，再诉诸人民法院、仲裁委员会或者行政复议机关的，法律对相关实体权利将不再予以救济。本条主要是指有关法律规定的当事人向人民法院提起刑事诉讼、民事诉讼或者行政诉讼，向仲裁委员会申请调解仲裁，向行政复议机关申请行政复议的时效或者期限。

（1）我国《刑法》规定的刑事犯罪追诉期限为：法定最高刑为

不满 5 年有期徒刑的,经过 5 年;法定最高刑为 5 年以上不满 10 年有期徒刑的,经过 10 年;法定最高刑为 10 年以上有期徒刑的,经过 15 年;法定最高刑为无期徒刑、死刑的,经过 20 年。如果 20 年以后认为必须追诉的,须报请最高人民检察院核准。追诉期限从犯罪之日起计算;犯罪行为有连续或者继续状态的,从犯罪行为终了之日起计算。在追诉期限以内又犯罪的,前罪追诉的期限从犯后罪之日起计算。犯罪超过上述期限将不再追诉。

(2)《民法典》规定向人民法院请求保护民事权利的诉讼时效期间为 3 年。法律另有规定的,依照其规定。诉讼时效期间自权利人知道或者应当知道权利受到损害以及义务人之日起计算。法律另有规定的,依照其规定。但是,自权利受到损害之日起超过 20 年的,人民法院不予保护,有特殊情况的,人民法院可以根据权利人的申请决定延长。未成年人遭受性侵害的损害赔偿请求权的诉讼时效期间,自受害人年满 18 周岁之日起计算。诉讼时效期间届满的,义务人可以提出不履行义务的抗辩。诉讼时效因法定事由中断,从中断、有关程序终结时起,诉讼时效期间重新计算。

(3)《行政诉讼法》规定,公民、法人或者其他组织直接向人民法院提起诉讼的,应当自知道或者应当知道作出行政行为之日起 6 个月内提出。法律另有规定的除外。因不动产提起诉讼的案件自行政行为作出之日起超过 20 年,其他案件自行政行为作出之日起超过 5 年提起诉讼的,人民法院不予受理。

(4)《民法典》规定,法律对仲裁时效有规定的,依照其规定;没有规定的,适用诉讼时效的规定,一般是 3 年。根据《劳动争议调解仲裁法》的规定,劳动争议申请仲裁的时效期间为 1 年;劳动关系存续期间因拖欠劳动报酬发生争议的,劳动者申请仲裁不受该仲裁时效期间的限制;但是,劳动关系终止的,应当自劳动关系终止之日起 1 年内提出。

(5)《行政复议法》规定,公民、法人或者其他组织认为具体行政行为侵犯其合法权益的,可以自知道该具体行政行为之日起 60 日内提出行政复议申请;但是法律规定的申请期限超过 60 日的除外。因不可抗力或者其他正当理由耽误法定申请期限的,申请期限自障碍消除之日起继续计算。

上述法定时效或者期限对法律援助申请人非常重要。如果当事人在法定时效或者期限即将届满时才提出法律援助申请,而法律援助机构按照正常的工作流程需要其办理申请手续,提供相关证件和材料,并经过 7 日的审查期限与 3 日的指派法律援助人员期限,还要给法律援助人员保留一定的时间以了解案情,收集相关材料,最后才提起诉讼或者申请仲裁、行政复议时,法定时效或者期限极有可能已经届满了,当事人会因此失去获得法律保护的机会。为了保证申请人有机会获得法律保护,本法做了特别规定,即法律援助机构收到法律援助申请后,发现距提起诉讼或者申请仲裁、行政复议的法定时效或者期限届满之日不足 7 天,时间紧迫,需要及时提起诉讼或者申请仲裁、行政复议的,可以立即决定先行提供法律援助,尽可能快捷地为急需法律救济的困难群众提供法律帮助,防止法定时效或者期限届满。

二、需要立即申请财产保全、证据保全或者先予执行

根据本条的规定,法律援助机构收到法律援助申请后,如果发现申请的法律援助事项需要立即申请财产保全、证据保全或者先予执行的,可以暂停对申请材料的审查工作,先行决定提供法律援助,以最大限度地保障申请人的合法权益,维持基本生活和生产经营。

财产保全,是指人民法院在利害关系人起诉前或者当事人起

诉后,为防止当事人在人民法院作出判决前处分有争议标的物或者处分判决生效后用以执行的财产,防止纠纷扩大,并保障将来的生效判决能够得到执行或者避免财产遭受损失,对当事人的财产或者争议的标的物,采取限制当事人处分的强制措施。根据《民事诉讼法》的规定,人民法院对于可能因当事人一方的行为或者其他原因,使判决难以执行或者造成当事人其他损害的案件,根据对方当事人的申请,可以裁定对其财产进行保全。利害关系人因情况紧急,不立即申请保全将会使其合法权益受到难以弥补的损害的,可以在提起诉讼或者申请仲裁前向被保全财产所在地、被申请人住所地或者对案件有管辖权的人民法院申请采取保全措施。财产保全限于请求的范围,或者与本案有关的财物。财产保全采取查封、扣押、冻结或者法律规定的其他方法。财产保全要求所涉争议必须有具有财产给付内容。

证据保全,是指在证据有可能毁损、灭失,或以后难以取得的情况下,人民法院采取措施对证据进行保护,以保证其证明力的一项措施。证据保全的意义,在于保护证据的证明力,使与案件有关的事实材料不因有关情形的发生而无法取得或丧失证明作用,以此来满足当事人证明案件事实和法院查明案件事实的需要。根据《民事诉讼法》规定,在证据可能灭失或者以后难以取得的情况下,当事人可以在诉讼过程中向人民法院申请保全证据,人民法院也可以主动采取保全措施。因情况紧急,在证据可能灭失或者以后难以取得的情况下,利害关系人可以在提起诉讼或者申请仲裁前向证据所在地、被申请人住所地或者对案件有管辖权的人民法院申请保全证据。根据《刑事诉讼法》规定,司法机关有权采取各种措施收集、调取证据,对于扣押的物品、文件要妥善保管或者封存。

先予执行,是指人民法院在受理案件后、终审判决作出之前,根据一方当事人的申请,裁定对方当事人向申请一方当事人给付一定数额的金钱或其他财物,或者实施或停止某种行为,并立即付诸执行的一种程序。根据《民事诉讼法》的规定,先予执行适用的案件范围:(1)追索赡养费、扶养费、抚育费、抚恤金、医疗费用的案件;(2)追索劳动报酬的案件;(3)因情况紧急需要先予执行的案件。适用先予执行,还要求:(1)当事人之间权利义务关系明确,不先予执行将严重影响申请人的生活或者生产经营的;(2)被申请人有履行能力。

依照本条第2款的规定,法律援助机构先行提供法律援助的,受援人应当及时补办有关手续,补充有关材料。按照司法部2012年颁布的《办理法律援助案件程序规定》规定,先行提供法律援助的,受援人应当在法律援助机构确定的期限内补交规定的申请材料。法律援助机构经审查认为受援人不符合经济困难标准的,应当终止法律援助;法律援助机构经审查核实,决定终止法律援助的,应当制作终止法律援助决定书,并发送受援人,同时函告法律援助人员所属单位和有关机关、单位。

三、其他情形

司法部2012年颁布的《办理法律援助案件程序规定》对先行提供法律援助情形作了规定,根据该规定,申请事项符合国务院《法律援助条例》第10条规定的需要代理的事项、第11条规定的刑事诉讼事项,且具有下列情形之一的,法律援助机构可以决定先行提供法律援助:(1)距法定时效届满不足7日,需要及时提起诉讼或者申请仲裁、行政复议的;(2)需要立即申请财产保全、证据保全或者先予执行的;(3)其他紧急或者特殊情况。

2015年,中共中央办公厅、国务院办公厅印发《关于完善法律援助制度的意见》,要求完善法律援助便民服务机制,建立健全便民利民措施，加强长效机制建设，对情况紧急的案件可以先行受理，事后补办材料、手续，尽可能快捷地为急需法律救济的困难群众提供法律援助。为了贯彻落实上述中央精神要求，本次立法对先行提供法律援助情形做出了规定，在司法部现行规定基础上，进一步扩大了该制度的适用范围。一是扩大了可能适用先行提供法律援助制度的申请事项范围，将其适用于所有的案件，只要是具有本条规定情形的。二是规范了适用先行提供法律援助制度的情形，增加了可操作性，明确可以是法律、行政法规、地方性法规、部门规章或者政府规章所规定的其他情形，不限于“其他紧急或者特殊情况”，为有关部门或者地方积极探索实践留出空间。

第四十五条　法律援助机构为老年人、残疾人提供法律援助服务的，应当根据实际情况提供无障碍设施设备和服务。

法律法规对向特定群体提供法律援助有其他特别规定的，依照其规定。

【释义】　本条是关于向特定群体提供法律援助的规定。

一、为老年人、残疾人提供无障碍法律援助服务

按照本条第 1 款的规定，法律援助机构为老年人、残疾人提供法律援助服务的，应当根据实际情况提供无障碍设施设备和服务。老年人由于身体机能老化、残疾人由于存在残疾因素，在参与社会生活方面存在自身难以克服的客观困难。我国《残疾人保障法》《老年人权益保障法》《无障碍环境建设条例》等法律、法规为了保障残疾人、老年人等特殊群体平等地参与社会生活，对无障碍环境建设作了规定。本款要求法律援助机构“提供无障碍设施设备和服务”即要求法律援助机构进行无障碍环境建设,以为残疾人、老年人提供安全、方便、可及的无障碍服务。

无障碍环境,是指便于残疾人、老年人等社会成员自主安全地通行道路、出入相关建筑物、搭乘公共交通工具、交流信息、获得社会服务的环境,一般包括无障碍设施、无障碍信息传播与交流、无障碍社会服务。无障碍环境建设应当与经济社会发展水平相适应,遵循政府主导、社会参与、广泛受益的原则,满足相关社会成员自主出行、便捷交流、获得服务等需求,体现人文关怀与社会支持。如 2018 年 1 月,交通运输部会同住房和城乡建设部、国家铁路局、中国民用航空局、国家邮政局、中国残疾人联合会、全国老龄工作委员会办公室联合印发了《关于进一步加强和改善老年人残疾人出行服务的实施意见》,提出到 2035 年,完善的交通运输无障碍出行服务体系基本建成,覆盖全面、无缝衔接、安全舒适的无障碍出行服务环境持续改善,无障碍出行服务水平显著提升,基本满足老年人、残疾人美好生活的出行需要。

具体到法律援助机构,属于提供政务服务的公共机构,其负责接收法律援助申请的各个服务大厅或者服务窗口,可能会有残疾人、老年人或者其他行动不便者来寻求法律帮助,属于提供政务服务的公共建筑。这就要求其符合国家关于无障碍环境建设的有关要求:

第一,提供方便残疾人、老年人通行和使用的无障碍设施设备。办公场所应当符合无障碍设施工程建设标准,并与周边的无障碍设施相衔接。无障碍设施应当设置符合标准的无障碍标识,并纳入城市环境或者建筑内部的引导标识系统。无障碍标识应当位置醒目,内容清晰、规范,指明无障碍设施的走向及位置。如出入口、地面、电梯、扶手、厕位、房门、柜台等应当方便残疾人、老年人及其轮椅通行和使用;专门设置服务于老年人、残疾人等特殊群体的无障碍导办台或者无障碍服务窗口;设置醒目的提示引导牌、语音引导装置和盲文指示标识等。

第二,提供无障碍信息传播与交流,即信息无障碍。信息无障碍是指通过信息化手段弥补身体机能、所处环境等存在的差异,使任何人(无论是健全人还是残疾人,无论是年轻人还是老年人)都能平等、方便、安全地获取、交互、使用信息。近年来,随着我国互联网、大数据、人工智能等信息技术快速发展,智能化服务得到广泛应用,深刻改变了生产生活方式,“互联网+智能服务”正在全面渗透到经济社会的各个领域。然而,老年人、残疾人及文化程度低的人群等弱势群体不会或不能上网、使用智能手机,在平等获取信息和利用信息方面仍然存在很多困难和障碍,在出行、就医、消费等日常生活中遇到不便,无法充分享受智能化服务带来的便利,面临的“数字鸿沟”问题日益凸显,严重影响着他们的学习、工作和生活质量。为了推动和加强无障碍信息建设,解决老年人、残疾人等在运用智能技术方面遇到的困难,让其更好共享信息化发展成果,国家先后出台《关于加强网站无障碍服务能力建设的指导意见》《关于切实解决老年人运用智能技术困难的实施方案》《互联网应用适老化及无障碍改造专项行动方案》《关于推进信息无障碍的指导意见》等一些规范性文件,信息无障碍建设取得积极进展。法律援助机构应当采取措施,为残疾人、老年人获取并利用法律援助公共信息提供便利,发布与残疾人、老年人相关的信息,应当创造条件尽量提供语音播报、文字提示等信息交流服务。法律援助机构的政务服务平台、公共服务网站及其移动终端应用,应当符合或者逐步达到相关无障碍设计标准,提供无障碍信息传播与交流服务。法律援助机构应当创造条件为残疾人、老年人提供语音和文字提示、手语、盲文等信息交流服务,并对工作人员进行无障碍服务技能培训。

第三,提供无障碍政务服务。法律援助机构应当为残疾人、老年人等社会成员提供必要的无障碍服务,并优先办理相关事项,如为残疾人、老年人提供轮椅、语音文字导览或者手语翻译等无障碍服务。有条件的地方可以在服务大厅配备电子信息显示屏、手写板等辅助设备,为有需求的听力、言语障碍者提供文字信息服务,为视力障碍者提供语音信息服务,方便其办理业务。法律援助机构应当采取措施,推广应用符合残疾人、老年人等社会成员需求特点的智能信息服务并提供相应支持,尊重残疾人、老年人的习惯,保留并完善传统服务方式,推动线上、线下服务融合发展、互为补充。法律援助机构应当为携带辅助犬的残疾人提供便利。视力残疾人携带符合条件的导盲犬出入公共场所、使用公共交通和其他公共设施的,有关单位和个人不得拒绝。

二、法律法规可以作出特别规定

依照本条第 2 款的规定,法律、行政法规和地方性法规对向特定群体提供法律援助有其他特别规定的,依照其规定。

一是依照法律。如《英雄烈士保护法》规定,英雄烈士的近亲属对侵害英雄烈士的姓名、肖像、名誉、荣誉的行为依法向人民法院提起诉讼的,法律援助机构应当依法提供法律援助服务。《反家庭暴力法》规定,法律援助机构应当依法为家庭暴力受害人提供法律援助。《老年人权益保障法》规定,老年人因其合法权益受侵害提起诉讼,需要获得律师帮助,但无力支付律师费用的,可以获得法律援助;鼓励律师事务所、公证处、基层法律服务所和其他法律服务机构为经济困难的老年人提供免费或者优惠服务。《未成年人保护法》规定,在司法活动中对需要法律援助或者司法救助的未成年人,法律援助机构或者人民法院应当给予帮助,依法为其提供法律援助或者司法救助。《残疾人保障法》规定,残疾人的合法权益受到侵害的，有权要求有关部门依法处理，或者依法向仲裁机构申请仲裁，或者依法向人民法院提起诉讼；对有经济困难或者其他原因确需法律援助或者司法救助的残疾人，当地法律援助机构或者人民法院应当给予帮助，依法为其提供法律援助或者司法救助。《妇女权益保障法》规定，妇女的合法权益受到侵害的，有权要求有关部门依法处理，或者依法向仲裁机构申请仲裁，或者向人民法院起诉；对有经济困难需要法律援助或者司法救助的妇女，当地法律援助机构或者人民法院应当给予帮助，依法为其提供法律援助或者司法救助。《水污染防治法》规定，国家鼓励法律服务机构和律师为水污染损害诉讼中的受害人提供法律援助。《固体废物污染环境防治法》规定，国家鼓励法律服务机构对固体废物污染环境诉讼中的受害人提供法律援助。《农业法》规定，违反法律规定，侵犯农民权益的，农民或者农业生产经营组织可以依法申请行政复议或者向人民法院提起诉讼，人民法院和司法行政主管机关应当依照有关规定为农民提供法律援助。《社区矫正法》规定，社区矫正对象可以按照国家有关规定申请社会救助、参加社会保险、获得法律援助，社区矫正机构应当给予必要的协助。当然，我国《刑事诉讼法》和《律师法》对刑事诉讼程序中的法律援助问题和律师履行法律援助义务等问题作了专门规定，也是需要依照执行的。

二是依照行政法规。国务院 2003 年颁布《法律援助条例》，对法律援助做专门规定，本法生效后，其中与本法相一致的规定，继续有效，与本法不一致的内容将不能再继续执行。其他行政法规也有规定向特定群体提供法律援助的，也是本法所允许的。如《保障农民工工资支付条例》规定，司法行政部门和法律援助机构应当将农民工列为法律援助的重点对象，并依法为请求支付工资的农民工提供便捷的法律援助。《居住证暂行条例》规定，县级以上人民政府及其有关部门应当为居住证持有人提供法律援助和其他法律服务。

三是依照地方性法规。目前，我国有 20 多个省、直辖市和自治区出台了专门的法律援助条例。同时，本法也授权地方可以根据本地实际，通过制定地方法规向特定群体提供法律援助，如 2010 年的《上海市实施〈中华人民共和国归侨侨眷权益保护法〉办法》规定，归侨、侨眷的合法权益受到侵害的，有权要求有关主管部门依法处理，或者向人民法院提起诉讼；对有经济困难的归侨、侨眷，上海市法律援助机构应当依法为其提供法律援助；各级侨联应当给予支持和帮助。2018 年《浙江省华侨权益保护条例》规定，华侨可以按照国家和省有关规定获得法律援助服务。2020 年《河南省优化营商环境条例》规定，县级以上人民政府及司法行政主管部门应当加快推进公共法律服务体系建设，整合律师、基层法律服务、公证、司法鉴定、人民调解、仲裁等法律服务资源，为市场主体提供法律咨询、法律援助和法律救济等服务，引导和帮助市场主体依法维权。2021 年《江苏省志愿服务条例》规定，因提供志愿服务受伤、致残的志愿者或者死亡的志愿者的近亲属，提起诉讼申请法律援助的，法律援助机构按照规定及时提供法律援助。如 2017 年《南京市法律援助条例》规定，公民“因劳动关系请求经济补偿、赔偿的”“因生产安全事故、产品及农业生产资料质量事故、环境污染事故等遭受重大经济损失请求赔偿的”“因婚姻纠纷，遗赠、抚养协议纠纷或者监护权、继承权等民事权益受到严重侵害，请求确认权利或者赔偿的”，需要代理的，因经济困难没有委托代理人的，可以申请法律援助。

第四十六条　法律援助人员接受指派后，无正当理由不得拒绝、拖延或者终止提供法律援助服务。

法律援助人员应当按照规定向受援人通报法律援助事项办理情况，不得损害受援人合法权益。

【释义】 本条是关于法律援助人员相关义务的规定。

一、无正当理由不得拒绝、拖延或者终止提供法律援助

根据本法第12、13条的规定，具体办理法律援助的人员主要有四类，即律师、基层法律服务工作者、法律援助志愿者以及法律援助机构内具有律师资格或者法律职业资格的工作人员。其中，律师是办理法律援助案件的主要人员。本法第16条规定，律师事务所、基层法律服务所、律师、基层法律服务工作者负有依法提供法律援助的义务。我国《律师法》规定，律师、律师事务所应当按照国家规定履行法律援助义务，为受援人提供符合标准的法律服务，维护受援人的合法权益；律师接受委托后，无正当理由的，不得拒绝辩护或者代理；但是，委托事项违法、委托人利用律师提供的服务从事违法活动或者委托人故意隐瞒与案件有关的重要事实的，律师有权拒绝辩护或者代理。司法部2016年修订的《律师执业管理办法》第45条则规定，律师应当按照国家规定履行法律援助义务，为受援人提供符合标准的法律服务，维护受援人的合法权益，不得拖延、懈怠履行或者擅自停止履行法律援助职责，或者未经律师事务所、法律援助机构同意，擅自将法律援助案件转交其他人员办理。一般情况下法律援助工作人员接受法律援助机构的指派后，应当依照有关法律法规和规章的规定，尽职尽责地为受援人提供法律服务，办理法律事务，维护受援人的合法权益，不得随意拒绝指派；也不得在接受指派后，拖延办理相关法律援助事务，不及时为受援人提供法律帮助；不得在接受指派后，没有合法原因或者其他合理理由时，擅自终止向受援人提供法律援助服务。为了维护受援人的合法权益，确保法律援助人员依法执业，本条第 1 款明确规定，法律援助人员接受指派后，无正当理由不得拒绝、拖延或者终止提供法律援助服务。同时本法也允许在具备本法第 48 条规定的八种情形之一的，法律援助工作人员经向法律援助机构报告，可以依法终止向受援人提供法律援助服务。

律师违反本条规定的，依照《律师法》第 47 条规定处理，由设区的市级或者直辖市的区人民政府司法行政部门给予警告，可以处 5000 元以下的罚款；有违法所得的，没收违法所得；情节严重的，给予停止执业 3 个月以下的处罚。同时，依照中华全国律师协会 2017 年修订的《律师协会会员违规行为处分规则（试行）》第 22 条的规定，律师协会会员无正当理由拒绝接受律师事务所或者法律援助机构指派的法律援助案件的，或者接受指派后，拖延、懈怠履行或者擅自停止履行法律援助职责的，或者接受指派后，未经律师事务所或者法律援助机构同意，擅自将法律援助案件转交其他人员办理的；提供法律服务不尽责的，由当地律协给予训诫、警告或者通报批评的纪律处分；情节严重的，给予公开谴责、中止会员权利 3 个月以上 1 年以下或者取消会员资格的纪律处分。

基层法律服务工作者按照司法部 2017 年修订的《基层法律服务工作者管理办法》承担有关法律服务工作，依据上述规定，基层法律服务工作者应当按照有关规定履行法律援助义务；无正当理由拒绝履行法律援助义务的，由所在地县级司法行政机关或者直辖市的区（县）司法行政机关予以警告并责令其改正；有违法所得的，依照法律、法规的规定没收违法所得，并由设区的市级或者直辖市的区(县)司法行政机关处以违法所得 3 倍以下的罚款,罚款数额最高为 3 万元;司法行政机关对基层法律服务工作者实施行政处罚,应当依照《行政处罚法》和司法部有关规定进行。

法律援助机构工作人员违反本条规定的,依照本法第 61 条规定,由设立该法律援助机构的司法行政部门责令限期改正;有违法所得的,责令退还或者没收违法所得;对直接负责的主管人员和其他直接责任人员,依法给予处分。

本法第 17 条授权国务院有关部门制定法律援助志愿者具体管理办法,法律援助志愿者违反本条规定的法律责任,应当由该管理办法予以规定。

同时,为了确保不发生本条第 1 款的情形,本法第 62 条对律师事务所、基层法律服务所纵容或者放任本所律师、基层法律服务工作者怠于履行法律援助义务或者擅自终止提供法律援助规定了相应的法律责任。法律援助人员依法履行法律援助义务,应当按照本法接受司法行政部门的监督,律师同时还要接受当地律师协会的监督。司法行政部门、律师协会依照有关法律、法规、规章和行业自律管理规范予处罚和惩戒。

二、通报法律援助办理情况并不得损害受援人合法权益

依据本条第 2 款的规定,法律援助人员接受指派,承办法律援助事项后,应当及时将办理法律援助事项的进展情况以适当的方式告知受援人,不得损害受援人的合法权益。依照司法部 2012 年的《办理法律援助案件程序规定》,法律援助人员应当在受指派的权限内,通过和解、调解、申请仲裁和提起诉讼等方式依法最大限度维护受援人合法权益;法律援助人员承办案件,根据需要依法进行调查取证。法律援助人员应当及时向受援人通报案件的上述办理情况,答复受援人询问,并制作通报情况记录。例如,法

律援助人员接受各级法律援助机构指派后，应当及时与受援人取得联系，并就法律援助事项相关事宜沟通协商一致；如需提前终止法律援助案件代理的，应当尽量不使受援人的合法利益受到影响，并提前向受援人发出通知，使其有充分时间再委聘其他法律服务人员、收回各类材料的原件等。

法律援助人员接受指派后，应当依照本法第 19 条的规定，依法履行职责，及时为受援人提供符合标准的法律援助服务，维护受援人的合法权益。法律援助人员在办理法律援助案件过程中，必须严格遵守国家各类法律法规规章以及律师协会制定的行业自律管理规范，坚持以事实为根据，以法律为准绳，自觉维护律师职业道德和执业规范；必须坚持依法维护受援人的合法权益，维护法律的公正实施，保守国家秘密，忠于职守，认真负责，不得损害受援人的合法权益，泄露受援人的隐私；不得向受援人收取任何财物，或利用从事法律援助的机会谋取各类直接或间接利益。依照司法部 2012 年的《办理法律援助案件程序规定》，法律援助人员代理受援人以和解或者调解方式解决纠纷的，应当征得受援人同意；对于民事诉讼法律援助案件，法律援助人员应当告知受援人可以向人民法院申请司法救助，并提供协助；法律援助人员会见受援人，应当依法制作符合规范要求的会见笔录；对于人民法院开庭审理的刑事案件，法律援助人员应当做好开庭前准备，庭审中充分陈述、质证，庭审结束后，法律援助人员应当向人民法院提交刑事辩护或者代理书面意见；对于人民法院决定不开庭审理的指定辩护案件，法律援助人员应当自收到法律援助机构指派函之日起 10 日内向人民法院提交刑事辩护书面意见。对于其他不开庭审理的刑事案件，法律援助人员应当按照人民法院规定的期限提交刑事辩护或者代理书面意见。

维护受援人的合法权益是法律援助人员的重要职责，也是本法的立法目的之一。法律援助人员在接受指派后,无论是从事诉讼辩护或者代理,都应当尽职尽责,为受援人提供较好的法律服务,以维护受援人的合法权益。法律援助人员代理诉讼法律事务或者非诉讼法律事务的,应当在受委托的权限内,维护委托人的合法权益。律师担任刑事辩护人的,应当根据事实和法律,提出犯罪嫌疑人、被告人无罪、罪轻或者是减轻、免除其刑事责任的材料和意见,维护犯罪嫌疑人、被告人的合法权益。

第四十七条　受援人应当向法律援助人员如实陈述与法律援助事项有关的情况,及时提供证据材料,协助、配合办理法律援助事项。

【释义】　本条是关于法律援助受援人的义务的规定。

根据本条的规定,受援人接受法律援助的,应当向为其提供援助的法律援助人员如实陈述与法律援助事项有关的情况,并将与案件有关的证据材料及时提供给法律援助人员,以让法律援助人员了解案件的基本事实,这是做好法律援助服务的基础。法律援助人员在办理法律援助事项时,发现案件事实不够清楚,需要进一步调查取证的,可要求受援人继续提供相关证据材料,并协助、配合相关调查取证工作。受援人应当及时提供相关证据材料并予以协助、配合。

我国《律师法》第3条规定,律师执业必须以事实为根据,以法律为准绳。以事实为根据,以法律为准绳,是党的实事求是的思想路线和工作作风在司法或者准司法工作中的具体体现,是从事司法或者准司法工作必须遵守的一项基本原则,是对所有参与诉讼程序或者非诉讼准司法程序的人员包括以律师为主体的法律援助人员的基本要求。我国《刑事诉讼法》《民事诉讼法》《行政诉讼法》《监察法》等法律都对这一基本原则作了规定。法律援助人员在参与上述程序,办理有关法律援助事项时,应当从实际出发,尊重客观事实,坚持实事求是,一切从具体的案件情况出发,使认定的事实完全符合案件的客观真相。不能凭主观想象和猜测办事,更不能违背事实,甚至歪曲事实。在事实清楚的基础上,以法律作为判断是非的标准,严格依法办事。

法律援助人员接受指派办理法律援助事务的基础是充分了解相关法律援助事项的事实情况。如果受援人故意隐瞒与案件有关的重要事实,法律援助人员将无法开展工作,在此情况下,依据《律师法》第 32 条的规定,律师可以拒绝辩护或者代理。而依据本法第 48 条的规定,法律援助人员发现受援人故意隐瞒与案件有关的重要事实或者提供虚假证据的,应当及时向法律援助机构报告,法律援助机构有权决定终止提供法律援助服务。

另外,法律援助人员对于提供法律援助服务中知悉的受援人不愿泄露的情况和信息负有保密的义务。对于受援人不愿泄露的情况和信息,如果法律援助人员认为对该法律援助事项的正确处理有重要影响,可以动员、说服受援人向办案机关说明情况。受援人不接受法律援助人员劝告执意隐瞒的,法律援助人员也可以依照本法终止提供法律援助服务。不再继续为其提供辩护或者代理。

第四十八条　有下列情形之一的,法律援助机构应当作出终止法律援助的决定:

(一)受援人以欺骗或者其他不正当手段获得法律援助;

（二）受援人故意隐瞒与案件有关的重要事实或者提供虚假证据；

（三）受援人利用法律援助从事违法活动；

（四）受援人的经济状况发生变化，不再符合法律援助条件；

（五）案件终止审理或者已经被撤销；

（六）受援人自行委托律师或者其他代理人；

（七）受援人有正当理由要求终止法律援助；

（八）法律法规规定的其他情形。

法律援助人员发现有前款规定情形的，应当及时向法律援助机构报告。

【释义】 本条是关于法律援助机构终止法律援助情形的规定。

一、终止法律援助的情形

终止法律援助不是一般意义上的法律援助的结束，它是法律援助程序的非正常结束，即在法律援助案件尚未办理完毕时，由于特殊法定事由的出现而提前结束。本条第 1 款规定了终止法律援助的特定情形，均为法律援助机构决定终止法律援助的法定事由。当出现本条规定的任何一种情形时，法律援助机构都应当作出终止法律援助的决定。依据本条的规定，终止法律援助的法定事由有以下八种。

（一）受援人以欺骗或者其他不正当手段获得法律援助

所谓以欺骗或者其他不正当手段获得法律援助一般是指：法律援助申请人在依照本法第 41 条对其家庭经济困难状况进行说明时，虚构其家庭经济困难情形，或者隐瞒其与其他家庭成员的可支配收入、财产或者家庭主要支出的情况，或者伪造法律援助申请所需要的身份证明文件，或者伪造本法第 42 条规定的免予核查经济困难状况相关人员证明材料的，或者贿赂法律援助机构工作人员，请托“人情”，或者使用其他的不正当手段以获得法律援助的，等等。上述行为既违反了本法，也违反了其他有关法律法规，属于应当终止法律援助的情形。

（二）受援人故意隐瞒与案件有关的重要事实或者提供虚假证据

依据本法第 47 条的规定，受援人应当向法律援助人员如实陈述与法律援助事项有关的情况，及时提供证据材料，协助、配合办理法律援助事项。法律援助人员接受指派办理法律援助事务的基础是充分了解相关法律援助事项的事实情况。如果受援人故意隐瞒与案件有关的重要事实，或者故意提供虚假证据，误导法律援助人员，法律援助人员将无法开展工作。在此情况下，依据《律师法》第 32 条的规定，律师可以拒绝辩护或者代理；依据司法部 2017 年修订的《基层法律服务工作者管理办法》第 29 条的规定，基层法律服务工作者可以拒绝为其代理或者解除委托关系。因此，本法将受援人故意隐瞒与案件有关的重要事实或者提供虚假证据这一情形规定为法律援助机构终止法律援助的法定事由。

（三）受援人利用法律援助从事违法活动

一般情况下，法律援助人员接受法律援助机构指派后，应当依照法律规定，尽职尽责地为受援人提供法律服务，办理法律事务，维护受援人的合法权益。实践中也出现过以下情形：一是委托人委托事项违法，如委托律师毁灭、伪造证据或者为其串供、威胁引诱证人改变证言作伪证等；二是委托人利用律师等法律工作者提供的法律服务从事违法犯罪活动，如让律师等法律工作者办理“关系案”“金钱案”,或者办理“校园贷”“美容贷”中的合同业务等。如果出现上述情形的,律师有权依据《律师法》第32条规定拒绝辩护或者代理;基层法律服务工作者可以依照司法部2017年修订的《基层法律服务工作者管理办法》第29条的规定拒绝为其代理或者解除委托关系。在办理法律援助案件时,如果受援人要求法律援助人员帮其毁灭、伪造证据,或者为其联络串供,或者威胁引诱证人改变证言作伪证,或者要求法律援助人员帮其贿赂有关办案人员或者其他人员企图影响办案公正的,或者利用法律援助人员提供法律服务从事其他违法活动的,都是利用国家提供的免费法律服务违反国家有关管理秩序,侵害他人合法权益,严重破坏了社会公平正义,是本法所不允许的。

(四)受援人的经济状况发生变化,不再符合法律援助条件

这种情况出现在,如受援人在受援期间继承了一笔遗产,或者抽中了一份大奖,或者家庭经济收入明显增加而不再符合经济困难标准的,法律援助机构即应停止提供法律援助,否则有违法律援助的立法目的。当然,对于办理被告人为未成年人,视力、听力、言语残疾人,不能完全辨认自己行为的成年人或者可能被判处无期徒刑、死刑的人等本法第25条指定辩护的刑事案件,办理第28条规定强制医疗案件代理,办理第32条规定的英雄烈士近亲属为维护英雄烈士的人格权益、因见义勇为行为主张相关民事权益、再审改判无罪请求国家赔偿,以及遭受虐待、遗弃或者家庭暴力的受害人主张相关权益的等不受经济困难条件的限制的法律援助事项的,即使受援人的经济状况发生了变化,在案件终结之前一般不能终止该项法律援助。

(五)案件终止审理或者已经被撤销

案件终止审理一般是指案件在审理过程中,由于法定特殊事由的出现而使案件继续审理已不可能或已无必要,而由人民法院

裁定终结案件的审理。例如：人民法院在审理过程中发现案件已经因特赦令免除刑罚的或者依照《刑法》告诉才处理的犯罪，没有告诉或者撤回告诉的，或者犯罪嫌疑人、被告人死亡的，或者其他法律规定免予追究刑事责任的，应当裁定终止审理。它与案件被撤销一样都使既存的法律援助事项消灭。

（六）受援人自行委托律师或者其他代理人

法律援助的目的主要是救助那些因经济困难而无力聘请律师，同时又找不到其他合适的代理人的当事人，使其合法权益通过法律援助机构指派的法律援助人员的帮助得到维护，从而实现法律面前的平等保护。一旦受援人又自行委托律师或者其他代理人的，证明受援人因经济困难原因得不到法律服务的状况已经改变，国家提供法律援助的基础不存在了，法律援助机构应当终止法律援助，把有限的法律援助资源用于那些更需要援助的当事人。

（七）受援人有正当理由要求终止法律援助

除了法律法规规章规定的应当提供法律援助的特殊案件，法律援助的实施起源于当事人的申请，若当事人主动要求终止法律援助的，法律援助机构继续进行法律援助已失去现实意义。出于保障基本人权、实现程序正义和维护司法公正的需要，本法第 25 条规定的指定辩护和第 28 条规定的强制医疗代理，一般不能终止法律援助。

（八）法律法规规定的其他情形

法律、行政法规、地方性法规可以规定其他应当终止法律援助的情形。依照本法第 44 条规定获得先行法律援助的受援人，不按照要求补办有关手续、补充有关材料，或者在补办有关申请手续后，被发现不符合当地法律援助经济困难标准，或者不属于法定的应当予以法律援助特殊案件当事人的，这种情况下也应当终止法律援助。地方法律援助条例也有规定其他应当终止法律援助情形的,如吉林省规定受援人拒不签署应当由其本人签字的法律文书和有关材料,导致法律援助事项无法办理的;安徽省规定人民法院撤销司法救助的。

二、法律援助人员应当及时报告

依照本法第 2 款的规定,法律援助人员在办理法律援助事项的过程中发现有本法第 1 款规定的应当终止法律援助的情形的,应当及时向法律援助机构报告。根据本法第 41 条和司法部《办理法律援助案件程序规定》的规定,法律援助机构接到法律援助人员的报告后,进行审查核实。经过审查,如果认为案件存在上述法定的终止提供法律援助事由的,决定终止提供法律援助;如果认为不存在上述终止提供法律援助事由的,就应当督促具体办理案件的法律援助人员继续提供法律援助。决定终止法律援助的,应当制作终止法律援助决定书,并发送受援人,同时函告法律援助人员所属单位和有关机关、单位。受援人对法律援助机构终止法律援助的决定有异议的,可以按照本法第 49 条规定向设立该法律援助机构的司法行政部门提出。司法行政部门应当自收到异议之日起 5 日内进行审查,作出维持法律援助机构决定或者责令法律援助机构改正的决定。受援人对司法行政部门维持法律援助机构决定不服的,可以依法申请行政复议或者提起行政诉讼。

第四十九条　申请人、受援人对法律援助机构不予法律援助、终止法律援助的决定有异议的,可以向设立该法律援助机构的司法行政部门提出。

司法行政部门应当自收到异议之日起五日内进行审查，作出维持法律援助机构决定或者责令法律援助机构改正的决定。

申请人、受援人对司法行政部门维持法律援助机构决定不服的，可以依法申请行政复议或者提起行政诉讼。

【释义】 本条是关于当事人不服法律援助机构决定的救济措施的规定。

一、提出异议的范围和对象

本条第1款是关于申请人、受援人对法律援助机构不予法律援助、终止法律援助的决定有异议时的救济措施的规定。

(1)申请人不服法律援助机构不予法律援助的决定。法律援助本质上是国家无偿提供的一种法律服务，其无偿性决定了范围的有限性。因此，本法对当事人申请法律援助的条件作了规定。当事人申请获得法律援助服务，应当满足法定的条件。法律援助机构作为法律援助工作的组织实施机构，法律赋予其审查当事人是否符合法定条件的权力。对于不符合法定条件的申请人，法律援助机构有权作出不予法律援助的决定。同时，为了保障申请人的合法权益，避免法律援助机构不当行使审查权，法律应当为申请人提供救济途径。因此，本条第1款规定，申请人对法律援助机构的决定有异议的，可以向司法行政部门提出。

(2)受援人不服法律援助机构终止法律援助的决定。本法第48条规定了法律援助机构应当作出终止法律援助决定的情形，主要包括：受援人以欺骗或者其他不正当手段获得法律援助；受援人故意隐瞒与案件有关的重要事实或者提供虚假证据；受援人利用法律援助从事违法活动；受援人的经济状况发生变化，不再符合法律援助条件;案件终止审理或者已经被撤销;受援人自行委托律师或者其他代理人;受援人有正当理由要求终止法律援助;法律法规规定的其他情形。如果受援人对法律援助机构终止法律援助的决定有异议,可以向司法行政部门提出。

(3)向设立该法律援助机构的司法行政部门提出。司法行政部门作为法律援助工作的主管部门,有权对其设立的法律援助机构进行指导和监督,对其作出的不当决定予以纠正。同时,为了便于监管,明确申请人、受援人应当向直接设立该机构的司法行政部门提出。

二、司法行政部门的审查时限与审查决定

(1)关于审查时限。国务院《法律援助条例》第19条规定,司法行政部门应当在收到异议之日起5个工作日内进行审查。“工作日”不是自然日,遇节假日应当顺延。地方立法层面,绝大多数省级法律援助条例参照了国务院法律援助条例的规定。经实践检验,“5个工作日”的时限也是较为合理的,因此,本法保留了这一规定。

(2)审查决定的类型。一是维持法律援助机构的决定。司法行政部门经审查,认为法律援助机构的决定合理的,应当予以维持。二是责令法律援助机构改正的决定。司法行政部门经审查认为当事人符合法律援助条件的或者不存在应当终止法律援助情形的,应当以书面形式责令法律援助机构改正,及时为该申请人、受援人提供法律援助。

三、申请行政复议或者提起行政诉讼的权利

1. 申请行政复议

司法行政部门作出维持决定属于具体行政行为,属于可以申

请行政复议的情形。《行政复议法》第 9 条规定,公民、法人或者其他组织认为具体行政行为侵犯其合法权益的,可以自知道该具体行政行为之日起 60 日内提出行政复议申请。第 10 条规定,依照本法申请行政复议的公民、法人或者其他组织是申请人。公民、法人或者其他组织对行政机关的具体行政行为不服申请行政复议的,作出具体行政行为的行政机关是被申请人。第 11 条规定,申请人申请行政复议,可以书面申请,也可以口头申请;口头申请的,行政复议机关应当当场记录申请人的基本情况、行政复议请求、申请行政复议的主要事实、理由和时间。第 12 条规定,对县级以上地方各级人民政府工作部门的具体行政行为不服的,由申请人选择,可以向该部门的本级人民政府申请行政复议,也可以向上一级主管部门申请行政复议。根据上述规定,当事人对司法行政部门作出的维持法律援助机构决定不服的,可以向该司法行政部门的本级人民政府申请行政复议,也可以向其上一级主管部门申请行政复议。

2. 提起行政诉讼

《行政诉讼法》第 2 条规定,公民、法人或者其他组织认为行政机关和行政机关工作人员的行政行为侵犯其合法权益,有权依照本法向人民法院提起诉讼。《行政复议法》第 5 条规定,公民、法人或者其他组织对行政复议决定不服的,可以依照行政诉讼法的规定向人民法院提起行政诉讼,但是法律规定行政复议决定为最终裁决的除外。因此,当事人对司法行政部门维持法律援助机构决定不服的,可以依法提起行政诉讼。

此外,根据《行政诉讼法》第 44 条的规定,对属于人民法院受案范围的行政案件,公民、法人或者其他组织可以先向行政机关申请复议,对复议决定不服的,再向人民法院提起诉讼;也可以直接向人民法院提起诉讼。因此,行政复议不是提起行政诉讼的前置程序，当事人可以选择不申请行政复议，直接提起行政诉讼。

第五十条　法律援助事项办理结束后，法律援助人员应当及时向法律援助机构报告，提交有关法律文书的副本或者复印件、办理情况报告等材料。

【释义】　本条是关于法律援助事项办结后法律援助人员后续报告与提交材料职责的规定。

一、法律援助人员的报告义务

根据司法部《办理法律援助案件程序规定》第34条的规定，诉讼案件以法律援助人员收到判决书、裁定书、调解书之日为结案日。仲裁案件或者行政复议案件以法律援助人员收到仲裁裁决书、行政复议决定书原件或者复印件之日为结案日；其他非诉讼法律事务以受援人与对方当事人达成和解、调解协议之日为结案日；无相关文书的，以义务人开始履行义务之日为结案日。法律援助机构终止法律援助的，以法律援助人员所属单位收到终止法律援助决定函之日为结案日。

国务院《法律援助条例》第24条仅规定了法律援助人员提交相关材料的义务，并未对其报告义务作出规定。法律援助人员接受法律援助机构的指派，为受援人提供法律援助，其对法律援助机构应当负有报告义务，便于法律援助机构掌握法律援助事项办理的有关情况。这种"报告"，既包括法律援助过程中的报告，如本法第48条规定法律援助人员发现有终止法律援助情形的应当报告，也包括法律援助事项办结后的报告。本法规定法律援助人员在结案后及时向法律援助机构报告，是保证法律援助程序实施的完整性的要求，也为法律援助机构依法加强管理提供法律依据。

法律援助草案一审稿并未作出“及时”的规定。在法律草案征求意见过程中，有的部门、地方提出，为了提高法律援助事项的办理效率，建议增加对法律援助人员“及时”报告并提交相关材料的规定或者明确报告和提交材料的具体时限，如规定为 15 日或者 30 日。

司法部《办理法律援助案件程序规定》第 34 条规定，法律援助人员应当自法律援助案件结案之日起 30 日内向法律援助机构提交立卷材料。地方立法层面，对“及时”的规定不尽相同：有的地方没有作出“及时”的规定；有的规定为“三十日”，如《山西省法律援助条例》第 32 条规定，法律援助案件办理结束后 30 日内，法律援助人员应当向法律援助机构及时提交有关法律文书副本或者复印件、结案报告等材料；有的规定为“十五个工作日”，如《宁夏回族自治区法律援助条例》第 27 条规定，法律援助人员应当在法律援助事项办结后 15 个工作日内向法律援助机构提交材料。

经研究，我们认为，规定法律援助人员“及时”向法律援助机构报告并提交相关材料，有利于法律援助机构加强对法律援助人员的管理，提高法律援助工作的效率，维护受援人的合法权益。但考虑到地区差异，本法未明确“及时”的具体时限，各地可结合实际情况进行规定，但不应多于司法部《办理法律援助案件程序规定》中规定的“30 日”。

二、关于提交有关材料

本条规定的材料包括有关法律文书的副本或者复印件、办理情况报告等。法律援助人员提供的相关材料是法律援助档案的重要内容,是承载、反映和制约案件办理行为的重要凭证,也是法律援助机构了解案件情况、复查案件、开展案件质量评估的重要依据。2019 年,司法部《全国民事行政法律援助服务规范》要求,承办人员自结案后应制作结案报告,填写结案报告表,撰写包含所做工作、基本案情、主要代理或答辩意见等内容的承办情况小结,并附卷归档。自案件办结之日起 30 日内向法律援助机构提交结案报告、承办业务卷和相关结案材料以供审查。具体而言,有关材料包括:法律援助指派函和法律服务机构的批办单;委托代理协议及其他委托手续;起诉书、上诉书、申诉书或者行政复议(申诉)申请书、国家赔偿申请书等法律文书副本;会见委托人、当事人、证人谈话笔录及其他有关调查材料;答辩书、辩护词或者代理词等法律文书;判决(裁定)书、仲裁裁决书、调解协议或者行政处理(复议)决定等法律文书副本;结案报告;其他与承办案件有关的材料。

第五章　保障和监督

第五十一条　国家加强法律援助信息化建设，促进司法行政部门与司法机关及其他有关部门实现信息共享和工作协同。

【释义】 本条是关于法律援助信息化建设的规定。

一、国家加强法律援助信息化建设

当前，信息化已成为创新驱动发展的先导力量。党中央、国务院高度重视信息化工作，习近平总书记对此多次作出重要指示，强调没有信息化就没有现代化，建设网络强国的战略布置要与“两个一百年”奋斗目标同步推进。

2015 年，《中共中央办公厅、国务院办公厅关于完善法律援助制度的意见》提出，加强信息化建设，加大投入力度，改善基层信息基础设施，提升法律援助信息管理水平，实现集援务公开、咨询服务、网上审查、监督管理于一体的网上管理服务，实现与相关单位的信息共享和工作协同。加强法律援助质量管理，加大信息技术在法律援助流程管理、质量评估、业绩考核等方面的应用。

为贯彻落实中央文件精神，2017 年，司法部《“十三五”全国司法行政信息化发展规划》提出，全面开展“互联网+政务服务”，建设全国一体化的涵盖律师、公证、法律援助、司法鉴定、人民调解……等服务，……构建方便快捷、公平普惠、优质高效的法律服务信息体系，更好地满足人民群众日益增长的法律服务需求。同年，司法部、科技部《“十三五”全国司法行政科技创新规划》提出，发展法律援助智能保障技术，开展基于人工智能的“12348”语音热线和社交网络法律服务技术研究，构建法律服务知识库，突破法律援助案例语义标记与搜索利用技术、大数据分析及策略研判技术、案件监管和质量评估技术、精准高效的法律咨询智能机器人技术，全面提升法律援助办案质量与法律服务水平。

法律援助是公共法律服务的重要组成部分，国家加强法律援助信息化建设，是适应信息化社会发展的需要，也是新时代构建公共法律服务体系、充分发挥法律援助作用的必然要求。

二、法律援助信息化的功能

法律援助信息化是提高法律援助管理和服务水平的重要支撑和手段，其主要功能有：

（1）实现司法行政部门与司法机关及其他有关部门信息共享和工作协同功能。法律援助工作涉及多部门职责，但由于部门之间缺少沟通，存在衔接不畅、矛盾突出的问题，增加了法律援助服务的成本和当事人的负担。通过建立统一的信息管理系统，将相关部门、行业的法律援助信息纳入系统，实现司法行政部门、法律援助机构与司法机关及其他有关部门的信息共享和工作协同。例如，促使法律援助机构与公安、检察院、法院对接，实现立案与案件过程的共享，做好法律援助咨询、申请转交、组织实施等方面的衔接，以便符合条件的受援对象及时获得必要的法律援助；与民政部门共享有关经济困难的信息，以便法律援助机构直接审查当事人的经济状况；将工会、妇联、残联等群团组织纳入系统，既能为受援人多渠道提供法律援助，又可以避免重复提供法律援助。

（2）办公自动化功能。司法行政部门和法律援助机构可以依托法律援助信息化平台实现办公自动化，实现电子公文流转和电子数据信息共享，及时报送有关数据信息，包括机构、人员、经费情况；法律援助申请、审查、决定、指派、承办、补贴支付等。

（3）便捷服务群众功能。法律援助信息化有助于提升法律援助便民服务水平，群众可以通过网络实时查询法律援助知识，在线进行法律咨询，申请法律援助，上传有关材料，了解案件办理进度，提出投诉，评价服务质量等。

（4）统计分析功能。法律援助信息化可以汇总统计法律援助工作中形成的各种数据信息，并对其进行大数据分析，使法律援助工作人员准确掌握法律援助工作中的规律，及时掌握法律援助需求、社会矛盾纠纷发展趋势，提升工作效率。

第五十二条　法律援助机构应当依照有关规定及时向法律援助人员支付法律援助补贴。

法律援助补贴的标准，由省、自治区、直辖市人民政府司法行政部门会同同级财政部门，根据当地经济发展水平和法律援助的服务类型、承办成本、基本劳务费用等确定，并实行动态调整。

法律援助补贴免征增值税和个人所得税。

【释义】　本条是关于法律援助补贴的规定。

一、法律援助机构支付法律援助补贴的义务

法律援助补贴是指法律援助机构按照规定支付给律师、基层法律服务工作者、法律援助志愿者等法律援助事项承办人员的费用。法律援助工作的中心环节是法律援助人员为受援人提供法律援助服务。合理确定和及时调整法律援助补贴标准，按时发放法律援助补贴，对于调动法律援助人员开展法律援助工作的积极性，提高法律援助服务工作的质量，更好地满足人民群众的法律援助需求，具有重大意义。

1. 法律援助补贴的支付主体是法律援助机构

2015 年，《中共中央办公厅、国务院办公厅关于完善法律援助制度的意见》要求，法律援助机构要切实履行组织实施职责，认真做好受理、审查、指派、支付办案补贴等工作。根据本法第 12 条的规定，法律援助机构负责组织实施法律援助工作，受理、审查法律援助申请，指派律师、基层法律服务工作者、法律援助志愿者等法律援助人员提供法律援助，支付法律援助补贴。因此，向法律援助人员支付法律援助补贴是法律援助机构重要的法定职责和法定义务。

2. 法律援助补贴的支付对象是法律援助人员

根据本法，法律援助人员包括律师、基层法律服务工作者、法律服务志愿者等。虽然法律援助机构也可以安排本机构具有律师资格或者法律职业资格的工作人员提供法律援助，但这些工作人员不得依据本法的规定领取法律援助补贴。根据司法部、财政部《关于完善法律援助补贴标准的指导意见》，法律援助机构的工作人员，以及其他承办法律援助事项的具有公职身份的基层法律服务工作者、社会组织人员不在领取法律援助补贴的范围内。

3. 法律援助机构支付法律援助补贴应当“依照规定”

考虑到立法技术和实际情况，本法并未对法律援助补贴的发放程序和标准作出具体规定。实践中，法律援助机构执行的依据主要是部门规章、地方政府规章及规范性文件等。例如，2019 年，司法部、财政部出台了《关于完善法律援助补贴标准的指导意见》;2018年,北京市司法局、北京市财政局修订了《北京市法律援助补贴办法》。法律援助机构应当严格执行相关规定,认真履行法律援助补贴领取手续,不得随意压低、克扣、拖延支付法律援助补贴。

4. 法律援助机构支付法律援助补贴应当“及时”

《法律援助法(草案)》一审稿第41条规定,法律援助人员办理法律援助事项,由法律援助机构依照有关规定支付法律援助补贴。有意见提出,对于实践中存在的法律援助机构拖延支付法律援助补贴的情况,建议增加“及时”支付的规定。经研究,我们采纳了这一意见。对于“及时”,各地出台了相应的规定。例如,2021年,《山东省司法厅、财政厅关于完善全省法律援助补贴标准的实施意见》规定,应按月或按季度将补贴及时足额支付到位;2020年,珠海市司法局、财政局《珠海市法律援助事项补贴标准》规定,在办理结案归档手续后30日内支付法律援助补贴。

二、关于法律援助补贴的标准

1. 法律援助补贴标准的制定部门

根据本法第4、5条的规定,法律援助相关经费应列入本级政府预算,其主要源于财政拨款;司法行政部门作为主管部门,负责指导、监督法律援助工作。我国幅员辽阔,各地经济发展水平参差不齐,不宜在全国范围内设定统一的补贴标准。因此,法律授权省、自治区、直辖市人民政府司法行政部门会同同级财政部门制定法律援助补贴标准,这样制定出的标准更切合法律援助工作的实际,促进法律援助工作长期健康发展。

2. 法律援助补贴标准的确定和调整

2015年,《中共中央办公厅、国务院办公厅关于完善法律援助制度的意见》要求,建立动态调整机制,根据律师承办案件成本、基本劳务费用等因素及时调整补贴标准。2017 年,《司法部、财政部关于律师开展法律援助工作的意见》规定,根据律师承办案件成本、基本劳务费用等因素合理确定律师办案补贴标准并及时足额支付,建立办案补贴标准动态调整机制。根据这些规定,可以看出,法律援助补贴标准的确定与调整与以下几个因素有关:

一是经济发展水平。法律援助作为国家责任,其实施是以政府提供财政保障为前提的。现阶段,法律援助的经费主要来自各级政府财政拨款。因此,补贴标准不宜脱离各地区的经济发展水平而确定过于刚性的标准,应当与该地区的经济社会发展水平相适应。

二是服务类型。法律援助服务包括法律咨询、代拟法律文书、刑事辩护与代理、民事案件代理、值班律师法律帮助等。不同的服务类型,难易程度、劳动强度也不一样,其补贴标准应当也有所区分。例如,《司法部、财政部关于完善法律援助补贴标准的指导意见》规定,根据法律援助的不同服务形式,可以分别制定办案补贴标准、值班律师法律帮助补贴标准、法律咨询补贴标准。办案补贴标准,是指办理民事、刑事、行政代理或者辩护法律援助案件的补贴标准。值班律师法律帮助补贴标准,是指法律援助机构派驻在人民法院、人民检察院、看守所的值班律师,为没有辩护人的犯罪嫌疑人、刑事被告人提供法律咨询、转交法律援助申请等法律帮助的补贴标准。法律咨询补贴标准,是指提供接待来访、接听电话、在线解答咨询服务的补贴标准。

三是承办成本。承办案件的成本要根据承办案件的具体环节确定。根据《司法部、财政部关于完善法律援助补贴标准的指导意见》的规定,承办成本主要包括服务过程中实际产生的差旅费、邮电费、印刷费、调查取证费、翻译费、公证费、鉴定费等。

四是基本劳务费用。法律援助补贴体现为法律援助人员承办案件支出的物质成本和部分智力成本,是由政府支付的服务补贴。基本劳务费用是对法律援助人员智力、体力及时间的补偿。根据《司法部、财政部关于完善法律援助补贴标准的指导意见》的规定，基本劳务费用根据日平均工资、服务天数等因素确定。其中，日平均工资参照上一年度本地在岗职工年平均工资除以年工作日所得或其一定系数。

五是动态调整。这里规定的动态调整，应当包含两个层面，一是法律援助补贴标准应当根据当地经济发展水平及时作出调整，随着经济发展水平的提高，应当逐步提高法律援助补贴标准；二是在法律援助事项的直接费用、基本劳务费用等发生较大变化时，应当及时调整法律援助补贴标准。

三、法律援助补贴免征增值税和个人所得税

《法律援助法（草案）》一审稿并未对法律援助补贴享受税收优惠作出规定。但在立法过程中，有很多意见认为，法律援助是国家责任，且法律援助补贴较低，2020 年全国法律援助案平均补贴仅为 878 元，故其应当属于按照国家统一规定发放的补贴，不宜征收个人所得税；法律援助与一般法律服务的最大区别是不以追求营利为目的，法律援助补贴不属于有偿法律服务经营所得，所以也不应作为经营收入征收增值税。经研究，我们采纳了这一意见，增加对法律援助补贴免征增值税和个人所得税的规定，有利于进一步激发法律援助人员的积极性，促进法律援助工作持续健康发展。

第五十三条　人民法院应当根据情况对受援人缓收、减收或者免收诉讼费用；对法律援助人员复制相关材料等费用予以免收或者减收。

公证机构、司法鉴定机构应当对受援人减收或者免收公证费、鉴定费。

【释义】 本条是关于对受援人和法律援助人员缓减免法律援助相关费用的规定。

一、人民法院应当根据情况对受援人缓收、减收或者免收诉讼费用

法律援助服务的受援人多为经济困难的公民,对其诉讼费用、公证费、鉴定费进行减免,有利于减轻受援人的经济负担,保障受援人真正享受到国家司法资源,维护受援人的合法权益。法律规定对法律援助人员复制相关材料等费用予以减免,有利于降低法律援助人员的办案成本,节约相对有限的法律援助经费。

根据民事诉讼法和行政诉讼法的相关规定,当事人进行民事诉讼、行政诉讼,应当交纳诉讼费用。国务院 2006 年《诉讼费用交纳办法》第 45 条规定了人民法院应当准予免交诉讼费用情形,包括残疾人无固定生活来源的;追索赡养费、扶养费、抚育费、抚恤金的;最低生活保障对象、农村特困定期救济对象、农村五保供养对象或者领取失业保险金人员,无其他收入的;因见义勇为或者为保护社会公共利益致使自身合法权益受到损害,本人或者其近亲属请求赔偿或者补偿的等。第 46 条规定了人民法院应当准予减交诉讼费用的情形,包括因自然灾害等不可抗力造成生活困难,正在接受社会救济,或者家庭生产经营难以为继的;属于国家规定的优抚、安置对象的等。第 47 条规定,正在接受有关部门法律援助的当事人申请司法救助,人民法院应当准予缓交诉讼费用。《最高人民法院、司法部关于民事诉讼法律援助工作的规定》

第9条规定，人民法院依据法律援助机构给予法律援助的决定，应当先行对当事人作出缓交诉讼费用的决定。

2015年，《中共中央办公厅、国务院办公厅关于完善法律援助制度的意见》要求，进一步完善民事诉讼和行政诉讼法律援助与诉讼费用减免缓制度的衔接机制。对于本法规定的可以申请法律援助的情形、不受经济困难条件限制的情形以及免于核查经济困难状况的情形，人民法院应当根据具体情况，对受援人缓收、减收或者免收诉讼费用。

二、人民法院应当对法律援助人员复制相关材料等费用予以免收或者减收

国务院2006年《诉讼费用交纳办法》第11条规定，当事人复制案件卷宗材料和法律文书应当按实际成本向人民法院交纳工本费。《最高人民法院、司法部关于民事诉讼法律援助工作的规定》第10条规定，人民法院应当支持法律援助机构指派或者安排的承办法律援助案件的人员在民事诉讼中实施法律援助，在查阅、摘抄、复制案件材料等方面提供便利条件，对承办法律援助案件的人员复制必要的相关材料的费用应当予以免收或者减收，减收的标准按复制材料所必需的工本费用计算。《最高人民法院、最高人民检察院、公安部、司法部关于刑事诉讼法律援助工作的规定》第20条规定，人民检察院、人民法院应当对承办律师复制案卷材料的费用予以免收或者减收。《最高人民法院、司法部关于加强国家赔偿法律援助工作的意见》要求，人民法院对法律援助人员复制相关材料的费用，应当予以免收。

《法律援助法（草案）》一审稿并未对法律援助人员复制相关材料等费用的减免作出规定。但在立法过程中，有的部门、地方和社会公众提出，为了节约法律援助承办成本，更好地保障受援

人的权益,建议将上述规定上升为法律。经研究,我们采纳了这一建议,在本法中明确规定,人民法院应当对法律援助人员复制相关材料等费用予以免收或者减收。

三、公证机构、司法鉴定机构应当对受援人减收或者免收公证费、鉴定费

公证机构、司法鉴定机构对法律援助受援人减免费用具有一定的立法和实践基础,中央和地方都曾出台了相关法律法规规章及规范性文件,积极推动此项工作落实。2015 年,《中共中央办公厅、国务院办公厅关于完善法律援助制度的意见》要求,完善公证处、司法鉴定机构依法减免相关费用制度,并加强工作衔接。

1. 关于公证费的减免

《公证法》第 34 条规定,当事人应当按照规定支付公证费。对符合法律援助条件的当事人,公证机构应当按照规定减免公证费。司法部《公证程序规则》第 22 条规定,对符合法律援助条件的当事人,公证机构应当按照规定减收或者免收公证费。2016 年,司法部《关于进一步加强公证便民利民工作的意见》要求,公证机构办理与给付社会保险待遇或者最低生活保障待遇有关的公证事项,办理与领取抚恤金(或劳工赔偿金)、救济金、劳动保险金等有关的公证事项,办理赡养、抚养、扶养协议的证明,办理与公益活动有关的公证事项时,对于符合法律援助条件的当事人应当按照有关规定减免公证服务费用;对于不符合法律援助条件,但确有困难的当事人,公证机构可以酌情减收或者免收相关的公证服务费用。此外,一些省份结合实际,专门制定了公证法律援助实施办法,如云南省出台了《云南省公证法律援助工作暂行办法》。在充分考虑上述规定的基础上,本法规定,对于法律援助受

援人,公证机构应当减免公证费用。

2. 关于鉴定费的减免

2009 年,国家发展改革委、司法部《司法鉴定收费管理办法》(已失效)第 17 条规定,符合法律援助条件的受援人,凭法律援助机构提供的有效证明,申请司法鉴定的,司法鉴定机构按照有关规定减收或者免收受援人的司法鉴定费用。对于不符合法律援助条件,但确有困难的,司法鉴定机构可以酌情减收或者免收相关的司法鉴定费用。

在地方立法层面,对鉴定费减免的规定有所不同,如《安徽省法律援助条例规定》第 38 条规定,法律援助案件受援人申请办理与法律援助案件相关的公证、司法鉴定事项的,公证机构、司法鉴定机构应当减收或者免收费用;而《浙江省法律援助条例》第 23 条规定,鉴定机构应当对法律援助案件先行缓收鉴定费用,待案件审结后根据人民法院或者劳动仲裁机构的裁决由当事人承担鉴定费用。

为了进一步减轻法律援助受援人的经济负担,保障其更好地享受国家司法资源,本法在上述规定的基础上明确规定,司法鉴定机构应当对受援人减收或者免收鉴定费。

第五十四条　县级以上人民政府司法行政部门应当有计划地对法律援助人员进行培训,提高法律援助人员的专业素质和服务能力。

【释义】 本条是关于司法行政部门对法律援助人员进行培训的规定。

一、对法律援助人员进行培训的意义

法律援助是国家为经济困难群众无偿提供法律服务的重要制度安排。直接提供法律援助服务的主体是法律援助人员，其专业素质和服务能力直接影响法律援助服务的质量。法律援助服务质量的好坏，又直接关系人民群众的合法权益能否得到有效维护，关系法律援助事业目标的实现。因此，法律援助人员培训工作对于推动法律援助事业发展具有基础性作用，加强法律援助人员培训工作，提高法律援助人员的专业素质和服务能力，是法律援助工作专业化建设的重要支撑，是法律援助工作贯彻以人民为中心的发展思想的必然要求，也是推动法律援助事业持续健康发展的有力保障。

2015 年，《中共中央办公厅、国务院办公厅关于完善法律援助制度的意见》对法律援助人员的培训工作提出了明确要求：加强教育培训工作，加大培训教材、师资、经费等投入，完善培训体系和工作机制，提高法律援助人员专业素质和服务能力。

二、培训的要求

1. 县级以上人民政府司法行政部门承担培训职责。根据本法相关规定，国务院司法行政部门指导、监督全国的法律援助工作。县级以上地方人民政府司法行政部门指导、监督本行政区域的法律援助工作。作为主管部门，司法行政部门应当切实履行主体责任，做好法律援助人员的培训工作。本条规定的“县级以上司法行政部门”，包括国务院司法行政部门，省级、市级、县级人民政府司法行政部门。

2. 注重培训的计划性。法律援助人员包括律师、基层法律服务工作者、法律援助志愿者等。法律援助人员具有多样性，他们在法律援助工作中的定位不同,所需掌握和了解的法律援助专业知识也不同。各级人民政府司法行政部门应当针对其各自的工作职责,紧密结合法律援助工作实际,制定法律援助人员培训计划,健全分级负责的教育培训体系,建立法律援助人员定期培训制度,突出法律援助办案技能、管理技能、服务意识等专项业务教育和训练,进一步完善培训体系,提升培训水平,实现培训工作的科学化、制度化、规范化。例如,针对律师培训,2017 年,《司法部、财政部关于律师开展法律援助工作的意见》要求,司法行政机关举办的法律援助培训要吸收律师参加,对新执业律师开展法律援助工作的培训。

3. 提高法律援助人员的专业素质和服务能力。法律援助不能因其无偿性而降低质量要求。2015 年,《中共中央办公厅、国务院办公厅关于完善法律援助制度的意见》明确要求,提高法律援助服务质量,教育引导广大法律援助人员严格遵守法定程序和执业规范,确保提供符合标准的法律援助服务。本法规定,法律援助人员应当依法履行职责,及时为受援人提供符合标准的法律援助服务,维护受援人的合法权益。

一方面,法律援助工作具有很强的专业性,需要很强的专业知识和技能。本法规定不同形式的法律服务,需要具备不同的专业知识和能力,本法还对承办特殊案件的法律援助人员的资质作出了规定,如对可能判处无期徒刑、死刑的人,以及死刑复核案件的被告人,法律援助机构应当指派具有 3 年以上相关执业经历的律师担任其辩护人。另一方面,法律援助作为为困难群众提供法律服务的民生工程,还需要法律援助人员具备服务意识和能力。2013 年,《司法部关于进一步推进法律援助工作的意见》要求,加强法律援助队伍思想政治、业务能力和工作作风建设,加大培训力度,建立健全学习、实践和交流机制,提高广大法律援助人员群众工作能力、维护社会公平正义能力、新媒体时代舆论引导能力、科技信息化应用能力和拒腐防变能力。只有通过培训法律援助人员，提高办案质量，提升服务效果，才能提供符合标准的法律援助服务。

第五十五条　受援人有权向法律援助机构、法律援助人员了解法律援助事项办理情况；法律援助机构、法律援助人员未依法履行职责的，受援人可以向司法行政部门投诉，并可以请求法律援助机构更换法律援助人员。

【释义】　本条是关于受援人权利的规定。

一、受援人的知情权

2003 年国务院出台的《法律援助条例》并未对受援人的知情权作出规定。随着法律援助事业的发展和立法理念的进步，地方立法层面有了新的探索和尝试，如《四川省法律援助条例》第 34 条规定，受援人在接受法律援助过程中，有权向法律援助人员了解法律援助事项办理情况；《湖北省法律援助条例》第 31 条规定，受援人有权向法律援助机构、法律服务机构或者法律服务人员了解法律援助案件的进展情况；《山东省法律援助条例》第 21 条规定，在实施法律援助过程中，受援人有权了解为其提供法律援助事项的进展情况。这些规定为法律援助立法奠定了实践基础。

法律援助本质上是国家为经济困难群众无偿提供法律服务的一项法律制度，其目的是维护群众的合法权益。法律援助机构决定提供法律援助的，应当及时指派法律援助人员为受援人提供法律援助服务。受援人在与法律援助机构、法律援助人员签订相关委托文件后,双方即成立委托代理关系。司法部《办理法律援助案件程序规定》第22条规定,法律援助机构、律师事务所、基层法律服务所或者其他社会组织应当自指派或者安排法律援助人员之日起5个工作日内将法律援助人员姓名和联系方式告知受援人,并与受援人或者其法定代理人、近亲属签订委托代理协议。第23条规定,法律援助人员应当在受委托的权限内,通过和解、调解、申请仲裁和提起诉讼等方式依法最大限度维护受援人合法权益。由于法律援助事项办理环节多、时间长,且与受援人的合法权益密切相关,因此,法律援助人员在办理案件过程中,应当根据受援人的要求,向受援人报告事项处理的进展情况、存在的问题和应对的措施等,以便受援人及时了解事项的状况,并根据最新情况及时调整相关决定。

二、受援人的投诉权

受援人作为法律援助服务质量最直接的体会者和当事人,应当为其设置相应的救济机制。受援人的投诉权,即对于法律援助机构、法律援助人员未依法履行职责的行为,受援人有权向司法行政部门投诉。立法赋予受援人投诉权,对于加强对法律援助活动的监督,维护受援人的合法权益有着重要的意义。

本法对法律援助机构和法律援助人员的职责作了规定,如第12条规定,法律援助机构负责组织实施法律援助工作,受理、审查法律援助申请,指派法律援助人员提供法律援助;第19条规定,法律援助人员应当依法履行职责,及时为受援人提供符合标准的法律援助服务,维护受援人的合法权益;第20条规定,法律援助人员应当恪守职业道德和执业纪律,不得向受援人收取任何财物;第21条规定,法律援助机构、法律援助人员对提供法律援助过程中知悉的国家秘密、商业秘密和个人隐私应当予以保密;第

46 条规定,法律援助人员接受指派后,无正当理由不得拒绝、拖延或者终止提供法律援助服务。法律援助人员应当按照规定向受援人通报法律援助事项办理情况,不得损害受援人合法权益等。本条规定的法律援助人员“未依法履行职责”,包括没有尽到应尽的职责,也包括有违反法律规定的行为。司法部《法律援助投诉处理办法》规定,可以向司法行政部门投诉的情形包括:违反规定办理法律援助受理、审查事项,或者违反规定指派、安排法律援助人员;法律援助人员接受指派或安排后,懈怠履行或者擅自停止履行法律援助职责;办理法律援助案件收取财物;其他违反法律援助管理规定的行为。

三、受援人请求更换法律援助人员的权利

国务院《法律援助条例》没有给予受援人请求更换法律援助人员的权利,但有的地方立法对此作了规定,如《重庆市法律援助条例》第 39 条规定,受援人有权要求法律援助机构更换不依法履行职责的法律援助人员;《福建省法律援助条例》第 25 条规定,受援人有证据证明法律援助人员不依法履行职责的,可以要求法律援助机构更换法律援助人员。

法律援助机构决定给予申请人法律援助的,应当指派法律援助人员为受援人提供法律援助。法律援助人员是否依法履行职责,关系到法律援助事项的办理质量和受援人合法权益的维护。因此,本法赋予受援人请求法律援助机构更换法律援助人员的权利。需要说明的是,法律援助机构作出指派决定,是在综合法律援助人员数量、资质、专业特长、承办法律援助案件的情况,受援人意愿等因素的基础上进行的,故受援人只有在“法律援助机构、法律援助人员未依法履行职责”的情况下,基于维护自身合法权益的目的,才能请求法律援助机构更换法律援助人员。例如,司法部《办理法律援助案件程序规定》第32条规定，受援人有证据证明法律援助人员不依法履行义务的，可以请求法律援助机构更换法律援助人员，法律援助机构应当自受援人申请更换之日起5个工作日内决定是否更换。决定更换的，应当另行指派或者安排人员承办。

第五十六条　司法行政部门应当建立法律援助工作投诉查处制度；接到投诉后，应当依照有关规定受理和调查处理，并及时向投诉人告知处理结果。

【释义】 本条是关于投诉查处制度的规定。

一、司法行政部门应当建立投诉查处制度

建立投诉查处制度的意义在于：一是有利于充分保障当事人的合法权益。通过建立投诉查处制度，进一步畅通投诉渠道，规范投诉行为，有利于保护和实现当事人依法提出投诉事项的权利，有利于更好地维护当事人的合法权益。二是有利于加强法律援助指导监督工作。投诉查处制度是司法行政部门指导监督法律援助活动的重要渠道，其建立有利于规范法律援助服务行为，提高法律援助办案质量，确保法律援助机构和人员依法履行职责，促进法律正确实施。

党的十八届三中全会通过的《中共中央关于全面深化改革若干重大问题的决定》明确提出要"完善法律援助制度"，这其中就应该包括规范法律援助投诉处理工作。2013年，《司法部关于进一步推进法律援助工作的意见》要求建立健全投诉处理制度。同年年底，司法部出台《法律援助投诉处理办法》，明确"投诉"是指法律援助申请人、受援人或者利害关系人认为法律援助机构、律师事务所、基层法律服务所、其他社会组织和法律援助人员在法律援助活动中有违法违规行为，向司法行政机关投诉，请求予以处理的行为，并要求司法行政机关应当向社会公示法律援助投诉地址、电话、传真、电子邮箱及投诉事项范围、投诉处理程序等信息。2015年，中共中央办公厅、国务院办公厅出台《关于完善法律援助制度的意见》，要求完善法律援助投诉处理制度，进一步规范投诉事项范围、程序和处理反馈工作，提高投诉处理工作水平。

地方立法层面，《山东省法律援助条例》第21条规定，有证据证明法律援助人员不依法履行职责的，受援人可以向法律援助机构反映或者向司法行政部门投诉。《安徽省法律援助条例》第42条规定，县级以上人民政府司法行政部门应当建立法律援助投诉处理制度。

为贯彻落实中央文件精神，总结地方立法实践经验，本条明确规定司法行政部门应当建立法律援助投诉查处制度。

二、关于投诉的调查处理

为了规范法律援助投诉处理工作，司法部出台了专门的《法律援助投诉处理办法》，对投诉处理的条件、程序等作了具体规定。

根据该办法，可以向司法行政部门投诉的情形包括：违反规定办理法律援助受理、审查事项，或者违反规定指派、安排法律援助人员；法律援助人员接受指派或安排后，懈怠履行或者擅自停止履行法律援助职责；办理法律援助案件收取财物；其他违反法律援助管理规定的行为。此外，投诉还应当符合规定的条件：投诉人具有投诉人主体资格，有明确的被投诉人和投诉请求，有具体的投诉事实和理由；投诉事项属于本机关管辖，属于规定的投诉事项范围。

对符合规定条件的投诉，司法行政部门应当受理，向投诉人发送受理通知书，并及时调查核实。根据调查结果，作出处理决定，如对有应当给予行政处罚或者纪律处分的违法违规行为，依职权或者移送有权处理机关、单位给予行政处罚、行业惩戒或者纪律处分；对情节轻微并及时纠正，没有造成危害后果，依法不予行政处罚或者纪律处分的违法违规行为，应当给予批评教育、通报批评、责令限期改正等处理。

关于"及时"，该办法明确，司法行政部门受理投诉后，一般应在 45 日内办结，投诉事项复杂的，经本机关负责人批准，可以适当延长办理时限。延长办理期限的，应当书面告知投诉人并说明理由。司法行政部门应当自作出处理决定之日起 5 个工作日内，向投诉人发送投诉处理答复书。投诉人对司法行政部门投诉处理答复不服的，可以依法申请行政复议或提起行政诉讼。

第五十七条　司法行政部门应当加强对法律援助服务的监督，制定法律援助服务质量标准，通过第三方评估等方式定期进行质量考核。

【释义】　本条是关于法律援助服务质量监督的规定。

一、司法行政部门对法律援助服务的监督责任

法律援助归根结底是国家通过法律援助机构和人员向当事人提供法律服务的过程。法律援助案件的办案效果，不仅表现在承办案件的最终办理结果，更体现在法律援助的服务过程。法律援助服务的质量，直接关系到人民群众的合法权益能否得到有效维护,直接关系到人民群众能否在每一起司法案件中都感受到公平正义。

2013年,《司法部关于进一步推进法律援助工作的意见》要求,完善法律援助工作管理体制,配齐配强管理人员,落实各级司法行政机关监督管理职责,健全完善组织实施各环节的业务规范和服务标准。

司法行政部门是法律援助工作的主管部门,负责指导、监督法律援助工作。对法律服务的监督,是整个监督环节的重中之重,其中包括对其设立的法律援助机构和人员,法律服务机构和人员,群团组织、高等院校、社会组织等提供法律援助服务的指导监督。司法行政部门应当采取有力措施,建立健全工作制度机制,切实加强指导监督工作,确保法律援助法律法规和规章制度的严格执行、法律援助工作部署的贯彻落实。

二、关于法律援助服务质量标准

本法第19条明确规定法律援助人员要为受援人提供符合标准的法律援助服务。国务院《"十三五"推进基本公共服务均等化规划》将法律援助列入基本公共服务,要求建立健全服务标准体系。《中共中央办公厅、国务院办公厅关于加快推进公共法律服务体系建设的意见》对法律援助等公共法律服务工作做出部署,要求构建公共法律服务评价指标体系。《中共中央办公厅、国务院办公厅关于完善法律援助制度的意见》把"推进法律援助标准化建设"作为提高法律援助质量的一项重要措施,明确要求制定民事行政法律援助质量标准。

法律援助是政府责任,政府有责任对法律援助服务质量进行监督管理。法律援助服务质量是法律援助监督的重点,制定法律援助服务质量标准是法律援助监督的关键措施,也是保障法律援助服务质量、完善法律援助制度的重要内容。制定法律援助服务质量标准，为规范和引导办案行为提供指引，加强法律援助质量管理，对于促进法律援助服务质量的提高、维护法律援助公信力、受援群众法治领域获得感的提高具有重要意义。

根据本法规定，法律援助服务的形式包括法律咨询，代拟法律文书，刑事辩护与代理，民事案件、行政案件、国家赔偿案件的诉讼代理及非诉讼代理，值班律师法律帮助，劳动争议调解与仲裁代理等。2019 年，司法部出台的《全国刑事法律援助服务规范》，要求为受援人提供符合标准的刑事法律援助服务，对刑事法律援助服务原则、服务类型、法律咨询、值班律师法律帮助、刑事法律援助和服务质量控制等提出具体要求；细化了刑事诉讼程序中法律援助的服务要求，比如，规定了刑事法律援助承办律师"不得损害受援人的合法权益""应确保每个诉讼阶段至少会见受援人一次""应当参加庭审，发表辩护意见并提交书面辩护意见"等内容；并对未成年人案件办理单独设置章节予以规范，以促进刑事法律援助服务质量的提高，不断提升刑事案件受援人的满意度。同年 11 月，司法部出台的《全国民事行政法律援助服务规范》，适用于全国民事行政法律援助工作的组织实施和监督管理工作，规定了民事行政法律援助的服务原则、服务类型、法律咨询、诉讼案件代理、非诉讼案件代理以及服务质量控制等要求。例如，对于信函咨询，承办人员应在 7 个工作日内作出处理决定；对于网络咨询，留言咨询问题应在 24 小时内进行解答，在线即时咨询问题应在 5 小时内进行解答。法律问题疑难复杂难以当时答复的，可约期办理。关于代理服务，对承办人员在收案、约见受援人、调查取证、出席庭审、庭后工作、结案等环节的服务要求逐一细化，确保承办人员遵守法定程序，维护法律正确实施。

三、关于质量考核

法律援助工作监督的核心是监督法律援助服务的质量。2015 年,中共中央办公厅、国务院办公厅《关于完善法律援助制度的意见》要求,建立健全律师事务所等法律服务机构和人员开展法律援助考核评价机制。对法律援助服务进行质量考核,是开展法律援助监督的有效方式。司法行政部门作为法律援助工作的主管部门,通过开展法律援助服务质量考核,加强考核结果的运用,能够激发法律援助人员的积极性和责任感,进一步提升服务质量,提高人民群众对法律援助工作的满意度。因此,司法行政机关应建立考核评价机制,设置考核指标,定期组织法律援助服务质量考核。

司法行政部门应当建立第三方评估制度,定期委托社会评估机构,对法律援助机构和法律援助人员服务情况开展第三方评估。社会评估机构负责组织专业评估人员,按照法律援助服务质量标准和科学方法,独立开展评估,承担评估责任,不受外部干涉。通过第三方评估,司法行政部门可以客观了解法律援助服务状况,对考核、评估结果进行分析,对不符合要求的督促改进。例如,《安徽省法律援助条例》第 39 条规定:“县级以上人民政府司法行政部门应当采取适当形式对法律援助案件的办理质量进行评估,向社会公开评估结果。评估结果应当作为对律师事务所、基层法律服务所和律师、基层法律服务工作者年度考核的依据。推行第三方评估机构对法律援助案件办理质量进行评估。”

本条规定的质量考核方式,包括但不限于第三方评估。司法行政部门可以结合实际,探索开展多种方式的质量考核。

第五十八条 司法行政部门、法律援助机构应当建立法律援助信息公开制度，定期向社会公布法律援助资金使用、案件办理、质量考核结果等情况，接受社会监督。

【释义】 本条是关于法律援助信息公开制度的规定。

一、建立法律援助信息公开制度

信息公开是社会公众了解司法行政部门、法律援助机构开展法律援助工作情况的重要途径，也是对法律援助工作进行社会监督的前提和基础。公开透明是提升司法行政部门、法律援助机构社会公信力的重要保证，信息化建设是推进公开透明的重要手段。法律援助是公共法律服务体系的组成部分，其活动内容涉及广大社会公众的利益，其相关信息的公布既是法律援助工作开展的必要条件，也是接受社会监督的有效手段。

根据中共中央办公厅、国务院办公厅印发的《关于完善法律援助制度的意见》的相关规定，加强信息化建设，加大投入力度，改善基层信息基础设施，提升法律援助信息管理水平，实现集援务公开、咨询服务、网上审查、监督管理于一体的网上管理服务，实现与相关单位的信息共享和工作协同。建立法律援助信息公开制度是加强信息化建设的重要举措，司法行政部门、法律援助机构建立法律援助信息公开制度，依法依规公开相关事项，有助于进一步完善法律援助制度。根据国务院《政府信息公开条例》的相关规定，行政机关公开政府信息，应当坚持以公开为常态、不公开为例外，遵循公正、公平、合法、便民的原则。公民、法人和其他组织有权对行政机关的政府信息公开工作进行监督，并提出批评和建议。对涉及公众利益调整、需要公众广泛知晓或者需要公众参与决策的政府信息，行政机关应当主动公开。依法确定为国家秘密的政府信息，法律、行政法规禁止公开的政府信息，以及公开后可能危及国家安全、公共安全、经济安全、社会稳定的政府信息，不予公开。涉及商业秘密、个人隐私等公开会对第三方合法权益造成损害的政府信息，行政机关不得公开。但是，第三方同意公开或者行政机关认为不公开会对公共利益造成重大影响的，予以公开。行政机关应当建立完善政府信息公开申请渠道，为申请人依法申请获取政府信息提供便利。根据国务院办公厅《公共企事业单位信息公开规定制定办法》的相关规定，公共企事业单位信息公开的方式，以主动公开为主，原则上不采取依申请公开的方式。公共企事业单位信息公开规定对依申请公开作出规定的，应当明确办理期限、处理方式、监督救济渠道等内容，确保依申请公开程序具备可操作性。公共企事业单位信息公开规定应当要求公共企事业单位设置信息公开咨询窗口，建立健全相应工作机制，加强沟通协商，限时回应关切，优化咨询服务，满足服务对象以及社会公众的个性化信息需求。公共企事业单位信息公开规定应当根据实际情况灵活确定公开渠道，并对加强日常管理维护提出要求。在确定公开渠道时，应当坚持务实管用、因地因事制宜的原则，防止“一刀切”。公共企事业单位信息公开的监督方式，以向各级主管部门申诉为主，原则上不包括申请行政复议或者提起行政诉讼。法律、行政法规另有规定的，从其规定。公共企事业单位信息公开规定应当妥善处理好信息公开与国家秘密、公共安全、产业安全、商业秘密、个人信息保护等其他重要利益的关系，注意区分信息公开与业务查询服务事项。

二、法律援助信息公开的内容

法律援助信息公开的内容主要包括法律援助资金使用、案件办理、质量考核结果等情况。法律援助经费是法律援助机构履行职责的重要条件，是经济困难群众获得法律援助的重要保障，法律援助案件办理、质量考核结果直接影响公民和有关当事人的合法权益能否得到有效救济，关乎法律的正确实施。法律援助资金的使用应公开透明、专款专用，并对其严格监管。法律援助案件办理应当符合办理程序及质量标准，根据本法第 57 条，司法行政部门应当加强对法律援助服务的监督，制定法律援助服务质量标准，通过第三方评估等方式定期进行质量考核。司法行政部门、法律援助机构应当按照规定，定期公布法律援助资金使用、案件办理、质量考核结果等情况。部分地方法规规章，也对法律援助信息公开的内容作出了规定，如《安徽省法律援助条例》规定，县级以上人民政府司法行政部门应当采取适当形式对法律援助案件的办理质量进行评估，并向社会公开评估结果。《北京市法律援助条例》规定，司法行政部门应当建立健全法律援助质量监督制度，制定办理法律援助案件的质量标准，开展法律援助服务质量检查和评估，并将检查和评估结果依法公开。《成都市法律援助条例》规定，法律援助机构应当向社会公开法律援助的申请条件、程序和咨询方式等信息。鼓励单位和个人为发展法律援助事业提供捐赠。法律援助机构应当建立专门账户，接收单位和个人对法律援助事业的捐赠。捐赠资金的使用情况应当向社会公开，并接受财政、审计、司法行政部门和捐赠人的监督。

三、接受社会监督

社会监督，是指依据宪法和法律赋予的权利，以法律和社会及职业道德规范为准绳，对执政党和政府的一切行为进行监督，主要有公民监督和舆论监督两种方式，社会监督的行为主体，是不具有国家权力的各政治党派、社会团体、群众组织、公民个人和大众传媒等社会力量，这是人民主权原则的直接体现。这种监督的特点是非国家权力性和法律强制性，监督的实现在很大程度上取决于国家的民主化水平和有关人员的法律意识、民主观念、道德水平以及社会舆论。公众监督主要是指公民通过批评、建议、检举、揭发、申诉、控告等基本方式对国家机关及其工作人员行使权力行为的合法性与合理性进行监督。不断扩大公众参与范围，方便社会公众了解情况、参与监督；引导加强内部监督，保障职工群众的监督权，鼓励职工群众监督举报各类隐患；注重推广有关地区和单位加强监督工作的经验做法，提高监督实效。社会团体监督主要指各种社会团体对国家机关和公职人员的监督。社会团体通过选举、请愿、对话、示威、舆论宣传等方式对政府管理活动进行监督。充分发挥工会、共青团和妇联等组织的作用，依法维护和落实公众的知情权、参与权和监督权，不断完善相关措施，加强管理，切实保障群众的权益。舆论监督是指利用各种传播媒介、采取多种形式，表达和传导有一定倾向的议论、意见及看法，以实现对在政治权力运行中出现的偏差行为的矫正和制约。建立并完善舆论监督反馈机制，政府机关对新闻媒体有关的批评性报道，要本着有则改之、无则加勉的态度，实事求是地及时进行调查和处理，并及时将整改结果或查处进展情况向有关部门和新闻媒体反馈。加强社会监督对于法律援助机构及人员履行法律援助工作职责，加强法律援助机构建设，提高法律援助服务质量和效率，推动法律援助事业发展具有重要作用。

第五十九条　法律援助机构应当综合运用庭审旁听、案卷检查、征询司法机关意见和回访受援人等措施，督促法律援助人员提升服务质量。

【释义】 本条是关于法律援助机构督促法律援助人员提升服务质量的措施的规定。

本条的主体是法律援助机构,根据中共中央办公厅、国务院办公厅印发的《关于完善法律援助制度的意见》的相关规定,为了进一步完善法律援助机构服务质量监管机制,切实提高法律援助案件质量,保障受援人的合法权益,法律援助机构要综合运用庭审旁听、案卷检查、征询司法机关意见和受援人回访等措施,督促法律援助人员提升服务质量,强化法律援助案件质量管理。《安徽省法律援助条例》第 40 条规定,法律援助机构应当规范法律援助事项办理规程,综合运用庭审旁听、案卷检查、征询案件办理机关意见和回访受援人等方式,对法律援助人员办理法律援助案件情况进行监督。《山西省法律援助条例》第 6 条规定,司法行政部门、法律援助机构、法律服务机构应当建立法律援助服务质量考核机制,通过案卷评查、质量评估和受援人回访等方式,加强法律援助案件质量管理。《宁夏回族自治区法律援助条例》第 31 条规定,司法行政部门、法律援助机构应当建立法律援助服务质量考核机制,可以采取庭审旁听、案件评查、质量评估、征询办案机关以及回访受援人等方式,督促法律援助人员全面履行法律援助义务。对于法律援助机构督促法律援助人员提升服务质量的措施,本条采取了列举的方式,共列举了 4 项措施,具体包括以下内容:

(1)庭审旁听。法律援助机构组织工作人员按照法律援助案件旁听制度的要求,对法律援助人员在案件庭审过程中的代理表现、承办态度、庭审效果等进行旁听。围绕庭前准备、对事实的掌握、对证据的分析判断和运用、对法律关系的掌握和运用、临场发挥和表达能力等方面进行总体评议。

(2)案卷检查。法律援助案卷,是指法律援助机构在开展咨询、代书、和解与调解、辩护与代理等法律援助活动中直接形成的与案件办理、质量管理、案件补贴发放及财务审计监督相关的历史记录。法律援助案件材料是法律援助工作的真实记录和历史凭证,法律援助人员在办结法律援助案件后,应当按要求及时将案件材料送交法律援助机构办理归档手续,由其统一管理。法律援助案卷应符合整洁规范、材料齐全、办案程序规范、适用法律正确等要求。

(3)征询司法机关意见。对于法律援助人员办理案件的情况,法律援助机构应当征询人民法院、人民检察院、公安机关等办案机关的意见。

(4)回访受援人。本法第55条规定,法律援助机构、法律援助人员未依法履行职责的,受援人可以向司法行政部门投诉,并可以请求法律援助机构更换法律援助人员。受援人有权向法律援助机构主动反映案件办理情况,法律援助机构也应当通过回访受援人,进一步督促法律援助人员提高服务质量。法律援助机构可以通过电话回访、上门回访、问卷调查回访等多种方式对受援人进行回访。回访受援人的内容具体有:法律援助人员服务态度,法律援助人员业务水平,法律援助服务质量,法律援助人员在提供法律援助服务过程中有无收受财物或者接受吃请的现象,对于法律援助工作的意见和建议等。

第六十条　律师协会应当将律师事务所、律师履行法律援助义务的情况纳入年度考核内容,对拒不履行或者怠于履行法律援助义务的律师事务所、律师,依照有关规定进行惩戒。

【释义】　本条是关于律师协会对律师事务所、律师履行法律援助义务的情况进行考核,并依规进行惩戒的规定。

一、考核律师事务所、律师履行法律援助义务的情况

本条规定的主体是律师协会。根据《律师法》《中华全国律师协会章程》的规定，律师协会对律师事务所、律师执业活动进行考核。本法规定，律师协会应当指导和支持律师事务所、律师参与法律援助工作，同时，也要对律师事务所、律师履行法律援助义务的情况进行年度考核。

1. 律师、律师事务所有依法提供法律援助的义务

根据本法第 16 条，律师事务所、基层法律服务所、律师、基层法律服务工作者负有依法提供法律援助的义务。律师事务所、基层法律服务所应当支持和保障本所律师、基层法律服务工作者履行法律援助义务。根据《律师法》的相关规定，律师、律师事务所应当按照国家规定履行法律援助义务，为受援人提供符合标准的法律服务，维护受援人的合法权益。中共中央办公厅、国务院办公厅印发的《关于完善法律援助制度的意见》规定，律师、律师事务所每年应承办一定数量的法律援助案件。依法依规为受援人提供法律援助服务是律师和律师事务所应尽的义务。

2. 法律援助义务履行情况是律师事务所、律师年度考核内容

根据中华全国律师协会《律师执业年度考核规则》第 8 条，律师执业年度考核，主要考核下列内容：(1)律师在执业活动中遵守宪法、法律、法规和规章，遵守职业道德、执业纪律和行业规范，履行法定职责的情况；(2)律师遵守律师协会章程，履行会员义务的情况；(3)律师办理法律服务业务的数量、类别和服务质量，办理重大案件、群体性案件的情况；(4)律师履行法律援助义务，参加社会服务及其他社会公益活动的情况；(5)律师受行政奖惩、行业奖惩的情况；(6)省、自治区、直辖市律师协会根据需要要求考核的其他事项。其中包括律师履行法律援助义务的情况。律师职

业活动被评定为“称职”的标准之一是律师能够履行法律援助义务,参加社会服务及其他社会公益活动。司法部《律师事务所年度检查考核办法》规定,对律师事务所进行年度检查考核,主要检查考核律师事务所遵守宪法和法律、履行法定职责、实行自律管理的情况,具体包括下列内容:(1)律师队伍建设情况;(2)业务活动开展情况;(3)律师执业表现情况;(4)内部管理情况;(5)受行政奖惩、行业奖惩的情况;(6)履行律师协会会员义务的情况;(7)省、自治区、直辖市司法行政机关根据需要认为应当检查考核的其他事项。其中,“业务活动开展情况”包括律师事务所履行法律援助义务、参加社会服务及其他社会公益活动的情况。律师事务所年度检查考核结果分为“合格”和“不合格”两个等次。

二、对相关违规违纪行为进行行业惩戒

对律师进行执业年度考核是律师协会的一项重要职能,加强惩戒工作与考核工作的结合,既是健全惩戒工作机制的新途径,也是对考核工作制度的补充和完善。在年度考核中,如果发现律师事务所、律师存在不履行或者怠于履行法律援助义务的行为,律师协会应当依法依规对其进行惩戒。做好律师行业惩戒工作是律师协会的一项法定职责,也是实现行业自律管理的重要手段,对于维护律师行业整体利益,保障律师依法执业和律师队伍健康发展具有十分重要的意义。近年来,全国律协和各地律师协会不断强化行业自律管理职能,严肃查处律师和律师事务所违规违纪行为,依法维护当事人的权益和广大律师的执业权利,维护社会的和谐与稳定,律师依法执业、诚信执业、诚信为民的观念得到增强,律师队伍的整体素质和社会形象得到进一步提升。

律师协会依照《律师法》《中华全国律师协会章程》《律师和律师事务所违法行为处罚办法》《律师事务所年度检查考核办法》

《律师执业年度考核规则》等规定，对拒不履行或者怠于履行法律援助义务的律师事务所、律师进行行业惩戒。《律师执业年度考核规则》规定，律师经年度考核被评定为“不称职”的，设区的市级律师协会或者直辖市律师协会应当根据其存在的问题，书面责令其改正，并安排其参加律师协会组织的培训教育。律师连续两年被评定为“不称职”的，由律师协会给予通报批评或者公开谴责的行业惩戒；情节严重的，建议司法行政机关依法给予其相应的行政处罚，也可以建议律师事务所与其解除聘用关系或者经合伙人会议通过将其除名。在律师执业年度考核中，设区的市级律师协会或者直辖市律师协会发现律师有违反职业道德、执业纪律或者行业规范的行为的，应当依照规定给予其相应的行业惩戒；发现律师有违法行为的，应当移交司法行政机关依法给予其相应的行政处罚。设区的市级律师协会组织完成本区域律师执业年度考核工作后，应当将开展律师执业年度考核的情况总结及考核结果报省、自治区律师协会备案，同时抄送其所在设区的市级司法行政机关。中华全国律师协会关于《进一步加强和改进律师行业惩戒工作的意见》规定，对违规违纪行为特别恶劣，在社会上造成严重不良影响，依照处分规则从重或加重处分的律师，应予以从重或加重处分，律师事务所应予以辞退或除名。对极个别严重违反法律法规的律师或律师事务所，除依法依规给予严肃处理外，还要暂停会员应享有的一切权利，加大其违规违纪成本。在处理违规律师个人时，要坚持与律师事务所管理相结合，对于因律师事务所疏于管理、导致律师严重违规违纪的情形，除对律师个人进行惩戒外，还要对其所在的律师事务所予以惩戒。律师协会认为违规违纪行为应依法给予行政处罚的，应及时移送有管辖权的司法行政机关，提出处罚建议并制作处罚建议决定书。

第六章　法律责任

第六十一条　法律援助机构及其工作人员有下列情形之一的，由设立该法律援助机构的司法行政部门责令限期改正；有违法所得的，责令退还或者没收违法所得；对直接负责的主管人员和其他直接责任人员，依法给予处分：

（一）拒绝为符合法律援助条件的人员提供法律援助，或者故意为不符合法律援助条件的人员提供法律援助；

（二）指派不符合本法规定的人员提供法律援助；

（三）收取受援人财物；

（四）从事有偿法律服务；

（五）侵占、私分、挪用法律援助经费；

（六）泄露法律援助过程中知悉的国家秘密、商业秘密和个人隐私；

（七）法律法规规定的其他情形。

【释义】　本条是关于法律援助机构及其工作人员法律责任的规定。

一、违法行为

本条规定，法律援助机构及其工作人员的违法行为主要包含以下几种情况：

1. 拒绝为符合法律援助条件的人员提供法律援助，或者故意为不符合法律援助条件的人员提供法律援助

按照本法第43条，法律援助机构应当自收到法律援助申请之日起7日内进行审查，作出是否给予法律援助的决定。决定给予法律援助的，应当自作出决定之日起3日内指派法律援助人员为受援人提供法律援助；决定不给予法律援助的，应当书面告知申请人，并说明理由。按照本法第44条，法律援助机构收到法律援助申请后，发现有下列情形之一的，可以决定先行提供法律援助：(1)距法定时效或者期限届满不足7日，需要及时提起诉讼或者申请仲裁、行政复议；(2)需要立即申请财产保全、证据保全或者先予执行；(3)法律、法规、规章规定的其他情形。这些都是法律援助机构的法定职责。如果法律援助机构为不符合法律援助条件的人员提供法律援助，显然就违背了法律援助制度的目的和宗旨，浪费了国家有限的法律援助资源。法律若不对此种行为规定相应的处罚措施，则很可能导致法律援助腐败的产生。相反，如果法律援助机构拒绝为符合法律援助条件的人员提供法律援助，则会使需要法律援助的人员得不到政府和社会的援助，正义得不到伸张，法律援助的目的和宗旨就无法实现。

2. 指派不符合本法规定的人员提供法律援助

法律援助机构应该综合案件类型、法律援助人员专业特长、受援人意愿等因素，合理指派承办机构和人员。严格死刑、未成年人等案件承办人员的资质条件，确保案件办理质量。本法第13条规定，法律援助机构根据工作需要，可以安排本机构具有律师资格或者法律职业资格的工作人员提供法律援助。法律援助机构指派的工作人员须具有律师资格或者法律职业资格，方可提供法律援助服务。本法第26条规定，对可能被判处无期徒刑、死刑

的人,以及死刑复核案件的被告人,法律援助机构收到人民法院、人民检察院、公安机关通知后,应当指派具有三年以上相关执业经历的律师担任辩护人。根据司法部公共法律服务管理局、中华全国律师协会制定的《未成年人法律援助服务指引(试行)》的相关规定,法律援助机构指派未成年人案件时,应当优先指派熟悉未成年人身心特点、熟悉未成年人法律业务的承办人员。未成年人为女性的性侵害案件,应当优先指派女性承办人员。

3. 收取受援人财物

法律援助,是国家建立的为经济困难的公民和符合法定条件的其他当事人无偿提供法律咨询、代理、刑事辩护等法律服务的制度。法律援助服务应当是无偿的,政府为法律援助服务提供财政上的支持。本法第 20 条规定,法律援助人员应当恪守职业道德和执业纪律,不得向受援人收取任何财物。如果法律援助机构及其工作人员在办理法律援助案件中违法收取财物,不仅损害了受援人的合法权益,而且也破坏了法律援助工作秩序,损害了司法的公信力和公平正义。

4. 从事有偿法律服务

所谓有偿法律服务是指对其所办理的法律援助服务收取一定的费用。本法规定的法律援助服务为无偿的,法律援助机构及其工作人员收取费用违背了法律援助服务的宗旨和目的。需要注意的是,这里的有偿法律服务对象是指受援人,应区别于法律援助补贴。法律援助机构负责组织实施法律援助工作,受理、审查法律援助申请,指派律师、基层法律服务工作者、法律援助志愿者等法律援助人员提供法律援助,并向其支付法律援助补贴。

5. 侵占、私分、挪用法律援助经费

按照本法第 4 条,县级以上人民政府应当将法律援助工作纳入国民经济和社会发展规划、基本公共服务体系,保障法律援助事业与经济社会协调发展。县级以上人民政府应当健全法律援助保障体系，将法律援助相关经费列入本级政府预算，建立动态调整机制，保障法律援助工作需要，促进法律援助均衡发展。侵占、私分、挪用法律援助经费均属于违法行为，应承担相应的法律责任。

6. 泄露法律援助过程中知悉的国家秘密、商业秘密和个人隐私

按照本法第21条，法律援助机构、法律援助人员对提供法律援助过程中知悉的国家秘密、商业秘密和个人隐私应当予以保密。泄露法律援助过程中知悉的国家秘密、商业秘密和个人隐私属于本条规定的违法情形。

7. 法律法规规定的其他情形

本项规定是关于法律援助机构及其工作人员违法情形的兜底条款，法律援助机构及其工作人员出现法律、法规规定的其他违法情形，也要承担相应的法律责任。例如，《安徽省法律援助条例》规定法律援助机构及其工作人员的违法行为包括：(1)对符合条件应予法律援助的对象，决定不予法律援助的；(2)明知不符合法律援助条件而决定给予法律援助的；(3)无正当理由拒绝接受法律援助案件的；(4)不在本条例规定的期限内作出审查决定的；(5)未经批准委托他人、延期或者终止办理法律援助事项的；(6)索取、收受受援人财物或者牟取其他不正当利益的；(7)贪污、侵占、私分、截留、挪用法律援助经费的。《湖南省法律援助条例》规定法律援助机构及其工作人员的违法行为包括：(1)未在规定期限内作出是否给予法律援助决定的；(2)未按规定期限和标准支付办案补贴的；(3)为不符合法律援助条件的人员提供法律援助，或者拒绝为符合法律援助条件的人员提供法律援助的；(4)办理法律援助事项应当回避而没有回避的；(5)办理法律援助案件收取

财物的;(6)从事有偿法律服务的;(7)侵占、私分、挪用法律援助经费的。《湖北法律援助条例》规定法律援助机构及其工作人员的违法行为包括:(1)为不符合法律援助条件的人员提供法律援助,或者拒绝为符合法律援助条件的人员提供法律援助的;(2)办理法律援助案件收取财物或者牟取其他不正当利益的;(3)从事有偿法律服务的;(4)对受援人隐瞒法律援助案件进展情况的;(5)泄露当事人隐私的;(6)侵占、私分、挪用法律援助经费的。办理法律援助案件违法收取的财物,由司法行政部门责令退还;侵占、私分、挪用法律援助经费的,由司法行政部门责令追回。《江苏省法律援助条例》规定的法律援助机构及其工作人员的违法行为包括:(1)对符合国家和本条例规定条件的法律援助申请不予受理的;(2)申请人提交的申请材料不齐全、不符合法定形式时,不一次告知申请人必须补正的全部内容的;(3)决定不提供法律援助而未依法说明理由的。

本条违法行为的主体包含两类:一是有本条规定的违法行为的法律援助机构;二是有本条规定的违法行为的法律援助机构的工作人员。

二、法律责任

1. 责令限期改正

责令限期改正的主体是设立该法律援助机构的司法行政部门,即由司法行政部门责令有违法行为的法律援助机构及其工作人员在规定的期限内,对相应的违法行为进行整改。

2. 有违法所得的,责令退还或者没收违法所得

违法所得是指法律援助机构及其工作人员因从事本条规定的违法行为所得到的不正当利益。司法行政机关应当依法责令其退还或者进行没收。实施上述行政处罚的前提是有违法所得,

没有违法所得的就不必给予上述行政处罚。

3. 依法给予处分

处分，是指国家机关、企事业单位依法对隶属于它的犯有轻微违法行为的人员的一种制裁性处理。依照《公务员法》，在法律法规授权的具有公共事务管理职能的事业单位中除工勤人员以外的工作人员，经批准参照本法进行管理。处分分为警告、记过、记大过、降级、撤职和开除6种。对直接负责的主管人员和其他直接责任人员具体给予哪种处分，则根据违法行为人违法行为的情节，按照干部管理权限，由有关机关决定。

第六十二条 律师事务所、基层法律服务所有下列情形之一的，由司法行政部门依法给予处罚：

（一）无正当理由拒绝接受法律援助机构指派；

（二）接受指派后，不及时安排本所律师、基层法律服务工作者办理法律援助事项或者拒绝为本所律师、基层法律服务工作者办理法律援助事项提供支持和保障；

（三）纵容或者放任本所律师、基层法律服务工作者怠于履行法律援助义务或者擅自终止提供法律援助；

（四）法律法规规定的其他情形。

【释义】 本条是关于律师事务所、基层法律服务所的法律责任的规定。

一、违法行为

本条规定，律师事务所、基层法律服务所的违法行为主要包含以下几种情况：

1. 无正当理由拒绝接受法律援助机构指派

本法第12条规定,法律援助机构负责组织实施法律援助工作,受理、审查法律援助申请,指派律师、基层法律服务工作者、法律援助志愿者等法律援助人员提供法律援助,支付法律援助补贴。律师事务所、基层法律服务所不能无正当理由拒绝接受法律援助机构的指派。律师事务所、基层法律服务所、律师、基层法律服务工作者负有依法提供法律援助的义务。

2. 接受指派后,不及时安排本所律师、基层法律服务工作者办理法律援助事项或者拒绝为本所律师、基层法律服务工作者办理法律援助事项提供支持和保障

律师事务所、基层法律服务所在接受法律援助机构的指派后,应当及时安排本所律师、基层法律服务工作者办理法律援助事项。本法第16条规定,律师事务所、基层法律服务所应当支持和保障本所律师、基层法律服务工作者履行法律援助义务。

3. 纵容或者放任本所律师、基层法律服务工作者怠于履行法律援助义务或者擅自终止提供法律援助

本法第46条规定,法律援助人员接受指派后,无正当理由不得拒绝、拖延或者终止提供法律援助服务。律师、基层法律服务工作者应及时履行法律援助义务,律师事务所、基层法律服务所不得纵容或者放任其所属的律师、基层法律服务工作者怠于履行法律援助义务;如果律师、基层法律服务工作者本人擅自终止提供法律援助,其所属的律师事务所、基层法律服务所应及时予以纠正,必要时应另行指派法律援助人员,其纵容或者放任本所律师、基层法律服务工作者擅自终止提供法律援助,应承担相应的法律责任。

4. 法律法规规定的其他情形

本项规定是关于律师事务所、基层法律服务所违法情形的兜

底性条款,律师事务所、基层法律服务所出现法律、法规规定的其他违法情形,也要承担相应的法律责任。例如,《北京市法律援助条例》规定律师事务所拒绝法律援助机构的指派,不安排律师办理法律援助的,由司法行政部门给予警告、责令改正;情节严重的,给予1个月以上3个月以下停业整顿处罚。《广西壮族自治区法律援助条例》规定,律师事务所、基层法律服务机构违反本条例第20条的规定无正当理由拒绝法律援助机构的指派,不安排律师或者基层法律服务工作者提供法律援助的,由司法行政部门责令限期改正;逾期不改正的,给予停业整顿1个月以上3个月以下的处罚。《海南省法律援助规定》规定,律师事务所拒绝法律援助机构的指派,不安排本所律师办理法律援助案件的,由司法行政部门视其情节给予警告、停业整顿1个月以上6个月以下的处罚,可以处10万元以下的罚款;情节特别严重的,依法吊销律师事务所执业证书。基层法律服务所拒绝法律援助机构的指派,不安排本所基层法律服务工作者办理法律援助案件的,由司法行政部门给予警告,责令改正;情节严重的,给予停业整顿1个月以上3个月以下的处罚。《湖北省法律援助条例》规定,律师事务所拒绝法律援助机构的指派,不安排本所律师办理法律援助案件的,由司法行政部门给予警告、责令改正;情节严重的,责令停业整顿1个月以上3个月以下。

本条违法行为的主体包含两类:一是有本条规定违法行为的律师事务所;二是有本条规定违法行为的基层法律服务所。

二、法律责任

律师、基层法律服务工作者是办理法律援助案件的主要人员,律师对其所属的律师事务所、基层法律服务工作者对其所属的基层法律服务所具有从属性。这种从属性决定了律师事务所、基层法律服务所在提供法律援助过程中发挥着重要的作用,并对违法行为负有相应的法律责任。

1. 律师事务所的法律责任

《律师法》第 50 条规定,律师事务所拒绝履行法律援助义务的,由设区的市级或者直辖市的区人民政府司法行政部门视其情节给予警告、停业整顿 1 个月以上 6 个月以下的处罚,可以处 10 万元以下的罚款;有违法所得的,没收违法所得;情节特别严重的,由省、自治区、直辖市人民政府司法行政部门吊销律师事务所执业证书。根据司法部《律师和律师事务所违法行为处罚办法》的相关规定,“拒绝履行法律援助义务”是指:无正当理由拒绝接受法律援助机构指派的法律援助案件的;接受指派后,不按规定及时安排本所律师承办法律援助案件或者拒绝为法律援助案件的办理提供条件和便利的;纵容或者放任本所律师接受指派后,懈怠履行或者擅自停止履行法律援助职责的。

2. 基层法律服务所的法律责任

本法第 16 条规定,基层法律服务所负有依法提供法律援助的义务。依照司法部《基层法律服务所管理办法》的相关规定,基层法律服务所有法律、法规、规章规定应予处罚的其他行为,由其所在地的县级司法行政机关或者直辖市的区(县)司法行政机关予以警告;有违法所得的,依照法律、法规的规定没收违法所得,并由设区的市级或者直辖市的区(县)司法行政机关处以违法所得 3 倍以下的罚款,罚款数额最高为 3 万元。这里的法律、法规、规章规定应予处罚的其他行为,属于兜底性条款,包含本条规定的违法行为。司法行政机关在对基层法律服务所实施行政处罚的同时,应当责令其限期整改,期满后仍不能改正,不宜继续执业的,由设区的市级或者直辖市的区(县)司法行政机关予以注销。

第六十三条 律师、基层法律服务工作者有下列情形之一的，由司法行政部门依法给予处罚：

（一）无正当理由拒绝履行法律援助义务或者怠于履行法律援助义务；

（二）擅自终止提供法律援助；

（三）收取受援人财物；

（四）泄露法律援助过程中知悉的国家秘密、商业秘密和个人隐私；

（五）法律法规规定的其他情形。

【释义】 本条是关于律师、基层法律服务工作者法律责任的规定。

一、违法行为

本条规定，律师、基层法律服务工作者的违法行为主要包含以下几种情况：

1. 无正当理由拒绝履行法律援助义务或者怠于履行法律援助义务

本法第 19 条规定，法律援助人员应当依法履行职责，及时为受援人提供符合标准的法律援助服务，维护受援人的合法权益。本法第 46 条规定，法律援助人员接受指派后，无正当理由不得拒绝、拖延或者终止提供法律援助服务。法律援助人员包括律师、基层法律服务工作者，其无正当理由拒绝履行法律援助义务，或者怠于履行法律援助义务，都属于本条规定的违法行为。这里的“正当理由”，是一个需要视具体情况判断的问题，下列情况一般可视为具有正当理由：因疾病而无法参与诉讼活动的；已在同一案件中为一方当事人或者有利害关系的第三人代理或辩护的；不具有办理援助案件所需的知识和经验的。

2. 擅自终止提供法律援助

本法第 46 条规定，法律援助人员接受指派后，无正当理由不得拒绝、拖延或者终止提供法律援助服务。按照法律援助程序的规定，法律援助人员不得擅自终止提供法律援助，对于符合本法第 48 条终止情形的，法律援助人员应当及时向法律援助机构报告，由法律援助机构作出终止法律援助的决定。

3. 收取受援人财物

法律援助服务应当是无偿的，政府为法律援助服务提供财政上的支持。本法第 20 条规定，法律援助人员应当恪守职业道德和执业纪律，不得向受援人收取任何财物。如果法律援助机构及其工作人员在办理法律援助案件中违法收取财物，不仅损害了受援人的合法权益，而且也破坏了法律援助工作秩序，损害了司法的公信力和公平正义。

4. 泄露法律援助过程中知悉的国家秘密、商业秘密和个人隐私

国家秘密是指关系国家的安全和利益，依照法定程序确定，在一定时间内只限一定范围的人员知悉的事项。保守国家秘密是中国公民的基本义务之一，《保守国家秘密法》对有关的问题作了规定；商业秘密是企业的财产权利，它关乎企业的竞争力，对企业的发展至关重要，有的甚至直接影响到企业的生存；个人隐私是指不愿让他人知晓的个人生活秘密，中国公民依法享有保有不公开或不让他人知悉的不危害社会的个人秘密的权利。本法第 21 条规定，法律援助机构、法律援助人员对提供法律援助过程中知悉的国家秘密、商业秘密和个人隐私应当予以保密。

5. 法律法规规定的其他情形

本项规定是关于律师、基层法律工作者违法情形的兜底条

款，律师、基层法律服务工作者出现法律、法规规定的其他违法情形，也要承担相应的法律责任。例如，《海南省法律援助条例》规定，律师或者基层法律服务工作者向受援人收取财物或者牟取其他不正当利益的，由司法行政部门给予警告，可以处 1 万元以下的罚款；有违法所得的，没收违法所得；情节严重的，给予停止执业 3 个月以上 6 个月以下的处罚。《湖北省法律援助条例》规定，律师无正当理由拒绝接受、擅自终止法律援助案件或者办理法律援助案件收取财物的，由司法行政部门给予警告、责令改正，退还违法收取的财物，可并处所收财物价值 1 倍以上 3 倍以下的罚款；情节严重的，责令停止执业 1 个月以上 3 个月以下。《湖南省法律援助条例》规定，律师无正当理由拒绝接受律师事务所或者法律援助机构指派的法律援助案件，或者接受指派后，懈怠履行、擅自停止履行法律援助职责的，由设区的市或者自治州人民政府司法行政部门给予警告，可以处 5000 元以下罚款；情节严重的，责令停止执业 1 个月以上 3 个月以下。基层法律服务工作者有前款违法行为的，由县级以上人民政府司法行政部门给予警告，责令改正；情节严重的，责令停止执业 1 个月以上 3 个月以下。律师向受援人收取财物或者牟取其他不正当利益的，由设区的市或者自治州人民政府司法行政部门给予警告；有违法所得的，没收违法所得，可以并处所收财物价值 1 倍以上 3 倍以下罚款；情节严重的，责令停止执业 1 个月以上 3 个月以下。基层法律服务工作者有前款违法行为的，由县级以上人民政府司法行政部门给予警告，责令退还违法所得；情节严重的，责令停止执业 1 个月以上 3 个月以下。律师事务所有下列情形之一的，由设区的市或者自治州人民政府司法行政部门视情节给予警告、责令停业整顿 1 个月以上 6 个月以下，可以处 10 万元以下罚款；情节特别严重的，由省人民政府司法行政部门依法吊销律师事务所执业证书：

(1)无正当理由拒绝接受法律援助机构指派的法律援助案件的;(2)接受指派后,不按规定及时安排本所律师承办法律援助案件或者拒绝为法律援助案件的办理提供条件和便利的;(3)纵容或者放任本所律师懈怠履行、擅自停止履行法律援助职责的。《广东省法律援助条例》规定,基层法律服务工作者有下列情形之一的,由司法行政部门给予处分;构成犯罪的,依法追究刑事责任:(1)无正当理由拒绝接受法律援助案件的;(2)拖延或者擅自终止、转交他人办理法律援助事项的;(3)向受援人收取财物或者牟取其他不正当利益的;(4)与他人恶意串通侵害受援人合法权益的。向受援人收取的财物,由司法行政部门责令退还,可以并处所收财物价值1倍以上3倍以下的罚款。违法所得的其他不正当利益,由司法行政部门予以没收。

本条违法行为的主体包含两类:一是有本条规定的违法行为的律师;二是有本条规定的违法行为的基层法律服务工作者。

二、法律责任

1. 律师的法律责任

《律师法》第47条规定,律师拒绝履行法律援助义务的,由设区的市级或者直辖市的区人民政府司法行政部门给予警告,可以处5000元以下的罚款;有违法所得的,没收违法所得;情节严重的,给予停止执业3个月以下的处罚。依据司法部《律师和律师事务所违法行为处罚办法》规定,"律师拒绝履行法律援助义务的"是指:无正当理由拒绝接受律师事务所或者法律援助机构指派的法律援助案件;或者接受指派后,懈怠履行或者擅自停止履行法律援助职责。《律师法》第48条规定,律师私自接受委托、收取费用,接受委托人财物或者其他利益的,泄露商业秘密或者个人隐私的,由设区的市级或者直辖市的区人民政府司法行政部门给予警告，可以处1万元以下的罚款；有违法所得的，没收违法所得；情节严重的，给予停止执业3个月以上6个月以下的处罚。依据司法部《律师和律师事务所违法行为处罚办法》，“律师私自接受委托、收取费用，接受委托人财物或者其他利益的”，包括向法律援助受援人索要费用、接受受援人的财物或者其他利益。《律师法》第49条规定，律师泄露国家秘密的，由设区的市级或者直辖市的区人民政府司法行政部门给予停止执业6个月以上1年以下的处罚，可以处5万元以下的罚款；有违法所得的，没收违法所得；情节严重的，由省、自治区、直辖市人民政府司法行政部门吊销其律师执业证书；构成犯罪的，依法追究刑事责任。

2. 基层法律服务工作者的法律责任

基层法律工作者应该按照规定履行法律援助义务。司法部《基层法律服务工作者管理办法》第46条规定，基层法律服务工作者无正当理由拒绝履行法律援助义务的，泄露在执业活动中知悉的国家秘密、商业秘密或者个人隐私的，私自接受委托承办法律事务，或者私自收取费用，或者向委托人索要额外报酬的，由所在地县级司法行政机关或者直辖市的区（县）司法行政机关予以警告；有违法所得的，依照法律、法规的规定没收违法所得，并由设区的市级或者直辖市的区（县）司法行政机关处以违法所得3倍以下的罚款，罚款数额最高为3万元。这里的“无正当理由拒绝履行法律援助义务的”，可参照《律师法》相关解释。

第六十四条　受援人以欺骗或者其他不正当手段获得法律援助的，由司法行政部门责令其支付已实施法律援助的费用，并处三千元以下罚款。

【释义】 本条是关于受援人以不正当手段获得法律援助的法律责任的规定。

一、违法行为

法律援助,是国家建立的为经济困难的公民和符合法定条件的其他当事人无偿提供法律咨询、代理、刑事辩护等法律服务的制度。法律援助申请人需要符合法定条件,申请的事项属于法律援助的范围。本法第 31 条规定,下列事项的当事人,因经济困难没有委托代理人的,可以向法律援助机构申请法律援助:(1)依法请求国家赔偿;(2)请求给予社会保险待遇或者社会救助;(3)请求发给抚恤金;(4)请求给付赡养费、抚养费、扶养费;(5)请求确认劳动关系或者支付劳动报酬;(6)请求认定公民无民事行为能力或者限制民事行为能力;(7)请求工伤事故、交通事故、食品药品安全事故、医疗事故人身损害赔偿;(8)请求环境污染、生态破坏损害赔偿;(9)法律、法规、规章规定的其他情形。本法第 32 条规定,有下列情形之一,当事人申请法律援助的,不受经济困难条件的限制:(1)英雄烈士近亲属为维护英雄烈士的人格权益;(2)因见义勇为行为主张相关民事权益;(3)再审改判无罪申请国家赔偿;(4)遭受虐待、遗弃或者家庭暴力的受害人主张相关权益;(5)法律、法规、规章规定的其他情形。本法第 29 条规定,刑事公诉案件的被害人及其法定代理人或者近亲属、刑事自诉案件的自诉人及其法定代理人、刑事附带民事诉讼案件的原告人及其法定代理人,因经济困难没有委托诉讼代理人的,可以向法律援助机构申请法律援助。另外,依照本法,刑事案件的犯罪嫌疑人、被告人属于下列人员之一,没有委托辩护人的,人民法院、人民检察院、公安机关应当通知法律援助机构指派律师担任辩护人:(1)未成年人;(2)视力、听力、言语残疾人;(3)不能完全辨认自己行为的成年人；(4)可能被判处无期徒刑、死刑的人；(5)申请法律援助的死刑复核案件被告人；(6)缺席审判案件的被告人；(7)法律法规规定的其他人员。适用普通程序审理的其他刑事案件，被告人没有委托辩护人的，人民法院可以通知法律援助机构指派律师担任其辩护人。强制医疗案件的被申请人或者被告人没有委托诉讼代理人的，人民法院应当通知法律援助机构指派律师为其提供法律援助。

本条规定处罚的违法行为，主要是指受援人以欺骗或者其他不正当手段获得法律援助的行为。其中，欺骗主要是指虚构、隐瞒事实真相，提供虚假申请材料等行为，其他不正当手段是指受援人不符合上述申请法律援助的条件，以其他非法手段获得法律援助的情形。如果受援人不符合法定条件，以欺骗或者其他不正当手段获得法律援助，不仅会浪费国家法律援助资源，还可能会损害本应获得法律援助的经济困难的公民和符合法定条件的其他当事人的利益，进而影响法律的正确实施。

二、法律责任

对于实施本条规定的违法行为的受援人，司法行政部门应对其处以相应的行政处罚，一是责令其支付已实施的法律援助的费用。对于符合法定条件的受援人，实施法律援助是无偿的，但对于以欺骗或者其他不正当手段获得法律援助的受援人，应责令其退还已实施法律援助的费用，对于尚未实施法律援助的部分的费用不需支付。二是并处3000元以下的罚款。这里的“并处”是强制性处罚措施，而非选择性处罚措施。本条仅对处罚金额的上限作了规定，具体的行政罚款数额由有关行政执法机关根据具体情况决定。一般来说，对于违法情节比较严重的受援人，应当给予顶格的罚款处罚，而对于违法情节轻微，危害不大的行为，可以酌情减少罚款金额，但不能完全免除其行政罚款处罚。

第六十五条　违反本法规定，冒用法律援助名义提供法律服务并谋取利益的，由司法行政部门责令改正，没收违法所得，并处违法所得一倍以上三倍以下罚款。

【释义】　本条是关于冒用法律援助名义提供法律服务并谋利的法律责任的规定。

一、违法行为

本法所称法律援助，是国家建立的为经济困难的公民和符合法定条件的其他当事人无偿提供法律咨询、代理、刑事辩护等法律服务的制度，是公共法律服务体系的组成部分。本条规定的违法行为并非以实施法律援助为主观目的，而是冒用法律援助的名义谋取利益。例如，没有取得律师执业证书的人员以律师的名义为当事人提供法律服务，没有取得基层法律服务工作者资格的人员以基层法律服务工作者的名义为当事人提供法律服务和冒用法律援助名义提供法律援助的其他情形。需要注意的是这里的违法行为必须要谋取利益，如果仅冒用法律援助名义提供法律援助服务，但没有谋取利益，不构成本条规定的违法行为。本条规定的违法行为的主体包括个人和单位。

二、法律责任

1. 责令改正，没收违法所得

责令改正是指行政主体责令违法行为人停止和纠正违法行为，以恢复原状，维持法定的秩序或者状态，具有事后救济性。责令改正可分为责令立即改正和责令限期改正。根据行政处罚法的规定，责令改正不属于行政处罚的种类，其是行政机关在实施行政处罚的过程中对违法行为人发出的一种作为命令。对于实施本条规定的违法行为所获取的利益，司法行政部门应予以没收。没收违法所得是一种行政处罚。

2. 并处违法所得 1 倍以上 3 倍以下罚款

这里的并处是一种强制性处罚措施，而非选择性处罚措施。本条对处罚金额限定了一个区间，即违法所得 1 倍以上 3 倍以下。具体的行政罚款数额由有关行政执法机关根据具体情况决定。一般来说，如果违法情节比较严重，应当给予顶格的罚款处罚，即违法所得的 3 倍；而对于违法情节轻微，危害不大的行为，可以酌情减少罚款金额，但不能低于违法所得的 1 倍。

第六十六条　国家机关及其工作人员在法律援助工作中滥用职权、玩忽职守、徇私舞弊的，对直接负责的主管人员和其他直接责任人员，依法给予处分。

【释义】　本条是关于国家机关及其工作人员在法律援助工作中滥用职权、玩忽职守、徇私舞弊的法律责任的规定。

一、违法行为

本条规定的违法情形，是指国家机关及其工作人员在法律援助工作中滥用职权、玩忽职守、徇私舞弊。“滥用职权”是指国家机关工作人员超越职权，违法决定、处理其无权决定、处理的事项，或者违反规定处理公务的行为。“玩忽职守”是指国家机关工作人员不负责任，不履行或者不认真履行职责的行为。“徇私舞弊”是指国家机关工作人员为徇个人私情、私利，不秉公执法，置国家和人民利益于不顾的行为。滥用职权、玩忽职守、徇私舞弊，三者只要满足其中之一即可。本条规定的违法行为的主体包括国家机关及其工作人员。国家机关是指从事国家事务管理和国家权力行使的机关，包括行政机关、审判机关、检察机关等。

二、法律责任

有本条规定的违法行为时，应对其直接负责的主管人员和其他直接责任人员，依法给予处分。这里的“直接负责的主管人员”，是指在单位违法行为中负有直接领导责任的人员，包括违法行为的决策人，事后对单位违法行为予以认可和支持的领导人员，以及由于属于其管理或由于其放任而对单位违法行为负有不可推卸责任的领导人员。这里所说的“其他直接责任人员”，是指直接实施违法行为的人员。依据《公务员法》《监察法》相关规定，处分包括警告、记过、记大过、降级、撤职、开除6种形式。

第六十七条　违反本法规定，构成犯罪的，依法追究刑事责任。

【释义】　本条是关于法律衔接的规定。

本条是常用的立法习惯性表述，主要指违反了本法的规定又同时构成犯罪的，应依法追究刑事责任。刑事责任，是指行为人因实施犯罪行为，按刑法的规定应当追究其法律责任，包括主刑和附加刑两种刑事责任。主刑分为管制、拘役、有期徒刑、无期徒刑和死刑。附加刑分为罚金、剥夺政治权利、没收财产。对违反本法规定的行为，可能构成犯罪，应当依照刑法追究刑事责任的情形包括：

1. 伪造、变造、买卖国家机关公文、证件、印章罪。刑法第280条规定，伪造、变造、买卖或者盗窃、抢夺、毁灭国家机关的公文、证件、印章的，处3年以下有期徒刑、拘役、管制或者剥夺政治权利，并处罚金；情节严重的，处3年以上10年以下有期徒刑，并处罚金。例如，受援人违反本法第64条规定，弄虚作假获得法律援助的，如果其弄虚作假骗取法律援助的过程中，涉及伪造、变造、买卖国家机关公文、证件、印章等犯罪行为，一方面，根据本法规定，由司法行政部门责令其支付已实施法律援助的费用，并处3000元以下罚款；另一方面，应根据刑法关于伪造、变造、买卖国家机关公文、证件、印章犯罪相关规定，依法追究相应的刑事责任。

2. 滥用职权罪、玩忽职守罪。《刑法》第397条规定，国家机关工作人员滥用职权或者玩忽职守，致使公共财产、国家和人民利益遭受重大损失的，处3年以下有期徒刑或者拘役；情节特别严重的，处3年以上7年以下有期徒刑。刑法另有规定的，依照规定。国家机关工作人员徇私舞弊，犯前款罪的，处5年以下有期徒刑或者拘役；情节特别严重的，处5年以上10年以下有期徒刑。刑法另有规定的，依照规定。国家机关及其工作人员违反本法第66条规定，可能构成滥用职权罪、玩忽职守罪，应当依照刑法规定追究刑事责任。

3. 受贿罪、单位受贿罪。《刑法》第385条规定，国家工作人员利用职务上的便利，索取他人财物的，或者非法收受他人财物，为他人谋取利益的，是受贿罪。国家工作人员在经济往来中，违反国家规定，收受各种名义的回扣、手续费，归个人所有的，以受贿论处。刑法第387条规定，国家机关、国有公司、企业、事业单位、人民团体，索取、非法收受他人财物，为他人谋取利益，情节严重的,对单位判处罚金,并对其直接负责的主管人员和其他直接责任人员,处 5 年以下有期徒刑或者拘役。前款所列单位,在经济往来中,在帐外暗中收受各种名义的回扣、手续费的,以受贿论,依照前款的规定处罚。法律援助机构及其工作人员违反本法第 61 条规定,收取受援人财物,可能构成受贿罪、单位受贿罪,应当依照刑法规定追究刑事责任。

4. 行贿罪、对单位行贿罪。《刑法》第 389 条规定,为谋取不正当利益,给予国家工作人员以财物的,是行贿罪。在经济往来中,违反国家规定,给予国家工作人员以财物,数额较大的,或者违反国家规定,给予国家工作人员以各种名义的回扣、手续费的,以行贿论处。因被勒索给予国家工作人员以财物,没有获得不正当利益的,不是行贿。《刑法》第 390 条规定,对犯行贿罪的,处 5 年以下有期徒刑或者拘役,并处罚金;因行贿谋取不正当利益,情节严重的,或者使国家利益遭受重大损失的,处 5 年以上 10 年以下有期徒刑,并处罚金;情节特别严重的,或者使国家利益遭受特别重大损失的,处 10 年以上有期徒刑或者无期徒刑,并处罚金或者没收财产。行贿人在被追诉前主动交待行贿行为的,可以从轻或者减轻处罚。其中,犯罪较轻的,对侦破重大案件起关键作用的,或者有重大立功表现的,可以减轻或者免除处罚。《刑法》第 391 条规定,为谋取不正当利益,给予国家机关、国有公司、企业、事业单位、人民团体以财物的,或者在经济往来中,违反国家规定,给予各种名义的回扣、手续费的,处 3 年以下有期徒刑或者拘役,并处罚金。单位犯前款罪的,对单位判处罚金,并对其直接负责的主管人员和其他直接责任人员,依照前款的规定处罚。

第七章　附　　则

第六十八条　工会、共产主义青年团、妇女联合会、残疾人联合会等群团组织开展法律援助工作，参照适用本法的相关规定。

【释义】　本条是关于群团组织参照本法开展法律援助工作的规定。

一、允许群团组织开展法律援助工作的必要性

法律援助工作是一项重要的民生工程，扩大法律援助覆盖面、增强服务保障能力，需要动员更多力量参与。以往法律援助大多是由司法行政部门设立的法律援助机构根据当事人的申请，指派律师或者安排本机构人员，为符合条件的公民提供法律援助，渠道相对单一、力量较为有限。为了进一步拓宽提供法律援助的渠道，动员更多力量参与法律援助，在总结多年实践经验的基础上，本法作出规定：一是在总则中明确国家鼓励和支持群团组织、事业单位、社会组织在司法行政部门指导下，依法提供法律援助；二是在附则中明确群团组织可以参照本法相关规定开展法律援助工作。之所以这样规定，主要考虑到以下几点：

（一）贯彻落实党中央有关决策精神

工会、共青团、妇联、残联等群团组织，是党直接领导的群众自己的组织，为群众服务是群团组织的天职。党和国家历来高度重视群团工作，注重发挥群团组织的作用。2015 年，《中共中央关于加强和改进党的群团工作的意见》明确提出，支持群团组织加强服务群众和维护群众合法权益工作，要求群团组织盯牢群众所急、党政所需、群团所能的领域，重点帮助群众解决日常工作生活中最关心、最直接、最现实的利益问题和最困难、最操心、最忧虑的实际问题，有针对性地开展法律援助等服务。《中共中央办公厅、国务院办公厅关于完善法律援助制度的意见》也明确提出，鼓励和支持人民团体、社会组织开展法律援助工作，各人民团体要充分利用自身优势参与并做好法律援助工作等。因此，在法律中进一步明确工会、共青团、妇联、残联等群团组织可以开展法律援助工作，是对党中央有关决策精神的贯彻落实。

（二）满足当前加强社会治理的实践要求

党的十九大报告指出，加强社会治理的制度建设，完善党委领导、政府负责、社会协同、群众公众参与法治保障的社会治理体制，提高社会治理的社会化、法治化、智能化、专业化水平。本法明确规定，法律援助工作要坚持国家保障与社会保障相结合的原则。在突出国家保障责任的基础之上，明确群团组织在法律援助中的法律地位，进一步强化社会参与，有利于支持群团组织参与社会治理创新、维护社会和谐稳定，更有效地调动群团组织各方面的力量和资源，有助于把法律援助这项公益事业做得更好。

（三）符合群团组织的性质、职责和优势

群团组织开展法律援助，是满足广大群众对相应群团组织期待的有力措施，也是群团组织履行政治责任、维护人民群众合法利益、促进人民内部团结的一项重要举措。在坚持以政府提供法律援助为主体的前提下，把适合群团组织开展的法律援助工作交由群团组织来开展，有利于群团组织切实发挥职能作用，也有利于其相互之间优势互补、同向发力,共同做好法律援助的工作。从近年来的实践来看,群团组织在法律援助方面做了大量工作,为促进社会和谐稳定发挥了积极作用。

二、群团组织开展法律援助工作的途径

工会、共青团、妇联、残联等群团组织联系的群众的特点不同,对法律援助的需求有较大差异,各群团组织自身优势和法律援助工作的基础也有明显不同。实践中,各群团组织紧密结合自身职责,发挥自身优势,体现群众特点,通过不同途径开展法律援助工作,大致可以将其分为两类:一类是与司法行政部门密切合作,由法律援助机构在基层群团组织中设置法律援助服务站点为群众提供服务,其在较大程度上是政府法律援助与群团工作的结合、延伸。另一类是群团组织利用自身资源和优势,依托自身组织体系设置法律援助服务站点,在司法行政部门的指导下提供服务,具有相对较大的特色。目前各级工会组织在法律援助方面已形成了一定规模。2008 年,全国总工会依据《工会法》《法律援助条例》等,建立健全工会法律援助具体办法,形成较为稳定的工会法律援助制度。到 2019 年年底,全国工会系统共建立法律援助机构 16,000 多个,县级以上地方工会法律援助机构已经实现了全覆盖,从事法律援助的工会干部和工会法律援助的律师团员超过了 15,000 人,法律援助志愿者超过了 40,000 人,2017 年到 2019 年全国工会系统法律援助工作经费支出 262,000,000 元,其在维护职工权益等方面发挥了重要作用。

三、参照适用本法相关规定

依照本法,提供法律援助的渠道大致包括三个:一是司法行政部门设立的法律援助机构指派律师、基层法律服务工作者、法

律援助志愿者,或者安排本机构具有律师资格或者法律执业资格的工作人员提供法律援助,这是法律援助工作的主体部分;二是工会、共青团、妇联、残联等群团组织参照本法相关规定开展的法律援助工作,是政府法律援助工作的重要补充;三是法律援助志愿者包括在高等院校、科研机构中从事法学教育、研究工作的人员和法学专业的学生,以及其他符合条件的个人,法律援助志愿者的具体管理办法由国务院有关部门规定。由于政府法律援助是法律援助工作的主体部分,因此本法在制度设计上主要涉及政府法律援助,法律援助机构开展的法律援助工作是主要规范对象,对群团组织如何开展法律援助工作没有作出具体规定,只作出“参照适用本法”的原则性规定。“参照适用本法”在具体理解上,应当把握好以下三个方面:

一是本法关于法律援助工作的一般性、总体性的规定,同样适用于群团组织开展的法律援助工作。例如,本法在总则中规定,法律援助工作应当坚持中国共产党的领导,坚持以人民为中心,尊重和保障人权,遵循公开、公平、公正的原则,群团组织开展的法律援助也要遵循这些原则。又如,本法第五章规定了有关保障和监督措施,对群团组织开展的法律援助工作,也可以采取有关保障和监督措施。

二是对于本法有关法律援助形式和范围、程序和实施等方面的规定,群团组织可以结合自身职责和工作实际,进一步明确和细化有关措施和办法。原则上,群团组织开展法律援助工作,不应也不可能漫无边际、面面俱到,应当紧扣自身工作职责,紧密联系其服务对象。例如,工会的基本职责是维护职工的合法权益。作为党联系职工的桥梁,工会应当充分发挥其职能和优势,努力促进劳动关系的和谐稳定,预防和避免劳动争议的发生,化解社会矛盾,构建和谐社会。工会职工进行法律援助要以协调劳动关系、调处劳动争议为工作重点，以合法权益受到侵害的困难职工、工会工作者和基层工会组织为主要工作对象，通过法律咨询、代书、非诉讼调解、仲裁代理和诉讼代理等，为广大职工提供无偿法律服务，维护职工的合法权益。残疾人联合会开展的法律援助，应当以残疾人为主要服务对象，以维护残疾人合法权益为工作重点。

三是法律援助工作整体上接受司法行政部门的指导和监督。本法在总则中就明确规定，司法行政部门指导、监督法律援助工作，其中包括群团组织开展的法律援助工作。在司法行政部门的指导、监督下，群团组织法律援助工作也具有一定灵活性、独特性，本法在法律援助对象、机构设置、办案补贴标准和工作流程等方面为其留有适当空间，以便于群团组织根据实际适当创新拓展，更好地服务所联系的群众。司法行政部门应当加强业务指导和监督，在人员培训、案件管理、质量监督、档案管理等方面，对群团组织开展法律援助工作提供指导、推动规范化建设，采取措施鼓励和支持群团组织参与法律援助，形成双方相互配合、优势互补、共促共进的良好局面。

第六十九条　对外国人和无国籍人提供法律援助，我国法律有规定的，适用法律规定；我国法律没有规定的，可以根据我国缔结或者参加的国际条约，或者按照互惠原则，参照适用本法的相关规定。

【释义】　本条是关于对外国人和无国籍人提供法律援助的规定。

一、外国人和无国籍人是法律援助对象中的特殊类型

根据本法第1、2条的规定，我国法律援助的对象是“公民和有关当事人”，具体为“经济困难公民和符合法定条件的其他当事人”。其与国务院《法律援助条例》明确提出的“公民”相比，有了进一步拓展。其中，“符合法定条件的其他当事人”包括外国人和无国籍人。但是，外国人、无国籍人若要在我国获得法律援助，必须满足“符合法定条件”这一要求。因此，不能笼统地认为在我国外国人、无国籍人享有与我国公民同等的获取法律援助的权利。根据本条的规定，对外国人和无国籍人提供法律援助，需要我国法律有规定，或者根据我国缔结、参加的有关国际条约，或者按照互惠原则为其提供。

按照上述要求，实践中形成的做法是，外国人、无国籍人可以成为我国刑事法律援助的对象，但不能完全成为民事、行政法律援助的对象。20世纪90年代，时任司法部部长的肖扬说，“至于外国人是否可作为中国法律援助的对象，这个问题比较复杂。我们认为，可以考虑对刑事案件被告人中经济困难的外国人给予法律援助，因为这涉及我国刑法的公正实施问题；对于民事和行政诉讼的外国当事人，如系经济困难的，则应由其所属国籍的国家提供法律援助费用，或者由两国间签订了法律援助的司法协助协议相互减免有关费用”。这一观点在理论与实务中得到多数赞同。

也有意见提出，随着我国经济实力的不断增强和国际影响力的逐步提高，应当赋予外国人、无国籍人与中国公民同等的获得法律援助的权利，无论是在刑事法律援助方面还是在民事、行政法律援助方面，都应当给予外国人、无国籍人以公民同等待遇。其理由主要是，法律援助的目标是让所有人（包括公民、外国人、

无国籍人),不管其财产多少、能力高低,都能够平等地获得法律保护。就理论研究而言,这种观点有一定合理性,但总体上不符合我国当前的国情和法律制度,也不符合国际通行做法。

一是,法律援助工作是一项重要的民生工程,主要依靠政府财政资金,维护人民群众合法权益是其出发点和落脚点。法律援助工作的开展,必须立足国情,与经济社会发展水平相适应。当前我国还处于社会主义发展初级阶段,地区发展不平衡,能够投入法律援助事业的财政资金比较有限,法律援助工作的重心应当是使符合条件的公民都能获得法律援助,而不宜宽泛地将外国人、无国籍人均纳入我国法律援助的对象范围。二是,《法律援助法》本身也属于国内法的范畴,规定的权利和义务通常只适用于本国公民,不可能是各国公民共有的权利和义务。《法律援助法》规定的国家责任是对本国公民的责任,不是对世界各国公民的责任。三是,对于外国人、无国籍人而言,判断其是否"经济困难"不现实也不可行。法律援助保障的重点是经济困难群体,由于各国经济发展不平衡,不能用本国的困难标准去衡量其他国家的公民是否贫困,法律援助机构也很难核查外国人、无国籍人是否符合经济困难标准。四是,从世界各国的做法来看,多数国家都不对非本国人提供法律援助。对于民事诉讼和行政诉讼中确实经济困难的外国人,由其所属国家提供法律援助费用,或者由国家之间签订的司法协助协议相互减免有关费用。因此,本法将外国人、无国籍人纳入法律援助对象范围,但没有赋予其与本国公民同等的待遇。

二、我国法律有规定的,适用法律规定

我国《刑事诉讼法》第 17 条规定,对于外国人犯罪应当追究刑事责任的,适用本法的规定。既然外国人犯罪适用我国刑法,

并按照刑事诉讼法规定的程序追究其刑事责任时，那么《刑事诉讼法》中关于犯罪嫌疑人、被告人辩护权的有关规定同样适用于外国人。《刑事诉讼法》第 35 条规定，犯罪嫌疑人、被告人因经济困难或者其他原因没有委托辩护人的，本人及其近亲属可以向法律援助机构提出申请。犯罪嫌疑人、被告人如果是盲、聋、哑人，或者是尚未完全丧失辨认或者控制自己行为能力的精神病人，或者可能被判处无期徒刑、死刑，没有委托辩护人的，人民法院、人民检察院和公安机关应当通知法律援助机构指派律师为其提供辩护。根据《刑事诉讼法》第 36 条的规定，其还可以依法获得值班律师的法律帮助。我国有关司法解释及司法解释性质文件中，也将外国人纳入刑事法律援助的对象范围。如 1997 年《最高人民法院、司法部关于刑事法律援助工作的联合通知》（已失效）规定，外国籍被告人没有委托辩护人的可以经人民法院指定获得法律援助。2021 年 1 月《最高人民法院关于适用〈中华人民共和国刑事诉讼法〉的解释》规定，外国籍被告人没有委托辩护人的，人民法院可以通知法律援助机构为其指派律师提供辩护。被告人拒绝辩护人辩护的，应当由其出具书面声明，或者将其口头声明记录在案。被告人属于应当提供法律援助情形的，依照该解释的有关规定处理。

将外国人、无国籍人纳入刑事法律援助对象范围，充分体现了我国人权司法保障和司法程序的公正。刑事司法是追究犯罪、给予刑事处罚的活动，其结果可能剥夺刑事被告人的人身自由、财产权益甚至生命，具有相当的严厉性。为了保障犯罪嫌疑人、被告人在刑事诉讼中的合法权益，任何人包括外国人、无国籍人，都应有权获得法律援助，这是尊重和保障人权、实现司法公正的要求和体现，符合有关国际公约的精神，与许多国家的立法也是一致的。

三、我国法律没有规定的，可以根据国际条约或者按照互惠原则处理

在刑事法律援助中，对外国人、无国籍人提供法律援助，有一定的法律依据，在其认识上和操作上，都不存在分歧或者争议。在民事、行政法律援助方面，我国法律没有明确规定。参考各国相关经验和做法，对于我国法律没有规定的，可以根据我国缔结或者参加的国际条约，或者按照互惠原则，参照适用本法的相关规定。在我国缔结或者参加的国际条约中，也有对法律援助问题作出规定的。据初步了解，《中华人民共和国和意大利共和国关于民事司法协助的条约》（1991 年 5 月 20 日签署）、《中华人民共和国和保加利亚共和国关于民事司法协助的协定》（1993 年 6 月 2 日签署）、《中华人民共和国和泰王国关于民商事司法协助和仲裁合作的协定》（1994 年 3 月 16 日签署）、《中华人民共和国和埃及共和国关于民事、商事和刑事司法协助的协定》（1994 年 4 月 21 日签署）、《中华人民共和国和土耳其共和国关于民事、商事和刑事司法协助的协定》（1992 年 9 月 28 日签署）、《中华人民共和国和希腊共和国关于民事和刑事司法协助的协定》（1994 年 10 月 17 日签署）等中外司法协助协定或条约对法律援助有关问题作出了规定。依据我国所缔结或者参加的国际条约，外国人、无国籍人可以在一定条件下成为法律援助的对象。

在民事、行政领域，给予外国人、无国籍人获得法律援助的权利，应当体现平等互惠，而不应是我国单方面的义务。在我国法律没有规定的情况下，除了根据我国缔结或者参加的国际条约，还可以按照互惠原则，参照适用本法相关规定处理。互惠原则，也称“对等原则”，它是国家主权独立与平等的反映，在外国人民

事待遇方面，体现为各国根据互惠原则给予对方国民平等的待遇。《民事诉讼法》第5条规定，外国人、无国籍人、外国企业和组织在人民法院起诉、应诉，同中华人民共和国公民、法人和其他组织有同等的诉讼权利义务。外国法院对中华人民共和国公民、法人和其他组织的民事诉讼权利加以限制的，中华人民共和国人民法院对该国公民、企业和组织的民事诉讼权利，实行对等原则。因此，如果外国给予我国公民在该国的法律援助的权利，我国可以按照互惠原则，参照本法规定给予该国公民平等待遇；如果外国限制我国公民在该国获得法律援助的权利，则按照对等原则予以处理。

第七十条　对军人军属提供法律援助的具体办法，由国务院和中央军事委员会有关部门制定。

【释义】　本条是关于制定对军人军属提供法律援助具体办法的规定。

一、对军人军属提供法律援助具有重大意义

军人肩负捍卫国家主权、安全、发展利益和保卫人民的神圣职责和崇高使命。国家和社会尊重、优待军人，保障军人享有与其职业特点、担负职责使命和所做贡献相称的地位和权益。一切国家机关和武装力量、各政党和群团组织、企业事业单位、社会组织和其他组织都有依法保障军人地位和权益的责任。国家和社会尊重军人、军人家庭为国防和军队建设做出的奉献和牺牲，优待军人、军人家属，抚恤优待烈士、因公牺牲军人、病故军人的遗属，保障残疾军人的生活。随着改革开放的深入推进、社会利益关系的深刻调整,军人军属涉法问题日益增多、解决难度越来越大,影响官兵安心服役,影响部队战斗力的提高。法律援助是解决军人军属涉法问题、维护军人军属合法权益的重要途径。做好军人军属的法律援助工作,事关广大官兵的切身利益,事关国防和军队建设,事关社会和谐稳定,对于实现党在新形势下的强军目标,增强部队凝聚力战斗力,促进军政军民团结,具有重要作用。

党和国家高度重视军人军属的法律援助工作。2001 年 9 月,《司法部关于加强法律援助和法律服务工作切实维护国家军事利益和军人军属合法权益有关问题的通知》初步建立了为军人军属提供法律援助的制度。自 2003 年 9 月《法律援助条例》实施以来,各级司法行政机关和法律援助机构把军人军属作为法律援助重点对象,在受理、审查、指派、承办案件等各个环节中均予以优待。在实践中,不少地方将涉及军人军属的事项纳入法律援助范围,为广大官兵提供多种形式的法律援助服务。各级司法行政机关和法律援助机构在军队有关部门的支持配合下,建立健全军人军属法律援助工作站和联系点,及时为军人军属提供法律咨询;组织广大法律援助人员深入军营,为官兵普及法律知识;积极办理军人军属法律援助案件,最大限度地维护军人军属合法权益,努力为国防和军队建设服务。在相关建设取得明显成效的同时,其也存在保障机制不够完善,法律援助供需矛盾突出等问题。

二、新时代对军人军属法律援助工作的新要求

党的十八大以来,以习近平同志为核心的党中央提出协调推进“四个全面”战略布局、统筹推进“五位一体”建设、实现党在新形势下的强军目标等重大战略思想,作出一系列重大决策部署。

为贯彻落实全面依法治国、深入推进依法治军从严治军的要求，2014 年《国务院、中央军委关于进一步加强军人军属法律援助工作的意见》发布实施，该意见在国务院《法律援助条例》基础上，扩大了军人军属法律援助覆盖面，并要求地方政府适当放宽军人军属经济困难条件，让更多的军人军属受益受惠，努力实现应援尽援，充分体现了党和国家优抚优待军人军属的一贯政策。2015 年中共中央办公厅、国务院办公厅印发《关于完善法律援助制度的意见》，其对进一步加强法律援助工作、完善法律援助制度作出全面部署，其中对加强军人军属法律援助工作提出明确要求。

两个意见实施以来，各级司法行政机关和军队有关部门采取有力措施，积极为广大官兵提供多种形式的法律援助服务。各地放宽经济困难条件，降低军人军属申请法律援助的门槛，把与军人军属权益密切相关的事项纳入法律援助范围，不断扩大法律援助覆盖面。建立健全服务网络，为军人军属寻求法律帮助提供便利，各地法律援助机构依托省军区（卫戍区、警备区）、军分区、人民武装部建立军人军属法律援助工作站。建立军人军属维权“绿色通道”，简化受理审查程序，优质快捷办理；向符合条件的军人军属发放“法律援助卡”，对持卡人免予经济困难审查；贴近基层官兵，安排律师到军人军属法律援助工作站值班，做好接待咨询服务。通过法律服务专线、微信、微博等方式，及时为官兵答疑解惑；适时组织开展“法律援助进军营”“送法下基层”活动，通过发放法治宣传资料、讲法治课、解答法律咨询等方式与官兵面对面交流。在军地建立信息通报、官兵法律服务需求分析研判、军地联席会议等制度，加强军民融合推动工作落实，有力维护国防利益和军人军属合法权益。

两个意见立足宏观政策指引，一些规定相对原则，涉及军人军属法律援助对象范围、案件办理程序、军人军属法律援助工作站建立条件、职责任务以及军地双方信息共享、业务协同等方面有待细化和明确。同时，军队改革调整组建了新的中央军委政法委员会，军队法律援助工作体制机制、组织结构和力量构成发生新的变化。为了适应新变化、新要求，提高军人军属法律援助工作制度化、程序化、规范化水平，2016 年司法部、中央军委政法委员会印发《军人军属法律援助工作实施办法》，进一步明确和细化《国务院、中央军委关于进一步加强军人军属法律援助工作的意见》的有关规定，为新形势下推动军人军属法律援助工作创新发展，提供新的支撑和有力保障。该办法注重与相关政策相衔接，注重总结实践经验和解决实际问题，主要对以下几个方面作出规定：

一是界定了军人军属法律援助对象范围。明确“军人”是指现役军（警）官、文职干部、士兵以及具有军籍的学员。同时，明确军队中的文职人员、非现役公勤人员、在编职工，由军队管理的离退休人员，以及执行军事任务的预备役人员和其他人员按军人对待。明确“军属”是指军人的配偶、父母、子女和其他与军人有法定扶养关系的近亲属。同时，明确烈士、因公牺牲军人、病故军人的遗属按军属对待。

二是明确了军人军属法律援助事项范围。着眼于军人军属的特殊属性及所需的特殊保护，在《法律援助条例》规定的事项外，将军人军属多发的涉及优抚待遇，婚姻家庭，因医疗、交通、工伤事故以及其他人身伤害案件造成人身损害或财产损失请求赔偿，涉及农资产品质量纠纷、土地承包纠纷、宅基地纠纷以及保险赔付等纳入法律援助事项范围。

三是规定了案件办理程序方面的一些具体事项。包括军人军属申请法律援助时应该提交的材料，申请时无须提交经济困难证明的“三类人员”，申请渠道和申请受理机构，实行“三个优先”及遇特殊情况的要求，以及案件办理过程中法律援助机构和军队有关部门的权利和义务等。

四是规定了军人军属法律援助工作站设置方式、成立条件、职责范围及相关工作制度。军人军属法律援助工作站是联系军地双方的桥梁和纽带，对于做好军人军属法律援助工作发挥着重要作用。该办法明确了军人军属法律援助工作站和联络点的几种设置方式；明确了成立工作站应当具备的五项条件；明确了工作站五项职责。此外，对工作站建立信息公示、来信来函和来电来访登记、工作报告等项制度均提出要求。

五是规定了军地双方衔接配合的各项制度。包括：(1)工作站值班制度。军人军属法律援助工作站主要建立在军队系统，因工作站人员较少且多属兼职，故对安排法律援助机构人员和律师到工作站值班提出要求。(2)军地联席会议制度。军地联席会议是军地双方沟通和了解，加强合作，协商和解决各种实际问题的重要平台，故规定了军地联席会议设置方式和五项工作职责。(3)人员培训与交流制度。开展军人军属法律援助工作需要加强专业化的法律人才队伍建设，故对军地双方法律援助人员培训、业务研究、办案交流等提出要求。(4)经费保障制度。经费是工作得以顺利开展的重要条件，故对军地合力落实经费保障政策和设立军人军属法律援助专项基金等方面提出要求。(5)工作考评制度。为促进各项工作任务落到实处，对法律援助机构和人员实行考评。

三、明确由国务院和中央军事委员会有关部门制定具体办法，为制度建设新发展留出空间

本法制定过程中，有的意见提出，应当结合国务院、中央军委有关文件的实施情况和成功经验，对军人军属法律援助有关问题作出原则性、指导性的规定。经过认真充分研究，在附则中作出原则性、授权性规定，肯定已有制度成果，同时为下一步国务院和中央军委根据有关中央文件精神、国家立法动态制定相关办法提供上位法依据。

2019 年，中共中央办公厅、国务院办公厅印发的《关于加快推进公共法律服务体系建设的意见》提出，保障特殊群体的基本公共法律服务权益，将军人军属等作为公共法律服务的重点对象。2021 年 6 月 10 日，十三届全国人大常委会第二十九次会议通过《军人地位和权益保障法》，该法第 61 条规定，军人、军人家属和烈士、因公牺牲军人、病故军人的遗属维护合法权益遇到困难的，法律援助机构应当依法优先提供法律援助，司法机关应当依法优先提供司法救助。下一步，国务院和中央军委有关部门应当及时总结实践经验，积极适应国家司法体制改革关于完善法律援助制度的要求，适应军民深度融合发展战略需要，契合军队建设、改革和军事斗争准备实际，落实军地相关部门工作责任，及时制定或者修改完善对军人军属提供法律援助的具体办法，完善军人军属法律援助制度，更好地维护国防利益和军人军属合法权益，增强广大军人军属责任担当意识、激发投身强国兴军的积极性和主动性。

第七十一条　本法自 2022 年 1 月 1 日起施行。

【释义】 本条是关于施行日期的规定。

法律的施行日期,是指法律开始施行并发生法律效力的日期。法律的施行时间主要有三种:一是自法律公布之日起生效施行;二是法律条文自行规定具体施行的时间;三是规定法律公布后,符合一定条件时生效。

需要注意的是,法律的公布和施行是不同的概念。法律公布是立法的最后程序,是由国家主席签署主席令将全国人民代表大会及其常务委员会全体会议表决通过的法律向全社会予以公布。法律的施行日期,是法律正式生效的日期,因此法律的施行日期是每部法律的必要组成部分,一般都规定在法律的最后一条。立法法第 57 条规定,法律应当明确规定施行日期。第 58 条进一步规定,签署公布法律的主席令载明该法律的制定机关、通过和施行日期。

法律从何时开始生效施行,一般需要根据法律的性质和本次立法的形式等因素来决定。《法律援助法》是一部新制定的法律,为了帮助各方面学习、了解和掌握法律规定的内容,同时为国务院及有关部门、单位制定相配套的行政法规、部门规章等留出必要时间,推动本法更加有效地贯彻实施,本条规定“本法自 2022 年 1 月 1 日起施行”,则本法的生效时间就是 2022 年 1 月 1 日。

第三部分　附　　录

中华人民共和国法律援助法

（2021 年 8 月 20 日第十三届全国人民代表大会
常务委员会第三十次会议通过）

目　　录

第一章　总　　则

第一条　为了规范和促进法律援助工作，保障公民和有关当事人的合法权益，保障法律正确实施，维护社会公平正义，制定本法。

第二条　本法所称法律援助，是国家建立的为经济困难公民和符合法定条件的其他当事人无偿提供法律咨询、代理、刑事辩护等法律服务的制度，是公共法律服务体系的组成部分。

第三条 法律援助工作坚持中国共产党领导,坚持以人民为中心,尊重和保障人权,遵循公开、公平、公正的原则,实行国家保障与社会参与相结合。

第四条 县级以上人民政府应当将法律援助工作纳入国民经济和社会发展规划、基本公共服务体系,保障法律援助事业与经济社会协调发展。

县级以上人民政府应当健全法律援助保障体系,将法律援助相关经费列入本级政府预算,建立动态调整机制,保障法律援助工作需要,促进法律援助均衡发展。

第五条 国务院司法行政部门指导、监督全国的法律援助工作。县级以上地方人民政府司法行政部门指导、监督本行政区域的法律援助工作。

县级以上人民政府其他有关部门依照各自职责,为法律援助工作提供支持和保障。

第六条 人民法院、人民检察院、公安机关应当在各自职责范围内保障当事人依法获得法律援助,为法律援助人员开展工作提供便利。

第七条 律师协会应当指导和支持律师事务所、律师参与法律援助工作。

第八条 国家鼓励和支持群团组织、事业单位、社会组织在司法行政部门指导下,依法提供法律援助。

第九条 国家鼓励和支持企业事业单位、社会组织和个人等社会力量,依法通过捐赠等方式为法律援助事业提供支持;对符合条件的,给予税收优惠。

第十条 司法行政部门应当开展经常性的法律援助宣传教育,普及法律援助知识。

新闻媒体应当积极开展法律援助公益宣传,并加强舆论监督。

第十一条 国家对在法律援助工作中做出突出贡献的组织和个人,按照有关规定给予表彰、奖励。

第二章 机构和人员

第十二条 县级以上人民政府司法行政部门应当设立法律援助机构。法律援助机构负责组织实施法律援助工作,受理、审查法律援助申请,指派律师、基层法律服务工作者、法律援助志愿者等法律援助人员提供法律援助,支付法律援助补贴。

第十三条 法律援助机构根据工作需要,可以安排本机构具有律师资格或者法律职业资格的工作人员提供法律援助;可以设置法律援助工作站或者联络点,就近受理法律援助申请。

第十四条 法律援助机构可以在人民法院、人民检察院和看守所等场所派驻值班律师,依法为没有辩护人的犯罪嫌疑人、被告人提供法律援助。

第十五条 司法行政部门可以通过政府采购等方式,择优选择律师事务所等法律服务机构为受援人提供法律援助。

第十六条 律师事务所、基层法律服务所、律师、基层法律服务工作者负有依法提供法律援助的义务。

律师事务所、基层法律服务所应当支持和保障本所律师、基层法律服务工作者履行法律援助义务。

第十七条 国家鼓励和规范法律援助志愿服务;支持符合条件的个人作为法律援助志愿者,依法提供法律援助。

高等院校、科研机构可以组织从事法学教育、研究工作的人员和法学专业学生作为法律援助志愿者,在司法行政部门指导下,为当事人提供法律咨询、代拟法律文书等法律援助。

法律援助志愿者具体管理办法由国务院有关部门规定。

第十八条 国家建立健全法律服务资源依法跨区域流动机制,鼓励和支持律师事务所、律师、法律援助志愿者等在法律服务资源相对短缺地区提供法律援助。

第十九条 法律援助人员应当依法履行职责,及时为受援人提供符合标准的法律援助服务,维护受援人的合法权益。

第二十条 法律援助人员应当恪守职业道德和执业纪律,不得向受援人收取任何财物。

第二十一条 法律援助机构、法律援助人员对提供法律援助过程中知悉的国家秘密、商业秘密和个人隐私应当予以保密。

第三章 形式和范围

第二十二条 法律援助机构可以组织法律援助人员依法提供下列形式的法律援助服务:

(一)法律咨询;

(二)代拟法律文书;

(三)刑事辩护与代理;

(四)民事案件、行政案件、国家赔偿案件的诉讼代理及非诉讼代理;

(五)值班律师法律帮助;

(六)劳动争议调解与仲裁代理;

(七)法律、法规、规章规定的其他形式。

第二十三条 法律援助机构应当通过服务窗口、电话、网络等多种方式提供法律咨询服务;提示当事人享有依法申请法律援助的权利,并告知申请法律援助的条件和程序。

第二十四条 刑事案件的犯罪嫌疑人、被告人因经济困难或者其他原因没有委托辩护人的,本人及其近亲属可以向法律援助机构申请法律援助。

第二十五条　刑事案件的犯罪嫌疑人、被告人属于下列人员之一，没有委托辩护人的，人民法院、人民检察院、公安机关应当通知法律援助机构指派律师担任辩护人：

（一）未成年人；

（二）视力、听力、言语残疾人；

（三）不能完全辨认自己行为的成年人；

（四）可能被判处无期徒刑、死刑的人；

（五）申请法律援助的死刑复核案件被告人；

（六）缺席审判案件的被告人；

（七）法律法规规定的其他人员。

其他适用普通程序审理的刑事案件，被告人没有委托辩护人的，人民法院可以通知法律援助机构指派律师担任辩护人。

第二十六条　对可能被判处无期徒刑、死刑的人，以及死刑复核案件的被告人，法律援助机构收到人民法院、人民检察院、公安机关通知后，应当指派具有三年以上相关执业经历的律师担任辩护人。

第二十七条　人民法院、人民检察院、公安机关通知法律援助机构指派律师担任辩护人时，不得限制或者损害犯罪嫌疑人、被告人委托辩护人的权利。

第二十八条　强制医疗案件的被申请人或者被告人没有委托诉讼代理人的，人民法院应当通知法律援助机构指派律师为其提供法律援助。

第二十九条　刑事公诉案件的被害人及其法定代理人或者近亲属，刑事自诉案件的自诉人及其法定代理人，刑事附带民事诉讼案件的原告人及其法定代理人，因经济困难没有委托诉讼代理人的，可以向法律援助机构申请法律援助。

第三十条　值班律师应当依法为没有辩护人的犯罪嫌疑人、

被告人提供法律咨询、程序选择建议、申请变更强制措施、对案件处理提出意见等法律帮助。

第三十一条 下列事项的当事人，因经济困难没有委托代理人的，可以向法律援助机构申请法律援助：

（一）依法请求国家赔偿；

（二）请求给予社会保险待遇或者社会救助；

（三）请求发给抚恤金；

（四）请求给付赡养费、抚养费、扶养费；

（五）请求确认劳动关系或者支付劳动报酬；

（六）请求认定公民无民事行为能力或者限制民事行为能力；

（七）请求工伤事故、交通事故、食品药品安全事故、医疗事故人身损害赔偿；

（八）请求环境污染、生态破坏损害赔偿；

（九）法律、法规、规章规定的其他情形。

第三十二条 有下列情形之一，当事人申请法律援助的，不受经济困难条件的限制：

（一）英雄烈士近亲属为维护英雄烈士的人格权益；

（二）因见义勇为行为主张相关民事权益；

（三）再审改判无罪请求国家赔偿；

（四）遭受虐待、遗弃或者家庭暴力的受害人主张相关权益；

（五）法律、法规、规章规定的其他情形。

第三十三条 当事人不服司法机关生效裁判或者决定提出申诉或者申请再审，人民法院决定、裁定再审或者人民检察院提出抗诉，因经济困难没有委托辩护人或者诉讼代理人的，本人及其近亲属可以向法律援助机构申请法律援助。

第三十四条 经济困难的标准，由省、自治区、直辖市人民政府根据本行政区域经济发展状况和法律援助工作需要确定，并实行动态调整。

第四章　程序和实施

第三十五条　人民法院、人民检察院、公安机关和有关部门在办理案件或者相关事务中，应当及时告知有关当事人有权依法申请法律援助。

第三十六条　人民法院、人民检察院、公安机关办理刑事案件，发现有本法第二十五条第一款、第二十八条规定情形的，应当在三日内通知法律援助机构指派律师。法律援助机构收到通知后，应当在三日内指派律师并通知人民法院、人民检察院、公安机关。

第三十七条　人民法院、人民检察院、公安机关应当保障值班律师依法提供法律帮助，告知没有辩护人的犯罪嫌疑人、被告人有权约见值班律师，并依法为值班律师了解案件有关情况、阅卷、会见等提供便利。

第三十八条　对诉讼事项的法律援助，由申请人向办案机关所在地的法律援助机构提出申请；对非诉讼事项的法律援助，由申请人向争议处理机关所在地或者事由发生地的法律援助机构提出申请。

第三十九条　被羁押的犯罪嫌疑人、被告人、服刑人员，以及强制隔离戒毒人员等提出法律援助申请的，办案机关、监管场所应当在二十四小时内将申请转交法律援助机构。

犯罪嫌疑人、被告人通过值班律师提出代理、刑事辩护等法律援助申请的，值班律师应当在二十四小时内将申请转交法律援助机构。

第四十条　无民事行为能力人或者限制民事行为能力人需要法律援助的，可以由其法定代理人代为提出申请。法定代理人侵犯无民事行为能力人、限制民事行为能力人合法权益的，其他法定代理人或者近亲属可以代为提出法律援助申请。

被羁押的犯罪嫌疑人、被告人、服刑人员，以及强制隔离戒毒人员，可以由其法定代理人或者近亲属代为提出法律援助申请。

第四十一条 因经济困难申请法律援助的，申请人应当如实说明经济困难状况。

法律援助机构核查申请人的经济困难状况，可以通过信息共享查询，或者由申请人进行个人诚信承诺。

法律援助机构开展核查工作，有关部门、单位、村民委员会、居民委员会和个人应当予以配合。

第四十二条 法律援助申请人有材料证明属于下列人员之一的，免予核查经济困难状况：

（一）无固定生活来源的未成年人、老年人、残疾人等特定群体；

（二）社会救助、司法救助或者优抚对象；

（三）申请支付劳动报酬或者请求工伤事故人身损害赔偿的进城务工人员；

（四）法律、法规、规章规定的其他人员。

第四十三条 法律援助机构应当自收到法律援助申请之日起七日内进行审查，作出是否给予法律援助的决定。决定给予法律援助的，应当自作出决定之日起三日内指派法律援助人员为受援人提供法律援助；决定不给予法律援助的，应当书面告知申请人，并说明理由。

申请人提交的申请材料不齐全的，法律援助机构应当一次性告知申请人需要补充的材料或者要求申请人作出说明。申请人未按要求补充材料或者作出说明的，视为撤回申请。

第四十四条 法律援助机构收到法律援助申请后，发现有下

列情形之一的,可以决定先行提供法律援助:

(一)距法定时效或者期限届满不足七日,需要及时提起诉讼或者申请仲裁、行政复议;

(二)需要立即申请财产保全、证据保全或者先予执行;

(三)法律、法规、规章规定的其他情形。

法律援助机构先行提供法律援助的,受援人应当及时补办有关手续,补充有关材料。

第四十五条　法律援助机构为老年人、残疾人提供法律援助服务的,应当根据实际情况提供无障碍设施设备和服务。

法律法规对向特定群体提供法律援助有其他特别规定的,依照其规定。

第四十六条　法律援助人员接受指派后,无正当理由不得拒绝、拖延或者终止提供法律援助服务。

法律援助人员应当按照规定向受援人通报法律援助事项办理情况,不得损害受援人合法权益。

第四十七条　受援人应当向法律援助人员如实陈述与法律援助事项有关的情况,及时提供证据材料,协助、配合办理法律援助事项。

第四十八条　有下列情形之一的,法律援助机构应当作出终止法律援助的决定:

(一)受援人以欺骗或者其他不正当手段获得法律援助;

(二)受援人故意隐瞒与案件有关的重要事实或者提供虚假证据;

(三)受援人利用法律援助从事违法活动;

(四)受援人的经济状况发生变化,不再符合法律援助条件;

(五)案件终止审理或者已经被撤销;

(六)受援人自行委托律师或者其他代理人;

（七）受援人有正当理由要求终止法律援助；

（八）法律法规规定的其他情形。

法律援助人员发现有前款规定情形的，应当及时向法律援助机构报告。

第四十九条 申请人、受援人对法律援助机构不予法律援助、终止法律援助的决定有异议的，可以向设立该法律援助机构的司法行政部门提出。

司法行政部门应当自收到异议之日起五日内进行审查，作出维持法律援助机构决定或者责令法律援助机构改正的决定。

申请人、受援人对司法行政部门维持法律援助机构决定不服的，可以依法申请行政复议或者提起行政诉讼。

第五十条 法律援助事项办理结束后，法律援助人员应当及时向法律援助机构报告，提交有关法律文书的副本或者复印件、办理情况报告等材料。

第五章　保障和监督

第五十一条 国家加强法律援助信息化建设，促进司法行政部门与司法机关及其他有关部门实现信息共享和工作协同。

第五十二条 法律援助机构应当依照有关规定及时向法律援助人员支付法律援助补贴。

法律援助补贴的标准，由省、自治区、直辖市人民政府司法行政部门会同同级财政部门，根据当地经济发展水平和法律援助的服务类型、承办成本、基本劳务费用等确定，并实行动态调整。

法律援助补贴免征增值税和个人所得税。

第五十三条 人民法院应当根据情况对受援人缓收、减收或者免收诉讼费用；对法律援助人员复制相关材料等费用予以免收或者减收。

公证机构、司法鉴定机构应当对受援人减收或者免收公证费、鉴定费。

第五十四条　县级以上人民政府司法行政部门应当有计划地对法律援助人员进行培训，提高法律援助人员的专业素质和服务能力。

第五十五条　受援人有权向法律援助机构、法律援助人员了解法律援助事项办理情况；法律援助机构、法律援助人员未依法履行职责的，受援人可以向司法行政部门投诉，并可以请求法律援助机构更换法律援助人员。

第五十六条　司法行政部门应当建立法律援助工作投诉查处制度；接到投诉后，应当依照有关规定受理和调查处理，并及时向投诉人告知处理结果。

第五十七条　司法行政部门应当加强对法律援助服务的监督，制定法律援助服务质量标准，通过第三方评估等方式定期进行质量考核。

第五十八条　司法行政部门、法律援助机构应当建立法律援助信息公开制度，定期向社会公布法律援助资金使用、案件办理、质量考核结果等情况，接受社会监督。

第五十九条　法律援助机构应当综合运用庭审旁听、案卷检查、征询司法机关意见和回访受援人等措施，督促法律援助人员提升服务质量。

第六十条　律师协会应当将律师事务所、律师履行法律援助义务的情况纳入年度考核内容，对拒不履行或者怠于履行法律援助义务的律师事务所、律师，依照有关规定进行惩戒。

第六章　法律责任

第六十一条　法律援助机构及其工作人员有下列情形之一

的,由设立该法律援助机构的司法行政部门责令限期改正;有违法所得的,责令退还或者没收违法所得;对直接负责的主管人员和其他直接责任人员,依法给予处分:

(一)拒绝为符合法律援助条件的人员提供法律援助,或者故意为不符合法律援助条件的人员提供法律援助;

(二)指派不符合本法规定的人员提供法律援助;

(三)收取受援人财物;

(四)从事有偿法律服务;

(五)侵占、私分、挪用法律援助经费;

(六)泄露法律援助过程中知悉的国家秘密、商业秘密和个人隐私;

(七)法律法规规定的其他情形。

第六十二条 律师事务所、基层法律服务所有下列情形之一的,由司法行政部门依法给予处罚:

(一)无正当理由拒绝接受法律援助机构指派;

(二)接受指派后,不及时安排本所律师、基层法律服务工作者办理法律援助事项或者拒绝为本所律师、基层法律服务工作者办理法律援助事项提供支持和保障;

(三)纵容或者放任本所律师、基层法律服务工作者怠于履行法律援助义务或者擅自终止提供法律援助;

(四)法律法规规定的其他情形。

第六十三条 律师、基层法律服务工作者有下列情形之一的,由司法行政部门依法给予处罚:

(一)无正当理由拒绝履行法律援助义务或者怠于履行法律援助义务;

(二)擅自终止提供法律援助;

(三)收取受援人财物;

（四）泄露法律援助过程中知悉的国家秘密、商业秘密和个人隐私；

（五）法律法规规定的其他情形。

第六十四条 受援人以欺骗或者其他不正当手段获得法律援助的，由司法行政部门责令其支付已实施法律援助的费用，并处三千元以下罚款。

第六十五条 违反本法规定，冒用法律援助名义提供法律服务并谋取利益的，由司法行政部门责令改正，没收违法所得，并处违法所得一倍以上三倍以下罚款。

第六十六条 国家机关及其工作人员在法律援助工作中滥用职权、玩忽职守、徇私舞弊的，对直接负责的主管人员和其他直接责任人员，依法给予处分。

第六十七条 违反本法规定，构成犯罪的，依法追究刑事责任。

第七章 附 则

第六十八条 工会、共产主义青年团、妇女联合会、残疾人联合会等群团组织开展法律援助工作，参照适用本法的相关规定。

第六十九条 对外国人和无国籍人提供法律援助，我国法律有规定的，适用法律规定；我国法律没有规定的，可以根据我国缔结或者参加的国际条约，或者按照互惠原则，参照适用本法的相关规定。

第七十条 对军人军属提供法律援助的具体办法，由国务院和中央军事委员会有关部门制定。

第七十一条 本法自 2022 年 1 月 1 日起施行。

关于《中华人民共和国法律援助法（草案）》的说明

——2021年1月20日在第十三届全国人民代表大会常务委员会第二十五次会议上

全国人大监察和司法委员会副主任委员　张苏军

委员长、各位副委员长、秘书长、各位委员：

我受全国人大监察和司法委员会委托，就《中华人民共和国法律援助法（草案）》（以下简称法律援助法）作说明。

一、制定法律援助法的必要性

法律援助工作是体现以人民为中心的发展思想，切实维护人民群众合法权益的一项重要民生工程，有利于贯彻公民在法律面前一律平等的宪法原则，使公民不论经济条件好坏、社会地位高低都能获得必要的法律服务；有利于保障社会公平正义，保证人民群众在遇到法律问题或者权利受到侵害时获得及时有效法律帮助。党的十八届三中、四中全会明确提出，完善法律援助制度，扩大援助范围。中共中央办公厅、国务院办公厅《关于完善法律援助制度的意见》提出，推进法律援助立法工作，提高法治化水平。近年来，许多全国人大代表也提出议案和建议，希望加快法律援助立法,进一步推动法律援助工作实现高质量发展。

2003年,国务院制定法律援助条例,为规范和促进法律援助事业发展发挥了重要作用。近年来,法律援助覆盖面逐步扩大,服务质量不断提高,制度建设积极推进,保障能力逐步增强。但随着我国经济社会不断发展,社会主要矛盾转化为人民日益增长的美好生活需要和不平衡不充分的发展之间的矛盾,人民群众在民主、法治、公平、正义、安全、环境等方面的要求日益增长。现行法律援助条例已经不能很好地适应法律援助工作需要,与人民群众特别是困难群众日益增长的法律援助需求相比,法律援助工作还存在制度不够完善、保障不够充分、援助范围亟待扩大等问题。及时制定法律援助法,是贯彻落实中央关于推进全面依法治国的重大战略部署,完善中国特色社会主义法律援助制度的必然要求,是努力让人民群众在每一个司法案件中感受到公平正义的重要举措,对于更好地维护公民合法权益、维护法律正确实施、维护社会公平正义具有十分重要的意义。

二、起草过程、立法指导思想和原则

法律援助法列入十三届全国人大常委会立法规划,由全国人大监察和司法委员会牵头组织起草,并列入2020年度立法工作计划初次审议项目。2018年10月,我委启动立法工作,研究制定起草工作实施方案,组织成立起草工作领导小组,下设办公室和工作专班。

起草工作启动后,我委认真领会中央有关文件精神,收集整理国内外立法资料,先后赴深圳、云南、重庆、浙江、上海及澳门特别行政区等地开展调研,认真总结法律援助实践经验,梳理研究立法重点问题。2019年6月,根据实施方案要求,司法部向全国人大监察和司法委员会提交草案建议稿后,我委将草案建议稿印发中央编办、全国人大常委会法工委、国务院有关部门、最高人民法院、最高人民检察院、全国律协等有关单位征求意见,结合前期立法调研、会议研究等工作成果,于 2019 年底形成了草案征求意见稿初稿,并经再次征求有关单位意见和反复研究修改,形成草案征求意见稿。此后,我委通过将草案征求意见稿印发各省(区、市)人大监察和司法委员会征求意见、召开起草工作领导小组办公室会议、召开专家学者座谈会、书面征求我委联系的部分全国人大代表意见等方式,充分听取各方面意见,进一步完善草案征求意见稿。2020 年 10 月,由全国人大常委会办公厅发函,书面征求国务院办公厅的意见。在上述工作基础上,经过反复研究修改,形成了议案、法律草案和说明。

法律援助法立法工作坚持以习近平新时代中国特色社会主义思想为指导,贯彻习近平法治思想,贯彻党的十八大、十九大和十九届二中、三中、四中、五中全会精神,落实党中央关于法律援助工作的决策部署,总结我国法律援助工作积累的实践经验,借鉴国际有益做法,坚持改革方向,坚持问题导向,从实际出发,通过立法完善法律援助制度,推动法律援助工作,促进公正司法,维护社会和谐稳定。

起草工作遵循以下原则:第一,坚持以人民为中心。始终把维护人民群众合法权益作为出发点和落脚点,努力为困难群众获得及时便利、优质高效的法律援助服务提供法治保障。第二,坚持立足基本国情。从我国国情和实际出发,适应经济社会发展,兼顾区域差异,尽力而为,量力而行,处理好法律援助需求与法律援助供给之间的关系。第三,坚持国家保障与社会参与相结合。鼓励和支持人民团体、事业单位、社会组织在司法行政部门指导下,依法参与法律援助工作。鼓励和支持组织、个人提供法律援助志愿服务,捐助法律援助事业,推动法律援助健康有序可持续发展。

三、主要内容和重点问题

草案分为 7 章,包括总则、法律援助机构和人员、法律援助范围、法律援助程序、保障措施、法律责任和附则,共 61 条。主要内容包括:

(一)明确法律援助的概念

草案将法律援助定义为:"国家为经济困难公民和符合法定条件的当事人无偿提供的法律咨询、代理、刑事辩护、值班律师法律帮助等法律服务。"明确了法律援助对象除经济困难公民外,还包括诉讼中符合法定条件的当事人(不限于公民)。考虑到我国法律援助发展现状及保障水平,对福利机构、提起公益诉讼的社会组织等非自然人,各地可组织律师提供减免费用等法律服务,根据实际情况在实践中继续探索,法律中暂不作明确规定。

(二)明确法律援助的提供主体

草案规定,法律援助的提供主体包括执业律师、法律援助机构律师、基层法律服务工作者、法律援助志愿者。考虑到当前律师资源分布不均,中西部地区仍有一些无律师县或者律师资源缺乏的地方,为了适应值班律师、刑事案件律师辩护全覆盖等刑事诉讼改革需求,草案规定法律援助机构律师为法律援助提供主体之一,并对其应当具备的条件作出专门规定。

(三)适当扩大法律援助范围

为落实党中央关于法律援助工作的决策部署,总结当前我国法律援助工作现状,草案对法律援助范围作出适当扩大。一是关于刑事法律援助。刑事法律援助事项除按照现行法律规定予以明确外,根据当前刑事诉讼改革需求,结合刑事案件律师辩护全覆盖试点工作,草案增加规定刑事案件的犯罪嫌疑人、被告人没有委托辩护人的，司法机关通知的法律援助事项包括“适用普通程序审判案件的被告人”和“死刑复核案件的被告人”。二是关于民事法律援助。草案增加规定请求工伤事故、交通事故、食品药品安全事故、医疗事故人身损害赔偿和请求固体废物污染、水污染等环境污染损害赔偿两类情形。三是根据十八届四中全会决定精神，将聘不起律师的申诉人纳入法律援助范围。同时，草案第十八条、第二十条、第二十二条设置了兜底条款“法律法规规定的其他法律援助服务”“法律法规规定的其他情形”，为今后通过立法或者制定行政法规、地方性法规等扩大法律援助范围提供了依据。

（四）明确值班律师法律帮助相关内容

刑事诉讼法规定了法律援助机构可以在人民法院、看守所等场所派驻值班律师，为没有辩护人的犯罪嫌疑人、被告人提供法律帮助。草案明确值班律师法律帮助是法律援助的一种服务形式，并对法律援助机构可以在人民法院、人民检察院和看守所等场所派驻值班律师，值班律师法律帮助的内容，保障值班律师履职，有关工作程序等作出具体规定。

（五）规定了法律援助的程序

草案第四章对法律援助程序进行了规定，明确司法机关和有关部门通知指派、权利告知等义务，对提出法律援助申请、经济困难审查、决定和指派、办理情况报告等程序作出规定，明确免于经济困难审查、先行提供法律援助等情形。同时，对法律援助人员工作规范、受援人的权利义务、终止法律援助、救济程序等也作出相应规定。考虑到法律援助工作程序的具体时限属于操作层面的问题，现行法律法规、司法解释等已有明确规定，并且法律援助事项难易程度不同、情况复杂，草案对此仅作原则性规定。

(六)明确法律援助的保障措施

草案在总则中明确法律援助属于国家责任,明确政府及各部门的职责。设置保障措施一章,对总体发展要求、经费保障、培训、监督管理和质量考核、信息化建设、宣传教育等作出规定。对于实践中一些地方提出办案补贴标准较低、刑事案件律师辩护全覆盖后经费需求增长较大、落后地方经费困难希望加大中央财政转移力度等意见,建议由国务院有关部门通过制定规范性文件研究解决。

草案和以上说明是否妥当,请审议。

全国人民代表大会宪法和法律委员会关于《中华人民共和国法律援助法（草案）》修改情况的汇报

全国人民代表大会常务委员会：

常委会第二十五次会议对法律援助法草案进行了初次审议。会后，法制工作委员会将草案印送有关部门、地方和单位征求意见；在中国人大网公布草案全文，征求社会公众意见；先后到湖北、江苏调研，听取地方政府有关部门以及法律援助机构、法院、检察院、人民团体、高等院校、律师事务所和全国人大代表的意见。宪法和法律委员会于5月19日召开会议，根据常委会组成人员的审议意见和各方面的意见，对草案进行了逐条审议。监察和司法委员会、司法部、全国总工会有关负责同志列席了会议。5月27日，宪法和法律委员会召开会议，再次进行了审议。现将法律援助法草案主要问题的修改情况汇报如下：

一、有的常委会组成人员、部门、地方和社会公众提出，草案将提供法律援助的主体限定为法律援助机构，但实践中还包括群团组织、事业单位和社会组织，应当尊重现实做法，进一步拓宽渠道，鼓励和支持更多社会力量参与法律援助。宪法和法律委员会经研究，建议删去"法律援助由法律援助机构组织法律援助人员实施"的规定，明确鼓励和支持群团组织、事业单位、社会组织依法提供法律援助,并增加规定:工会、共产主义青年团、妇联等群团组织开展法律援助工作,参照适用本法的相关规定。

二、有的常委委员、部门、地方和社会公众提出,政府应当不断加大法律援助经费投入,提高经费保障水平。宪法和法律委员会经研究,建议明确县级以上人民政府应当健全法律援助保障体系,将法律援助相关经费列入本级政府预算,建立动态调整机制,保障法律援助工作需要,促进法律援助均衡发展。

三、草案第九条规定,法律援助机构可以指派“法律援助机构律师”提供法律援助;第十三条规定了“法律援助机构律师”应当具备的条件。有的常委委员、单位、地方和社会公众提出,法律援助机构既负责监督管理,又直接提供法律援助,这种做法不妥;同时,在律师法等法律之外再创设新的律师种类,也缺乏必要依据。宪法和法律委员会经研究,建议删去有关“法律援助机构律师”的规定。

四、有的常委会组成人员、部门、地方和社会公众提出,应当鼓励法律援助志愿服务,完善志愿服务范围和管理规范。宪法和法律委员会经研究,建议明确高等院校、科研机构可以组织法律援助志愿者,提供“法律咨询、代拟法律文书等法律援助”,并增加规定:国家鼓励和规范法律援助志愿服务;支持符合条件的个人作为法律援助志愿者,依法提供法律援助。法律援助志愿者具体管理办法由国务院有关部门规定。

五、有的常委委员、地方和社会公众提出,对于一些特殊案件,应当指派具有一定经验的律师担任辩护人。宪法和法律委员会经研究,建议明确可能被判处无期徒刑、死刑的人以及死刑复核案件的被告人需要法律援助的,法律援助机构应当指派具有三年以上相关执业经历的律师担任辩护人。

六、有的常委会组成人员、部门、地方和社会公众提出,应当进一步扩大民事、行政法律援助覆盖面，放宽免于审查经济困难状况的情形。宪法和法律委员会经研究，建议落实有关中央文件精神，在申请法律援助的事项中增加“确认劳动关系”、“生态破坏损害赔偿”以及“规章”规定的其他情形，并增加规定：英雄烈士近亲属维护英雄烈士的人格权益、因见义勇为行为主张相关民事权益等情形下，当事人申请法律援助的，不受经济困难条件限制。

七、有的常委委员、地方和社会公众提出，应当根据经济发展水平及时调整法律援助补贴标准，提高法律援助人员待遇水平。宪法和法律委员会经研究，建议明确法律援助补贴标准实行动态调整，法律援助补贴免征增值税和个人所得税。

八、有的常委委员、地方和社会公众提出，应当落实有关中央文件精神，建立健全法律援助工作有关监督制度。宪法和法律委员会经研究，建议增加规定：司法行政部门应当建立法律援助工作投诉查处制度，依照有关规定调查处理，并及时向投诉人告知处理结果；司法行政部门、法律援助机构应当建立法律援助信息公开制度，定期向社会公布法律援助资金使用、案件办理等情况；司法行政部门应当制定法律援助服务质量标准，通过第三方评估等方式定期进行质量考核；法律援助机构应当采取措施，督促法律援助人员提升服务质量；律师协会应当加强律师事务所、律师履行法律援助义务的考核管理等。

此外，还对草案作了一些文字修改。

草案二次审议稿已按上述意见作了修改，宪法和法律委员会建议提请本次常委会会议继续审议。

草案二次审议稿和以上汇报是否妥当，请审议。

全国人民代表大会宪法和法律委员会

2021年6月7日

全国人民代表大会宪法和法律委员会关于《中华人民共和国法律援助法（草案）》审议结果的报告

全国人民代表大会常务委员会：

常委会第二十九次会议对法律援助法草案进行了二次审议。会后，法制工作委员会在中国人大网公布草案二次审议稿全文，向社会公开征求意见；先后到重庆、云南调研，听取地方政府有关部门以及法律援助机构、法院、检察院、群团组织、高等院校、律师事务所和全国人大代表的意见。宪法和法律委员会于7月12日召开会议，根据委员长会议精神、常委会组成人员审议意见和各方面的意见，对草案进行了逐条审议。监察和司法委员会、司法部、全国总工会有关负责同志列席了会议。7月27日，宪法和法律委员会、监察和司法委员会、法制工作委员会召开会议，进一步听取了司法部、全国总工会等有关方面的意见。7月28日，宪法和法律委员会召开会议，再次进行了审议。宪法和法律委员会认为，草案经过两次审议修改，已经比较成熟。同时，提出以下主要修改意见：

一、有的常委委员和部门提出，为满足实际需要，法律援助机构指派本机构具有一定资格的工作人员提供法律援助，是现实做法，法律上应当有所体现。宪法和法律委员会经研究，建议增加规定，法律援助机构根据工作需要，可以安排本机构具有律师资格或者法律职业资格的工作人员提供法律援助。

二、有的常委委员和地方提出，应当合理调配法律服务资源，为偏远地区开展法律援助工作提供更多支持。宪法和法律委员会经研究，建议落实有关中央文件精神，增加一条规定："国家建立健全法律服务资源依法跨区域流动制度机制，鼓励和支持律师、法律援助志愿者等在法律服务资源相对短缺地区提供法律援助。"

三、有的常委委员提出，应当进一步完善法律援助机构服务的方式和内容，保障当事人合法权益。宪法和法律委员会经研究，建议增加规定，法律援助机构应当提示当事人享有依法申请法律援助的权利，并告知申请法律援助的条件和程序。

四、有的常委委员和部门提出，法律援助应当与刑事案件律师辩护全覆盖试点工作相结合，加大人权司法保障力度。宪法和法律委员会经研究，建议在已有规定基础上，进一步增加规定："其他适用普通程序审理的案件，被告人没有委托辩护人的，人民法院根据实际情况，可以通知法律援助机构指派律师担任辩护人。"

五、有的常委委员提出，人民法院、人民检察院、公安机关通知法律援助机构指派律师辩护时，应当尊重当事人委托辩护的权利。宪法和法律委员会经研究，建议增加一条规定："人民法院、人民检察院、公安机关通知法律援助机构指派律师担任辩护人时，不得限制或者损害犯罪嫌疑人、被告人委托辩护人的权利。"

六、草案二次审议稿第六十五条规定，工会、共产主义青年团、妇联等群团组织开展法律援助工作，参照适用本法的相关规定。有的常委委员建议增加"残疾人联合会"。宪法和法律委员会经研究，建议采纳这一意见。

此外,还对草案二次审议稿作了一些文字修改。

7月20日,法制工作委员会召开会议,邀请部分全国人大代表、专家学者和地方有关部门、法院、检察院、法律援助机构、律师事务所等方面的代表就草案中主要制度规范的可行性、出台时机、实施的社会效果和可能出现的问题等进行评估。与会人员普遍认为,草案经过多次审议修改,坚持问题导向,贯彻落实有关中央文件精神,吸收了各方面的意见,回应了社会关切,主要制度设计符合实际,具有较强的针对性和可操作性,已经比较成熟。同时,还对草案提出了一些具体修改意见,宪法和法律委员会对有的意见予以采纳。

草案三次审议稿已按上述意见作了修改,宪法和法律委员会建议提请本次常委会会议审议通过。

草案三次审议稿和以上报告是否妥当,请审议。

全国人民代表大会宪法和法律委员会

2021年8月17日

全国人民代表大会宪法和法律委员会关于《中华人民共和国法律援助法（草案三次审议稿）》修改意见的报告

全国人民代表大会常务委员会：

本次常委会会议于8月17日下午对法律援助法草案三次审议稿进行了分组审议。普遍认为，草案已经比较成熟，建议进一步修改后，提请本次常委会会议表决通过。同时，有些常委会组成人员和列席人员还提出了一些修改意见。宪法和法律委员会于8月18日上午召开会议，逐条研究了常委会组成人员的审议意见，对草案进行了审议。法制工作委员会就草案修改与司法部进行了沟通，共同研究。宪法和法律委员会认为，草案是可行的，同时，提出以下修改意见：

一、草案三次审议稿第十八条规定，国家鼓励和支持律师、法律援助志愿者等在法律服务资源相对短缺地区提供法律援助。有的常委委员提出，为更好地保障律师在上述地区开展法律援助工作，建议在鼓励和支持的对象中增加“律师事务所”。宪法和法律委员会经研究，建议采纳这一意见。

二、草案三次审议稿第二十二条对法律援助的形式作出规定。有的常委委员建议，对其中规定的诉讼代理与非诉讼代理，进一步明确关系和范围。宪法和法律委员会经研究，建议将第四项“国家赔偿、民事和行政诉讼代理及其非诉讼代理”修改为“民事案件、行政案件、国家赔偿案件的诉讼代理及非诉讼代理”。

三、草案三次审议稿第三十一条规定，在一定情形下，当事人因经济困难没有委托代理人的，可以申请法律援助。有的常委委员提出，认定公民无民事行为能力或者限制民事行为能力，关系公民重大权益，建议在可以申请法律援助的情形中增加这项内容。宪法和法律委员会经研究，建议采纳这一意见。

经与有关部门研究，建议将本法的施行时间确定为 2022 年 1 月 1 日。

此外，根据常委会组成人员的审议意见，还对草案三次审议稿作了一些文字修改。

草案修改稿已按上述意见作了修改，宪法和法律委员会建议本次常委会会议审议通过。

草案修改稿和以上报告是否妥当，请审议。

全国人民代表大会宪法和法律委员会

2021 年 8 月 19 日